미래의 지구

온난화 시대에
대응하는
획기적 비전

THE FUTURE EARTH

에릭 홀트하우스

신봉아 옮김

교유서가

로스코와 지크를 위하여

내가 너희를 구할 수 없다면

너희를 느낄 수 있게 해다오
내 턱밑에서
안전하고 행복해하는 너희를

모든 것이 물에 잠기거나
불타게 된다면

함께 별빛을 마셔보자
나무 그늘에서 낮잠을 자자
해변에서 노래를 부르자 ―

실내에 종일 앉아 있기 위해 서두르는 아침이
또 무슨 소용이란 말이냐?

우리가 죽는다면

내 배를 갈라서
사랑이 철철 흐르게 하자

다 쏟아내고 다 써버리자
어디 보자, 얼마나 많이
그 안에 들었는지

구두쇠에게 주어지는 보상은
또 무엇이란 말이냐?

이 삶이 끝난다면

다시 시작하도록 하자
새로운 삶을

—리나 오델(Lynna Odel), 2019

차례
THE FUTURE EARTH

— 1부 —

지속적 비상사태

2017년 9월, 푸에르토리코는 사상 최악이었던 지난 몇 년간의 가뭄에서 겨우 회복하기 시작했다. 푸에르토리코 정부는 물 부족이 극심했던 가뭄 절정기에 산후안 주민 20만 명을 대상으로 물 사용을 제한했다. 이 극단적 조치는 수년간의 내핍과 식민시대의 방만으로 인해 더 끔찍할 수밖에 없었다. 주민들은 사흘에 한 번만 수돗물 사용을 허락받는 등 삶의 기본적인 요건마저 포기해야 했다.

바로 그때 허리케인 마리아가 강타했고, 현대 미국 역사상 최악의 인도주의적 위기가 시작되었다.

불과 몇 시간 만에, 시속 249km에 달하는 허리케인 마리아의 폭풍우는 몇 개월간 이어질 정전 사태를 발생시켰다. 이것은 푸에르토리코 문명의 기초를 초토화시켰다. 허리케인이 지나간 뒤 몇 주 동안 생존자들은 식수, 식량, 피난처, 적절한 의료서비스를 확보하기 위해 고군분투했다. 일부 주민은 유해 폐기물 처리장에서 식수를 구할 수밖에 없었다.[1] 병원이 문을 닫은 건 아니었지만, 기본적인 의료서비스를 제공하는 데 필요한 전력이 부족해 수백 명이 죽어갔다.

생존자들의 눈에는 허리케인 마리아가 현실을 완전히 새롭게 재구상하고 있는 것처럼 보였다. 사람들의 이야기는 당시의 충격과 비탄을 생생히 전달했다.

허리케인 마리아가 지나가고 얼마 뒤, 푸에르토리코대학을 다니는 리 페레스(Ly Perez)는 내게 문자메시지를 통해, 자신과 친구들은 주변에서 벌어지는 일을 라디오를 통해서만 확인할 수 있었다고 했다. "[오늘은] 제가 처음으로 사진을 보게 된 날이고 그건 정말 참혹했어요. 다들 '참사(disaster)'라는 말을 반복했었는데 그 말을 들으면서 머릿속으로 여러 시나리오를 상상했었죠. 하지만 그 어떤 상상도 가슴 찢어지는 현실에 비할 바가 아니에요."[2]

우리는 지구 대기에 인간이 가하는 변화가 지구상 모든 국가, 모든 계절, 모든 날씨와 직접적으로 연결되는 지점에 도달했다. 허리케인 마리아도 예외가 아니었다. 〈지구물리학 연구지Geophysical Research Letters〉에 실린 2019년 연구에 따르면, 지구온난화로 인해 허리케인 마리아 같은 참사가 발생할 확률은 1956년 대비 5배가량 증가했다.[3] 1956년은 푸에르토리코에서 정밀한 강수량 측정이 시작된 해였다. 이 연구의 주요 저자인 데이비드 킬링스(David Keelings)는 미국 지구물리학회(American Geophysical Union)에 "마리아는 푸에르토리코 역사상 가장 극단적인 강수량을 기록했다"라고 전했다.[4]

허리케인 마리아는 약 3000만 그루의 나무를 손상하거나 파괴하는 등 유래없는 피해를 남겼다.[5] 지구온난화가 빠르게 진행되는 가운데, 푸에르토리코 생물학자들은 마리아가 파괴한 숲이 예전의 다양성을 회복하지 못할 것으로 예상한다. 타보누코(tabonuco)와 발라타(balata) 처럼 덩치가 크고 성장 속도가 느린 활엽수가 가장 심각한 피해를 입 었다. 이 활엽수의 너른 나무그늘은 새, 박쥐, 개구리에게 서식지를 제 공한다. 향후의 허리케인들이 마리아만큼 (혹은 마리아보다 더) 강력하 다면, 푸에르토리코의 숲에는 폭풍우를 견딜 수 있는 키 작고 왜소한 나무만 남게 될 것이고 동물들은 서식지를 잃게 될 것이다. 허리케인 마리아가 상륙한 지 1년이 흐른 뒤 확인한 위성 이미지에서는 푸에르 토리코의 녹색 지역이 확연히 줄어든 것이 확인된다.

허리케인 마리아의 폭풍은 아직 완전히 해소되지 않았다. 본격적인 정신보건의 위기가 섬 전역에 펼쳐지고 있으며, 미국 적십자(American Red Cross)의 재해정신보건 자문인 조제프 프리위트 디아즈(Joseph Prewitt Diaz)는 이것을 "미국 최대의 사회심리적 재난"[6]이라고 했다. 느린 회복은 일상을 침투하는 새로운 노멀인 '지속적 비상사태(living emergency)'를 만들어냈다. 이것은 절망, 불안, 외상후스트레스장애로 특징지어지며 난민 캠프나 분쟁지역에서 흔히 발견되는 현상이다.

이중 그 어떤 것도 불가피하지 않았다. 그 어떤 것도 놀랄 일이 아니 었다. 푸에르토리코에서 벌어진 일은 파괴적인 시스템 안에서 수세기에 걸쳐 내려진 결정들의 결과다. 우리는 이미 수세기 전부터, 우리가 대체 로 위험하거나 귀담아들을 가치가 없다고 여겨온 사람들의 목소리를 통해서 이것을 알고 있었다. 오늘날 과학자들은 인간이 화석연료를 사 용하고 생태계를 파괴함으로써 인류 문명의 미래를 위협한다고 확신한 다. 이 책을 쓰면서 나의 목표는 지위, 계급, 젠더와 상관없이 모든 사람 에게 더 나은 세상을 만들기 위해, 각자 할 수 있는 역할을 상상할 수 있도록 돕는 것이다. 또한 지금의 독자들이 모든 것을 바꾸는 데 일조할 수 있는 아주 좋은 타이밍에 태어났음을 일깨워주는 것이다.

우리는 수십 년간 행동을 취하지 않았으므로, 기후변화는 이제 단순히 과학의 문제가 아니다. 지금의 기후변화는, 본질적으로, 정의의 문제다. 급격한 온난화 속에서도 우리가 온실가스 배출량 신기록을 매년 갈아치운다는 사실은, 우리의 사회 구조에 내재된 더 큰 문제를 보여주는 하나의 충격적인 증상에 불과하다. 정의의 문제인 기후변화는 사회의 모든 구성원과 구성요소에 영향을 미치는 지속적 비상사태이기도 하다. 따라서 점점 더 극단적으로 바뀌는 날씨의 영향과 그것을 초래하는 부당한 시스템을 유의미한 방식으로 구분하는 것이 불가능해진다. 그 증거는 우리 주변에 산재해 있다. 우리는 서둘러 다른 길을 택해야 한다.

그렇다면 어떻게 해야 할까?

* * *

'재난(disaster)'이라는 영단어의 라틴어 어원은 '불운한(ill-starred)'으로, 하늘에서 떨어진 불길한 운명의 징조를 의미한다. 하지만 기후변화와 관련된 재난은 이제 더이상 불운의 문제가 아니다. 우리는 재앙이 발생할 수밖에 없게끔 행동했고, 특히 재앙의 원인이 발생하는 데 가장 적게 기여한 지역이 큰 피해를 입도록 방치했다. 기상학의 발달로 인해 언제, 어디에서 재난이 발생할지 예측할 수 있는 수준에 도달했다. 또한 우리가 알고 있는 사실은, 사회의 구조 탓에 사회경제적으로 취약한 지역이 가장 극심한 재난 피해를 겪는다는 것이다. 이곳 주민들은, 푸에르토리코의 허리케인 마리아 생존자들처럼, 역사상 최악의 부당함을 경험하는 경우가 많다.

오늘날 기후변화는 자연재해와 결합해 더욱 악화되고, 이전의 재해에서 완전히 회복하기도 전에 사람들을 새로운 재해에 빠뜨린다. 푸에르토리코처럼 작은 섬의 주민들은 벌써부터 깨끗한 식수 확보에 어려움을 겪고 있다. 2018년 연구에 따르면, 카리브해 지역에서는—매년 허리케인이 강력해지고 폭우가 쏟아짐에도 불구하고—가뭄이 심각해지고 있다.[7] 이러한 사회·기후적 비상사태는 세계 전역에서 매년 펼쳐지고 있다.

마리아가 강타하기 한 해 전인 2016년, 사이클론 윈스턴이 남반구에서 측정된 것 중에 가장 거대한 폭풍으로 급격히 발전했다. 피지에 상륙하기 몇 시간 전이었다. 사이클론이 지나간 뒤의 연설에서 피지의 조지 콘로테(Jioji Konrote) 대통령은 "이 사태의 근본 원인과 관련해 글로벌 커뮤니티를 설득할 수 있도록 정부의 힘을 총동원하겠다"라고 공언했다.[8] 그 근본 원인이란 기후변화였다. 그는 "이것은 우리가 반드시 이겨야만 하는 싸움"이며 "우리의 모든 삶의 방식이 달린 문제"라고 했다. 사이클론이 강타한 지 몇 년이 흐른 현재, 매년 찾아오는 우기로 재해복구가 지연되면서 사람들은 아직도 정부가 지급한 텐트에서의 삶을 벗어나지 못하고 있다.

허리케인 마리아가 푸에르토리코에 상륙하기 며칠 전인 2017년의 어느 날, 또다른 허리케인이 카리브해를 휘저었다. 대서양 지역에 상륙한 허리케인 중 가장 강력했던 허리케인 이르마는 최대 시속 298km의 폭풍과 함께 바부다섬을 강타했다. 이에 따라 섬의 90%가 초토화되었다. 모든 주민이 대피하면서 수백 년 만에 처음으로 사람이 아예 살지 않는 상태가 되었다. 법과 전통에 따르면, 이 섬의 땅은 주민들의 공동 소유물이지만, 허리케인 발생 이후 민간개발자들이 더 많은 관광객 유치를 위한 법률 개정을 정부에 요구하고 있다.

2018년, 태풍 유투가 서태평양 북마리아나제도에서 가장 큰 섬이자 미국령인 사이판을 강타했다. 풍속 290km의 유투는 마리아나제도 역사상 가장 강력한 폭풍이었다. 유투가 발생하기 전, 사이판은 세계에서 빠르게 성장하는 관광지 중 하나였지만, 유투 이후 주요 관광명소인 카지노가 수익 창출에 고전을 겪으면서 정부는 회복을 위한 노력을 축소할 수밖에 없었다. 여기에는 학교 재건을 위한 노력도 포함된다.

사이클론 이다이와 사이클론 케니스는 2019년 6주의 시차를 두고 모잠비크에 상륙했다. 이 나라는 역사상 가장 강력한 허리케인의 잇따른 공격을 받았다. 이다이 하나만으로도 충분히 끔찍했을 것이다. 유엔(UN)에서는 이다이를 "남반구에서 벌어진 (…) 끔찍한 기후 관련 참사 중 하나"라고 했다.[9] 하지만 뒤이어 발생한 케니스는 아프리카 대륙에 상륙한 이전의 그 어떤 폭풍보다 강력한 사이클론으로 판명났다. 케니스가 지나간 직후에 걷힌 국제사회의 구호금은 필요한 자금의 25%밖에 되지 않았다. 모잠비크는 그 간격을 메우고 회복에 박차를 가하기 위해 국제통화기금(IMF)으로부터 수백만 달러의 차관을 받아야 했다.

이러한 재난은 여성, 장애인, 저소득층, 흑인, 원주민 지역사회에 엄청난 위해를 가했다. 이들 계층은 하나같이 역사적인 이유와 동시대적인 이유로 소외받아왔다. 2018년, 플로리다주와 조지아주를 강타한 허리케인 마이클은 역사상 미국에 상륙한 네번째 5등급 허리케인이었다. 가장 큰 타격을 받은 곳은 미국에서 제일 가난한 지역인 조지아주 남부와 플로리다주 팬핸들〔프라이팬 손잡이 모양으로 생긴 플로리다주 북서부의 땅—옮긴이〕이었다. 이곳은 수백 년의 인종차별과 노예제도로 인한 상처가 아직 아물지 않은 지역이기도 했다. 대다수 언론은 마이클이 지나간 뒤 이러한 지역사회를 조명하기보다는, 플로리다주 틴들 공군기지의 수십억 달러에 달하는 전투기 피해를 집중적으로 보도했다.

주정부가 석유·가스업계로부터 여전히 92%의 세수를 확보하고 있는 알래스카주에서 이제 여름은 비정상적인 뇌우, 끊임없는 화재, 유례없는 폭염을 의미한다. 2018년, 알래스카주에 불길한 사건이 발생했다. 평균기온이 사상 최초로 섭씨 0도를 넘어선 것이다. 2019년 7월 4일, 자욱한 화재 연기가 하늘을 가리면서 알래스카주 남쪽 도시인 앵커리지의 기온은 32도까지 치솟았고 알래스카주 인근의 해빙 면적은 역대 최저치를 기록했다. 영구동토층—수십억 톤의 탄소를 저장하고 있는 북극 주변의 언 땅—은 과학자들의 예상 시기보다 수십 년 빨리 녹으면서 기후변화의 영향을 가중시키고, 가정, 기업, 도로, 원주민 지역사회 전체를 위태롭게 한다.[10] 미국 항공우주국(NASA)의 2019년 말 연구에 따르면, 북극은 수만 년 만에 처음으로 온실가스 배출 지역으로 전환한 것으로 보인다.[11] 2019년 7월은 역사가 기록된 이래 지구가 가장 뜨거웠던 한 달이다.[12]

2019년 9월 초, 또다른 5등급 허리케인인 도리안이 바하마의 아바코제도에 거의 하루 온종일 머물렀다. 미국 언론은 그 파괴력에도 불구하고 허리케인 도리안의 피해를 거의 보도하지 않았다. 대신 트럼프 대통령이 검은색 샤피(미국의 유명 유성펜 브랜드—옮긴이)를 이용해 국립허리케인센터(NHC)가 공식 발표한 허리케인 영향권을 수정함으로써 이 폭풍이 앨라배마를 위협한다는 자신의 잘못된 트위터 메시지를 그럴듯해 보이도록 만든 사건을 앞다투어 보도했다. 이처럼 최악의 기후 재난을 겪는 사람들이 별로 중요하지 않은 것처럼 구는 것은 언론이 자주 보여주는 행태이다. 그 재난이 미국 영토에서 발생하는 게 아니라면 말이다.

도리안이 바하마에 하루 동안 입힌 피해는 서반구 기록 역사상 모든 면에서 최악이었다. 시속 298km의 지속적인 강풍, 7m의 해수면 상승, 콘크리트로 만든 폭풍 대피소를 산산조각 낼 만큼의 파괴력까지. 대다수가 트레저 케이의 고급 리조트에서 근무했던 아이티 이주민들 수천 명은 모든 것을 잃었다.

"매일 아침, 잠에서 깨어 문을 열면 잔해가 눈에 보이고 그 장면에 상처를 받습니다." 도리안이 상륙한 지역에서 자란 바하마 목사 에디 플로이드 보디(Eddie Floyd Bodie)는 〈마이애미 헤럴드Miami Herald〉와의 인터뷰에서 말했다.[13] "이게 대체 무슨 일인지 생각하게 되죠. 예전에 봤던 것들을 더는 못 본다는 걸 깨달으면 기분이 좋지 않아요. 그럴 땐 어떻게 해야 할까요? 그 상황에 익숙해져야 한다고 말할지도 모르겠지만, 그건 어려워요. 그 스트레스가 사람을 괴롭히기 시작하죠."

그해가 저물어갈 무렵, 새해 전날 밤에 호주에서 산불이 발생했다. 휴양도시 말라쿠타에서 수천 명이 해변으로 대피했고, 빠르게 번지는 불길이 그들 주변을 에워쌌다.[14] 산불은 호주 대륙 역사상 최대 규모였고 피해 면적은 뉴욕시 면적의 80배였다. 생태계가 전멸했다. 뉴사우스웨일스주에서만 4억 8000만 마리의 포유류, 조류, 파충류가 죽었다.[15] 스콧 모리슨(Scott Morrison) 호주 총리는 조국이 화염에 휩싸인 와중에 시드니 하버에서 신년 불꽃놀이를 관람했다.

기후변화는 늘 이렇게 극적인 형태로 나타나지 않는다. 그것은 은밀하게 진행되는 경우가 더 많다. 벌레들이 예전에는 살 수 없던 지역, 심지어 알래스카주와 그린란드처럼 북쪽으로 멀리 떨어진 지역까지 서식지를 확대하면서 열대 전염병의 위험이 크게 증가한다.[16] 수목, 조류, 포유류를 비롯한 종들은 서늘한 기후를 찾아 더 고도가 높은 곳을 향해, 그리고 극지방을 향해 이동한다. 매년 봄, 신록이 돌아오는 시기가 앞당겨지면서 수천 종의 생물들이 상호작용하는 타이밍과 서식지가 급격히 뒤바뀌고 있다. 이것은 생태계 전체의 균형을 아찔할 정도로 위태롭게 한다. 폭염은 장기화되고 강력해진다.[17] 산불 연기는 산불 발생지에서 수백km 떨어진 지역의 만성질환까지 악화시킨다. 화석연료 연소로 악화된 대기오염은 거의 모든 국가에서 주요 사망 원인 중 하나로, 대기오염 사망자는 하루 평균 1만 9000명 이상이다. 오늘날 젊은이들은 예전에는 드물었던 여러 정신적 문제로 치료를 받고 있다.[18] 그들에게 살아볼 만한 미래가 없을지도 모른다는 불안감도 그 원인 중 하나다.

이런 식으로 계속 갈 수는 없다. 어떻게든, 어떤 방식으로든, 우리는 다시 서로를 보살피는 법을 배워야 한다.

기후변화가 세상을 어떻게 바꾸는지에 관한 이야기에서 기자들은 종종 우리의 일상과는 동떨어진 사람과 장소로 우리의 이목을 집중시킨다. 북극곰은 위풍당당하고 매혹적인 존재이긴 하지만, 우리 중에 북극곰을 직접 만나보게 될 사람은 거의 없을 것이다. 실제로 북극에 살고 있는 수백만 명의 사람들에게는 다른 동물들의 대량 기아가 점점 일상이 되어가고 그들의 삶에 훨씬 직접적인 영향을 미친다. 최근 몇 년 사이에 러시아에 사는 순록의 약 4분의 1이 죽었다.[19] 지나치게 따뜻한 겨울 날씨가 부드러운 눈을 빙판으로 바꿔놓았고 이로 인해 순록이 그 아래의 풀을 뜯을 수 없었기 때문이다. 해빙의 감소는 해빙에 의지해 사냥하는 북극곰에게만 영향을 미치는 것이 아니다. 이동하는 고래부터 플랑크톤까지 그 지역의 먹이사슬 전체를 무너뜨린다. 바다 생태계 건강의 중요한 지표라 할 수 있는 바다오리 같은 바닷새도 급감하고 있다. 북극 연안의 내륙지역이 툰드라에서 습한 관목지로 바뀌면서 지난 10년간 식물 성장 시즌은 거의 두 배로 늘어났다. 환경은 완전히 붕괴다.

바다에서는 새로운 수로가 만들어지면서 북극 수산업계가 급변하고 있다. 그린란드에서는 21세기 초 이전까지—열대 해역에서도 서식하는 회유어인—고등어가 단 한 차례도 발견되지 않았다. 그러나 이제 고등어는 매년 그곳을 찾아오며 그린란드 수산업계 경제의 4분의 1을 차지하는 어류가 되었다. 캘리포니아주에서는 멸종 위기에 처한 연어도 종종 북극에서 목격된다. 이 모든 변화 속에서, 그곳에서 수천 년을 살아온 사람들은 그들의 생활방식을 보전하고 새로운 북극 항로와 채굴권을 노리는 기업의 탐욕을 막으려고 애쓴다.

한편, 우리 역시 지구 환경의 급변으로 인해 매일같이 비현실적인 상황을 경험하고 있다. 2016년, 마이애미비치 주차장에 펼쳐져 있는 문어의 이미지가 인터넷에서 급속도로 퍼졌다. 기상 리포터 브라이언 칸 (Brian Kahn)은 달리(Dali)의 작품 같은 이 장면을 트위터에 올리면서 "인류세[인류가 지구 기후와 생태계를 변화시켜 만들어진 새로운 지질시대—옮긴이]로부터의 엽서"라는 코멘트를 달았다.[20] 최근 올라온 게시물 중 일부는 다음과 같다. 워싱턴기념탑 옆에서 플라이 피싱을 하는 남자(결국 잉어를 낚는다), 활활 타오르는 산불을 배경으로 골프 치는 두 남자, 토네이도가 접근하는 가운데 잔디를 깎는 남자, 핀란드 북부의 폭염 속에서 일광욕을 즐기며 카리부와 물을 나누어 마시는 사람들, 노스캐롤라이나주의 침수된 주간 고속도로를 떠다니는 경찰 보트, 발목까지 물이 찬 이탈리아 식당에서 꿋꿋이 식사하는 손님들과 음식을 나르는 종업원들, 캘리포니아주의 서핑 해안에서 물을 뜨고 있는 화재 진압용 비행기.

마이애미비치 문어는 '거대 조수(king tide)' 때문에 유명해졌다. 이것은 한 달에 두 번, 지구, 태양, 달이 일직선상에 놓여서 인력이 커지고 해수면이 높아질 때 발생하는 현상이다. 플로리다주 주민들을 영원히 해안지역으로 돌아가지 못하게 할 만한 요인이 있다면 그건 허리케인이 아니라 이처럼 서서히 진행되는 홍수다. 참여 과학자 모임(Union of Concerned Scientists)에 따르면, 대다수 가정이 주택담보대출금 상환을 완료할 2040년대 무렵이면 만성적인 해안 침수—연간 26회 이상 발생하는 홍수—가 현재 총 가치 1000억 달러 이상인 30만 개의 해안지역 주택을 둘러쌀 수 있다고 한다.[21] 이것은 미국만 계산한 수치다. 이번 세기가 끝날 무렵, 해수면 상승이 최악으로 치달을 경우 그 피해 규모는 전 세계적으로 수백조 달러로 불어날 수 있다. 참으로 무시무시한 전망이다. 기후과학자 제임스 핸슨(James Hansen)은 이를 "모든 해안도시, 대다수의 세계 대도시, 그것들의 모든 역사의 상실"이라고 표

현했다.[22]

　서서히 번지고 구석구석 스며드는 이러한 변화는 지구의 새로운 시대를 규정한다. 지구상 거의 모든 생태계의 동시다발적인 교란은 기회주의적이고 잡초 같은 종들의 번식을 돕고, 이로 인해 토종 동식물은 생존 경쟁에 내몰린다. 이러한 상황을 잘 보여주는 예는 해파리의 전 세계적인 활약이다. 해파리는 수영을 즐기는 사람과 발전소를 위협하며 전 세계 생태계를 장악하고 있다. 해파리 전문가 리사-앤 거슈인(Lisa-ann Gershwin)은 최소 5억 8500만 년 전부터 존재했던 해파리에게 지금은 최고의 호시절일 거라고 말한다. "다른 누군가가 물을 따뜻하게 만들어 당신이 더 빨리 성장할 수 있고, 모든 경쟁자가 사라져서 더 많은 먹이를 구할 수 있고 (…) 자손을 많이 남길 수 있고, 수명까지 길어져 더 오랫동안 번식을 이어나갈 수 있다고 상상해보세요. 그렇다면 당신은 아주 행복하겠죠."[23]

　바다에서 일어나는 일이 땅에서도 똑같이 펼쳐진다. 기온 상승으로 인해 박테리아와 균류 같은 토양 미생물의 대사 속도가 빨라지고 있다. 미생물이 더 빠른 속도로 죽은 동식물의 물질을 분해하면서 메탄 같은 강력한 온실가스가 배출되고 온난화가 가속화된다. 미생물활동은 지구상 모든 생명활동의 근간이므로, 이러한 유기체의 행동 패턴이 빠르게 변한다는 사실은 우려스럽다.

　물론 지상에서는 더 눈에 띄는 변화도 진행중이다. 많은 노래와 시에 등장하는 매혹적인 동식물이 심각한 위기를 맞고 있다. 어린 시절 여름밤에 흔히 볼 수 있었던 반딧불이는 점점 더 이른 봄에 나타나고 있으며 강우 패턴도 불규칙하게 바뀌었다. 히말라야에서 그 꽃으로 주스를 만들기도 하는 로도덴드론은 이제 인도에서 무려 석 달이나 일찍 개화한다. 실잔대가 핀 영국의 상징적인 숲은 이 꽃이 계절의 변화에 적응하지 못하는 관계로 사라지게 될 수도 있다. 지금 속도로 온난화가 진행될 경우, 크리스마스트리로 흔히 쓰이고 태평양 북서부 산림의 주요 수종인 북미산 홍송은 이번 세기말에 해안지역에서 전멸할지도 모른다.

전 세계의 거의 모든 문화권, 거의 모든 국가에서는 늘 주변의 사소한 변화를 예의주시하고 자연의 정보에 의존해 시간의 흐름을 파악해왔다. 새소리부터 꽃의 기록에 이르기까지 기후변화의 신호는 2만 6500가지가 넘는다.[24] 1000년 넘는 세월 동안, 일본 교토 사람들은 벚꽃 개화시기를 기록해왔다. 오늘날 분홍색과 흰색 벚꽃은 지난 1000년보다 평균적으로 10일 내지 15일 이른 4월에 개화한다. 미크로네시아의 위대한 선원들은 별, 파도, 구름, 새를 관찰하며 수천km를 항해했다. 이제 그들의 후손들은 바로 그 파도의 습격을 점점 더 걱정스러운 눈으로 주시하고 있다. 4만 년 이상의 날씨 관찰은 호주 원주민들이 계절을 이해하도록 도와주었고, 1만 년에 걸친 구전역사는 이제 자연과의 오랜 연결성을 다시 떠올리고 거기에서 교훈을 얻음으로써 기후변화 대응을 돕는 역할을 한다. 기후 변동성이 극심한 보츠와나의 오카방고 델타 지역에서 전통적인 날씨 예측 방식은 앞으로 수세대의 미래를 예견하는 성공적인 전략으로 사용된다.

하지만 이제 시급히 자연을 예의주시해야 하는 새로운 시대가 도래했다. 계절현상에 대한 동식물의 반응을 연구하는 계절생물학은 지난 10년간 급격한 글로벌 환경 변화의 맥락 속에서 그 중요성을 인정받았다. 본래 계절생물학은 식물과 이주하는 동물의 계절적 변화에 집중했다. 하지만 행동과학자들이 발견한 최근 현상들은 너무 특이해서 티핑 포인트(tipping point, 처음에는 미미하게 진행되다가 어느 순간 균형을 깨고 예기치 못한 일이 폭발적으로 일어나는 시점—옮긴이)에 다다른 것이 아닌가 싶을 정도다.

한 가지는 분명하다. 최근 몇 년간 상황은 악화일로였다. 그냥 날씨만 이상한 게 아니라 계절까지 이상하다. 2012년과 2017년, 북미 대부분 지역에서 놀랍도록 이른 봄이 찾아왔는데, 이는 조만간 농업계의 악몽으로 발전할 수 있는 현상이다. 2012년 3월, 여러 도시의 심야 최저 기온은 미시간주의 종전 기록을 깨고 더 높은 온도를 경신하면서 사과와 체리 수확량이 급감했다. 평소 4월까지 잔설이 남아 있던 지역도 기온이 32도까지 오르는 등 거의 한여름 날씨를 보였다. 2017년, 동부 해안에 또다시 이른 봄이 찾아오면서 철새의 이동에 혼선이 빚어졌고, 먹잇감이 준비되는 시기와 배고픈 동물들이 멀리서 몰려오는 시기가 어긋났다. 또한 이 시기는 길고 지독했던 알레르기 시즌 중 하나로 기록되었다.

애리조나주 투손에 위치한 미국 생물계절관측 네트워크(USA National Phenology)의 부책임자인 테레사 크리민스(Theresa Crimins)는 일생에 걸친 연구의 일환으로 이러한 변화를 기록한다. 그렇게 발견한 사실은 그녀를 충격에 빠뜨렸다. 그녀는 내게 이렇게 말했다. "신속한 조치를 취하지 않을 경우, 기후변화 예측에 따르면, 이번 세기 중반에는 2012년과 2017년 같은 날씨가 미국에서 일상이 될 거예요."[25]

크리민스 같은 세계 전역의 생물계절학자들은 공원, 정원, 박물관,

시민 과학자로부터 쏟아지는 수천 개의 자료를 실시간으로 확인하며 입을 다물지 못한다.[26] 최근 연구에 따르면, 우리의 뇌는 최근 2년에서 8년간의 극단적인 날씨만 기억한다고 한다.[27] 급변하는 세상 속에서 우리에게는 기후 관련 경험이 얼마나 비정상적인 것인지 파악할 만한 기준이 없다. 기후변화는 우리의 정체성을 바꾸고 장소 감각을 교란시키고 현실감각을 떨어뜨린다. 우리가 때때로 통제력을 잃어가고 있다고 느끼는 건 어쩌면 너무 당연하다.

* * *

물론 내 이야기도 기후와 관련이 있다. 나는 캔자스주에서 자랐다. 기후변화 이전부터 최초의 유럽 출신 식민지 개척자들에 의해 '위대한 미국 사막'이라고 불렸던 캔자스주는 오늘날 완전히 바뀌었다. 캔자스주는 수천 년 동안 카우족 원주민의 땅이었으며 지금은 세계에서 가장 생산력이 뛰어난 농지에 속한다. 하지만 더워진 세상에서의 산업화된 농업은 이 지역에 거대한 위험을 안겨준다. 예컨대, 캔자스주 서부의 연강우량은 애리조나주 남부와 거의 비슷하다. 지난 수십 년간 캔자스주 농부들은 옥수수를 재배하면서 오갈랄라 대수층의 지하수에 점점 더 의존하게 되었다. 그 대수층이 농업용수를 공급할 수 없을 만큼 말라 버리면 어떻게 될까? 내 고향 마을에는 어떤 일이 벌어질까? 다른 작은 마을들과 세대에 걸쳐 그곳을 고향으로 여기며 살아온 많은 가족들은 어떻게 될까?

2019년 봄, 기후변화의 채찍 효과(whiplash effect)가 대대적으로 드러났다. 광범위한 지역을 휩쓴 2018년 가뭄이 끝난 지 불과 몇 달 만에, 캔자스주와 미주리주의 농지는 미국 역사상 가장 축축한 한 해를 맞았다. 범람한 강물은 노스다코타주, 사우스다코타주, 루이지애나주에 이르기까지 수십 개 마을을 침수시켜 거의 섬으로 만들었다. 오마하부터 캔자스시티 사이의 모든 제방의 물이 미주리강으로 방류될 때도 있었다. 네브래스카주의 경계를 찍은 항공사진을 보면 범람한 미주리강은 강이 아니라 거의 바다처럼 보인다. 세인트루이스나 배턴루지 같은 도시들은 역사상 최장기간의 홍수를 경험했다. 봄철 홍수가 허리케인 시즌까지 이어지자, 허리케인 배리가 찾아온 7월에는 새로운 종류의 복합 홍수의 위협이 수면 위로 드러났다. 뉴올리언스는 사상 최초로 완전 봉쇄되었고, 비, 강물, 해수면 상승이라는 삼중 공격이 잦아들기만을 기다렸다.

현상태가 지속될 경우, 이번 세기 중반 무렵 내 고향 캔자스주를 비롯한 북미 서부 전역에서 장기 가뭄이 일상화되고 심화될 것이다. 최근 연구에 따르면, 이번 세기의 후반에는 심각한 가뭄이 수십 년간 지속될 수 있다고 한다. 변화는 이미 시작된 걸지도 모른다.[28] 그런 가뭄은 뉴 노멀(new normal, 시대 변화에 따라 새롭게 부상하는 기준이나 표준—옮긴이)을 만들어낼 수 있다. 강우량이 변하지 않더라도, 기온 상승은 증발산을 가속화하고, 실제 강우가 식물에 유용하게 쓰이는 것을 어렵게 하고, 내가 자란 지역의 모든 생명활동을 바꿔놓을 것이다.

인간이 자행한 자연 파괴를 실시간으로 기록하는 직업은, 자신의 일에 대한 애착이 남다른 사람에게 추천할 만한 것이 아니다. 기상 리포터의 날카로운 시선으로, 그리고 자녀를 가진 부모의 안타까운 심정으로, 이 모든 상황을 지켜보는 것은 감당하기 힘든 일이다. 미취학 아동인 나의 두 아들 로스코와 지크가 지금 내 나이가 될 무렵이면 세상이 완전히 바뀌어 있을 것이다. 나는 이 사실을 어떻게 받아들여야 할지 모르겠다. 내 직업은 전 세계적인 규모의 날씨와 기후를 연구하는 것이고, 나는 내 아이들이 살아가는 동안 우리 주변 상황이 얼마나 급격하게 바뀔지 아직 완전히 알지 못한다.

지금 우리집은 미네소타주 세인트폴에 위치했으며 미시시피강에서 800m 정도 떨어진 곳이다. 알래스카주를 제외한다면 미네소타주는 미국에서 가장 온난화 속도가 빠른 주다. 토종 동식물 개체수는 태평양의 섬들에서만큼이나 무서운 속도로 줄어들고 있다. 푸에르토리코와 마찬가지로, 날씨는 더 불규칙하고 극단적으로 바뀌는 중이다. 역사상 다른 시기에 세인트폴은 가정을 꾸리기에 완벽한 장소였으리라. 하지만 지금의 나는 때때로 깊은 불안에 사로잡히고, 우리가 획기적인 대응에 나서지 않을 경우 닥치게 될 상황에 대한 걱정에 시달린다.

나는 종종 궁금해진다.

우리 뒷마당의 숲은 무사할까?

이곳의 모기가 열대 전염병을 전파하기 시작할까?

돌발적인 홍수가 도로를 휩쓸게 될까?

우리의 이웃은 기후변화로 인한 이재민과 난민을 계속해서 환영할까, 아니면 외면할까?

우리는 서로 힘을 모아 한시바삐 변화를 만들어낼 수 있을까?

현재 상황을 이해하려고 애쓰는 우리에게 기후의 영구적인 변화가 진행중이라는 사실은 이미 자명하게 보일지도 모른다. 하지만 지구적

규모의 변화는, 내 아들들이 어른으로 성장하는 짧은 기간은 물론이거니와, 한 세기 안에 일어나서도 안 된다. 현재 벌어지는 일들에 대해 알면 알수록 기후변화에 관해 객관적이고 공정한 관점의 글을 쓰는 것은 더 어려워진다. 내가 앞으로 (부디) 수십 년간 이 땅을 살아갈 아이들을 키우는 사람이기 때문이다. 몇 년 안에 아이들은 어려운 질문을 던지기 시작할 것이다. 나는 제발 내게 답이 있으면 좋겠다. 따라서 기후변화는 사적인 문제가 된다. 따라서 내게는, 사랑에 관한 문제가 된다.[29]

자료를 찾아 이 책을 집필하는 과정은 여러 해에 걸친 감정적으로 힘든 여정으로, 전처와 함께 로스코가 태어나기를 기다리고 있을 때 시작되었다. 그 여정은 국경을 넘나드는 몇 번의 이주, 한 번의 이혼, 정신질환, 여러 번의 새로운 시도를 거치는 동안 계속되었다. 그럼에도 나는 내가 운이 좋은 축에 속한다고 생각한다. 나는 기후변화가 나 자신이나 내 감정의 문제가 아니라는 것을 안다. 하지만 이렇게 많은 것이 달려 있는 마당에, 내가 이 일을 하지 않는 것은 정당화될 수 없다. 나는 보폭을 맞춰 따라가기 힘겹다고 느낄 때가 많다. 특권층이라 할 수 있는 부유하고 안전한 국가의 백인 남성이 이런 기분을 느낀다면, 아바코제도 같은 곳의 주민들이 보여준 강인한 생존의지와 용기는 얼마나 놀라운 것인가. 세계 전역의 젊은이들에게서 기후와 관련된 불안감과 '외상전스트레스장애(pre-traumatic stress syndrome)'가 폭발적으로 증가한 건 어쩌면 당연하다. 그들은 자신들에게 미래란 게 있기나 한 건지 알지 못한다.

지난 몇 년간의 사건들은 첫번째 중요한 기후 관련 티핑포인트를 지났음을 보여준다. 이것은 우리 모두에게 심오한 영향을 끼친다. 아직 우리가 그걸 눈치채지 못했다 할지라도. 불과 몇 달 사이 기후변화는 미래에 일어날 것으로 예상되는 현상에서, 지구 전역에 즉각적이고 불가역적인 위해를 가하는 현상으로 바뀌었다.

그렇다면 이것은 우리 개개인에게, 그리고 사회 전체에, 무엇을 의미할까? 우리가 지구 역사에서 손꼽히는 급변기를 살고 있다는, 이 압도적이고 무시무시한 진실을 어떻게 받아들여야 할까? 또한, 왜 더 많은 사람들이 이런 사실에 대해 겁먹지 않는 것일까?

우리 모두는 인생을 살면서 깊은 상실―끝이 안 좋은 이별, 불치병, 세상이 무너지는 듯한 비극 등등―을 경험한다. 국가, 사회, 문명 전체가 나란히 손을 잡고 함께 비탄과 상실과 우울과 애도의 시기를 통과하는 건 어떤 의미일까? 우리 자신의 죽음뿐 아니라 그야말로 파멸, 세계의 종말을 기다리는 것은 어떤 느낌일까? 오늘날 세상을 살아가는 것이 바로 그런 느낌이 아닐까.

이러한 기후 비상사태의 시기에는 기술 발전은 물론이거니와 인간 심리―거대한 질서 속에서 우리 자신과 우리가 속한 장소를 보는 방식―의 변혁이 예상된다. 해수면 상승, 집단이주, 극으로 치닫는 기상현상은 인간이 자연을 지배한다는 기존 인식의 전복을 의미한다. 활동가이자 저자인 나오미 클라인(Naomi Klein)은 "우리가 획기적인 변화를 촉구하지 않는다면, 수많은 사람이 더이상 존재하지 않는 고향을 찾아 헤매는 세상을 맞이하게 될 것"이라고 했다.[30]

개인적 단계에서 우리는 늘 거기에 머물러 있을 것이라고 믿어온 세계의 상실을 애도하는 과정을 거칠 것이다. 집단적 단계에서 우리는 이 상실을 애도하고 수용하기 위해, 함께할 미래에 대한 대안적 비전을 나뉘야 한다. 기후변화로 인한 파국이 필연적이지 않다는 이야기, 우리의 실존의 가장 큰 위협요인을 억제하는 데 필요한 조치를 취할 경우—그것은 여전히 가능한 일이므로—미래의 지구가 어떤 모습일지에 관한 이야기를 말이다.

지금 당신이 느끼는 감정은 당신만의 것이 아니다. 다른 사람들이 아직 그런 감정을 못 느낀다고 해서 당신이 느끼는 경험의 강도가 약해지지도 않는다. 이러한 실존적 두려움, 미래에 대한 공포, 절망을 느끼는 건 당신 혼자만이 아니다. 다만 이런 기분이 당신을 규정하지 않도록 하는 것은 중요하다. 사실, 잘못을 바로잡고자 하는 당신의 에너지, 감정, 욕망은 문제를 해결하는 과정의 중요한 요소이다. 그런 감정을 느끼는 이유는 지금 상황을 걱정하고 그것이 바뀌기를 원하기 때문이다.

2017년 1월, 나는 기후와 관련된 불안감에 대해 상담하기 시작했다. 지금도 내 관심과 에너지를 어떻게 기후변화와의 싸움에 활용해야 할지 고민중이다. 하지만 이 질문에 대한 대답 중 하나는 그냥 그런 감정에 대해 이야기하고 당신이 혼자가 아님을 깨닫는 것이다. 심리치료의 과학을 바탕으로, 나는 우리 삶—그리고 사회—의 문제에 대해 허심탄회하게 이야기함으로써 자연스럽고도 신속한 문제해결이 가능하다고 믿는 입장이다. 물리적인 발화 행위는 뇌의 작동방식을 바꾸고 평소와 다른 생각을 유도한다. 우리에게 다른 방식으로 생각해야 할 때가 있다고 한다면, 그건 바로 지금이다.

나는 이 책의 자료를 조사하면서 나눈 수백 건의 대화에서 한 가지 필연적인 결론으로 계속 돌아왔다. 우리가 이곳에 계속 존재하는 한, 그건 우리가 아직 싸움에 지지 않았다는 뜻이다. 그런 깨달음은 내게 한 가닥 희망이 되어주었다.

나는 우리가 심오한 변화가 닥칠 무시무시한 시기로 들어서고 있음을 인정하게 되었다. 나는 어떤 극단적인 생활방식의 변화, 혹은 혁명적이고 새로운 정치적 대응을 강력히 주장하지 않을 것이다. 그건 내 영역이 아니다. 대신, 가장 최근의 과학을 바탕으로 우리에게 가능한 여러 미래를 검토해보고, 대화만으로도 변화가 시작될 수 있다는 믿음을 가지라고 격려할 것이다. 어쩌면 당신—그렇다, 바로 당신—에게는 내가 한 번도 떠올리지 못한 아이디어가 있을지도 모른다. 당신의 아이디어가 모든 변화의 시발점이 될 수도 있다. 현시대는 권력자들에게 불편한 목소리를 낸다는 이유로 묵살당하고 무시당했던 사람들의 목소리에 귀기울일 것을 요구한다. 이 문제는 우리 모두에게 영향을 미치므로, 미래를 위해 우리 모두의 창의력이 필요하다.

내가 확신하는 단 한 가지는 어떤 형태가 됐든 간에 혁명이 필요하다는 것이다. 하지만 그 혁명의 정의(定義)와는 무관하게, 앞으로 수십 년간 우리에게 필요한 것은 거의 모든 것을 완전히 뜯어고치는 수준의 변화다. 오래된 세계는 죽었다. 앞으로 다가올 세계는 우리에게 달려 있다.

나는 저널리스트다. 내게는 태양광 패널이나 테슬라 자동차를 감당할 돈이 없다. 나는 시위 참여가 때때로 불편하게 느껴진다. 하지만 친구들과 내 감정에 대해 이야기 나눌 수 있다. 내가 바라는 미래를 상상할 수 있다. 그런 다음 정의(正意)에 대한 공동의 욕망을 바탕으로, 우리가 함께 할 수 있는 일에 대해 머리를 맞대고 고민해볼 수도 있다. 또한 어쩌면, 서로 힘을 모아 사랑과 회복을 위한 변화의 움직임을 만들어낼 수도 있다.

기후와 관련된 가장 커다란 거짓말은 개개인의 행동이 유일한 해결책이라는 것이다. 이것은 에너지 소진과 지속적인 실패를 낳는 레시피나 다름없다. 개개인의 행동은, 오직 그 행동으로 인해 사회가 급격한 변화를 향해 나아갈 수 있을 때에만 유용하다. 지속적인 변화를 이끌어낼 수 있는 유일한 방법은 모든 사람이 존중받는 미래를 향해 나아가는 것뿐이다.

* * *

캔자스주 북동부에 있는 우리 가족의 농장에는 구불구불한 개천이 흐른다. 지난겨울, 특히 추웠던 어느 날, 내 아들 로스코와 아버지와 함께 얼어붙은 개천을 건넜다. 비버의 은신처로 가서 비버가 겨울 동안 머무르는 얼음굴 내부를 살펴보기 위해서였다. 이것은 이 지역 사람들이 아주 오래전부터 해오던 일이다. 내 아버지가 이 지역에서 배웠던 지식을 내 큰아들이 새롭게 배워가는 장면을 지켜봤기 때문일까. 아니면, 얼음이 두껍게 어는 일이 드물어진 요즘 날씨에 동식물이 서서히 적응해가는 모습을 확인해서였을까. 그날 오후는 잊힌 시간으로부터의 유물―우리가 과거에 알았고 사랑했던 것들을 영원히 못 보게 될지도 모른다는, 으스스하고도 손에 잡힐 듯한 경고―처럼 느껴졌다.

당신이 캔자스, 푸에르토리코, 피지, 휴스턴, 그 어디에 살든 간에, 기후변화는 바로 이런 느낌이다. 집요한 혼란, 뭔가 놓치고 있는 듯한 기분, 익숙한 것들에 대한 갑작스러운 상실감, 모양과 방향이 바뀌어버린 꿈, 기대에 대한 망각.

우리는 지구상 모든 지역의 날씨가 달라졌음을 더는 부정할 수 없다. 그 변화의 원인은 우리다. 그리고 우리에게는 다른 길을 선택할 힘이 있다.

2018년이 끝날 무렵, 기후변화에 관한 정부 간 패널(Intergovernmental Panel On Climate Change, IPCC)이 발표한 특별보고서는 세상을 충격에 빠뜨렸다.[31] 유엔으로부터 조사를 의뢰받은 일단의 과학자들은, 엄청난 노력이 뒷받침되지 않을 경우 전 세계는 문명의 실존을 위협하는 심각한 대기와 해양의 변화에 직면하게 될 것이라고 결론 내렸다. 이 충격적인 평가는 수년간의 숙고 끝에 발표되었으며, 글로벌 온난화 수준을 섭씨 1.5도 이하로 제한할 방법을 찾아달라는 세계에서 가장 취약한 국가들의 요청에 의해 시작되었다. 1.5도는 긴밀히 연결된 오늘날의 생태·사회적 시스템 안에서 안정성을 확보하기 위해 과학자들이 필요하다고 말하는 한계 수치다. 아무 조치도 취해지지 않는다면, 빠르면 2030년에 전 세계 기온이 1.5도까지 상승할 것이고 수억명의 목숨이 위험해질 수 있다. IPCC의 보고서는 이 부분에 대해 단호하다. 생존할 수 있는 미래를 얻기 위해 우리는 지금 당장, 할 수 있는 모든 일을 해야 한다. 더이상은 피할 길이 없다. 현재 속도가 계속 유지된다면 전 세계 기온은 3.4도까지 상승할 것으로 예상되는데, 1.5도라는 억제 목표치를 넘겨 2도까지만 상승한다고 쳐도 실존의 위기는 대단히 심각해진다. 〈뉴욕타임스〉의 기후 리포터인 켄드라 피에르-루이스(Kendra Pierre-Louis)에 따르면, 1.5도와 2도 사이의 선택은 영화 〈헝거게임〉과 〈매드맥스〉 사이의 선택과 같다.

보고서의 주요 저자인 독일 기후과학자 한스-오토 포르트너(Hans-Otto Portner)는 IPCC 보고서의 결론이 일종의 기념비이자 엄중한 경고라고 내게 말했다. 그는 "조치를 취하지 않을 경우, 지구는 인류의 진화 역사를 통틀어 유례없는 기후변화를 겪게 될 것이며 (…) 기후변화는 우리 문명의 미래를 결정하게 될 것"이라고 경고했다.[32]

IPCC 보고서의 무게가 이제 막 전해질 무렵, 더 끔찍한 포탄이 떨어졌다. 유엔이 후원하는 생물다양성과학기구(Intergovernmental Science-Policy Platform on Biodiversity and Ecosystem Services, IPBES)는 우리가 지구 역사에서 전례없는 대량멸종을 향하고 있을 수도 있다는 연구 결과를 발표했다.[33] 획기적인 변화가 없다면, 향후 수십 년 안에 지구상에서 100만 종, 다시 말해 8종 가운데 1종이 멸종할 수 있다고 했다.

그날 영국 일간지 〈가디언〉에는 '지구 생명체의 멸종으로 절체절명의 위기에 처한 인류 사회(Human Society Under Urgent Threat from Loss of Earth's Natural Life)'라는 헤드라인이 실렸다.[34] IPBES 보고서에는 명시되어 있으나 신문 헤드라인에는 빠진 한 가지는, 과학자들이 세계경제의 착취성과 폭력성을 이 사태의 근본 원인으로 꼽았다는 것이다. 보고서에 따르면, 현재의 농업, 산림파괴, 도시화는 지난 1만 년의 어느 시점보다도 수십 배 내지 수백 배 빠른 속도로 지구 생태계를 망가뜨리고 있다.

최근의 한 연구에 따르면, 우리가 지구 대기에 가하는 영향력은 자연력보다 약 170배 강하다고 한다.[35] 지구 역사상 매우 급격했던 기후변화 중 하나는 대략 2억 5000만 년 전, 일명 '대몰살(Great Dying)'

이라고 불리는 시기에 발생했다. 이때 지구상 모든 종의 약 90%가 사라졌는데 이는 지구 역사상 최악의 대량멸종 사건이었다. 당시 대규모 화산 폭발로 인해 대기 내 온실가스 농도가 높아졌고, 약 2만 년의 기간에 걸쳐 지구 전체 온도가 상승했다. 이제 그것과 비슷한 강도의 변화가 불과 100년 혹은 200년 안에 일어날 수 있다. IPBES 연구에 참여한 호주 출신 기후과학자 윌 스테판(Will Steffen)은 지질과학의 렌즈를 통해 봤을 때 "인류가 촉발한 기후변화의 규모는 점진적이지 않으며 운석 충돌에 가깝다"라고 한다.[36]

호주 태즈메이니아대학 해양사회생태학센터(Centre for Marine Socioecology)의 책임자 그레타 페슬(Gretta Pecl)은 이 사실이 모든 것을 바꿔놓는다고 말한다. 기후변화 때문에 이주하는 종들은 국경이나 국립공원의 경계를 따라 움직이지 않는다. "낡은 형태의 자연보전은 한물갔어요." 그녀는 내게 이렇게 말했다.[37] "우리는 작은 특정 구역 안에서 생물을 보호하려고 했지만, 지금 상황은 예전과 같지 않고 앞으로도 절대 같지 않을 거예요. 우리는 종들을 관리하는 방법과 관련해 광범위하고 전략적인 사고방식을 수립해야만 해요."

IPBES 보고서에 설명된 모든 생태적 변화 가운데 지금까지 가장 끔찍했던 것은, 지구상 산호초의 4분의 1이 사라졌다는 사실이다. 이것은 세계의 기후 패턴을 바꿔놓고 전 세계 해양 및 육지 생태계에 영구적인 변화를 촉발한 2015년의 엘니뇨로 인해 가속화되었다.

엘니뇨는 태평양 열대지역의 바닷물이 주기적으로 따뜻해지는 자연스러운 현상이지만, 2015년의 엘니뇨는 결코 정상 범주라고 할 수 없었다. 최근 연구에 따르면, 해수온 상승은 엘니뇨 발생 주기를 변화시키고 강력한 엘니뇨의 발생 빈도를 높일 수 있다고 한다. 이처럼 따뜻한 물은 지구 먹이사슬의 근간인 해양에 심각한 영향을 끼친다. 산호초 파괴는 우리 생태계 전체가 하룻밤 사이에 무너질 수 있는 대량멸종의 시대로 이미 진입했음을 의미하는 걸지도 모른다. 산호초를 잃는 것은 지구 생명체들을 위한 하나의 닻을 잃는 것과 같다.

"거대한 지구적 위기가 서서히 다가오고 있는데, 우리는 머리를 모래에 박고 있어요."[38] 퀸즐랜드대학의 산호 연구자 저스틴 마셜(Justin Marshall)은 〈뉴욕타임스〉와의 인터뷰에서 이렇게 말했다.

산호초는 많은 사람들이 생각하는 것보다 훨씬 중요하다. 산호초는 바다 면적의 불과 0.2%만을 덮고 있지만, 모든 해양생물의 4분의 1을 먹여 살리고 5억 명의 생계를 책임진다. 하지만 무엇보다, 건강한 산호초는 눈부시게 아름답다. 그건 지구에서의 삶을 특별하게 만들어주는 요소 중 하나다.

세계 최대 산호섬인 키리티마티섬(Kiritimati, 영어 단어 '크리스마스(Christmas)'의 키리바시어 철자)은 최근까지 지구상에서 원시적인 해양생태계 중 하나였다. 몇 달에 걸쳐—빅토리아대학의 생물학자 줄리아 바움(Julia Baum)과 조지아공대의 기후과학자 킴 코브(Kim Cobb)가 이끄는—일단의 연구자들은 이곳 산호초의 건강 상태를, 더 정확히 말하자면 산호초가 얼마나 건강하지 못한지를 조사했다. 결과는 충격적이었다. 키리티마티섬의 산호 군락 중 약 80%는 죽어 있었고, 나머지 15%는 심각한 백화현상을 겪으며 죽어가고 있었다. 마치 누군가가 주말 사이에 작정하고 세쿼이아 국립공원의 삼나무 중 90%를 벌목한 것과 같았다. 키리티마티섬의 전체 생태계는 그야말로 눈 깜짝할 사이에 소멸했다.

나는 팀원들이 다이빙을 마무리하던 시기에 위성전화로 통화를 했다. 그들의 목소리에 담긴 충격이 고스란히 전해졌다. "이 산호초는 예전으로 돌아가지 못할 가능성이 아주 커요." 코브는 눈물을 삼키며 말했다. "이건 경고의 메시지예요."[39]

코브는 이곳에서 수년 동안 일했으므로 그곳의 원래 모습을 너무도 잘 알고 있었다. 팀원들이 산호초 내부를 분석한 결과를 기반으로, 그녀는 7000년에 걸친 산호초의 역사를 통틀어 키리티마티섬에서 그와 같은 대규모 몰살이 발생한 건 처음이라고 추정했다. 글로벌 온난화는 앞으로 수십 년간 산호초 피해를 가중시킬 것이고, 세계의 많은 산호초는 앞으로 더 자주 백화현상을 겪게 될 것이다. 키리티마티섬 주민 같은 사람들에게 역사상 최악의 글로벌 산호초 백화현상은 이미 돌이킬 수 없는 수준에 도달한 걸지도 모른다.

"이건 세상 사람들이 귀담아들어야 할 이야기예요." 코브는 이렇게 말하고는 키리티마티섬 산호초의 죽음은 하나의 증거와 같다고 덧붙였다. "기후변화는 지금과는 다른 지구적 상태를 향한 지속적이고 선형적인 이행이 아니에요. (⋯) 기후변화는 이처럼 극단적인 사건을 통해 발생할 거예요. 다른 종류의 체계를 향해 계단식으로 도약하죠."[40]

지난 수십 년간 온실가스 배출이 급증한 가운데, 지구의 기후체계는 미지의 상태로 계단식 도약을 하고 있다. 과학자들은 기후체계의 티핑포인트와 비선형성 수십 가지를 파악했는데, 이는 공포와 희망을 동시에 불러일으킨다. 명백한 이유—최근까지 유지되고 있는 비교적 안정적인 상태가 순식간에 무너질 수 있으므로—에서의 공포와, 상황이 아무리 나쁘더라도 신속한 조치만 취해지면 분명 최악은 피해 갈 수 있다는 희망. 우리의 비선형적 기후체계에서 가장 중요한 내용은, 기후 대재앙이 필연이 아니라는 것이다. 동시에, 우리가 시간을 지체할수록 돌이킬 수 없는 생태계 파괴의 위험은 더욱 확실해진다는 것이다.

일부 언론은 IPCC 보고서에 대해 시간이 촉박하다는 상투적인 표현을 써서 보도했다. 보고서의 충격적인 결론을 우리에게 너무도 익숙한, 행동에 나서기 전까지의 제한시간으로 표현했다. 〈워싱턴포스트〉의 헤드라인은 '세계가 기후변화를 통제하기 위해 남은 시간은 10년 남짓(The World Has Just over a Decade to Get Climate Change Under Control)'이었다.[41] 하지만 이것은 완전히 잘못된 표현이다. 우리는 이와 같은 도전에 맞서 사회를 재정비하는 초반의 조직적 노력을 10년 안에 마무리해야만 한다. 과학자들은 여기에 대해 아주 명확한 입장이다. 2030년까지 글로벌 온실가스 배출을 절반(2010년 배출량보다 45% 감소한 수준)으로 줄여야 하며, IPCC에 따르면, 이를 위해서는 '사회 모든 분야에서의 획기적이고 광범위하고 전례없는 변화'가 필요하다.[42]

이런 변화는 당장 시작되어야 한다. 낭비할 시간이 없다.

"모든 옵션을 총동원해야 합니다." 이 연구의 주요 저자인 스코틀랜드 기후과학자 짐 스키아(Jim Skea)는 기자회견에서 말했다. "우리는 각각의 옵션을 어느 정도 수준까지 적용할 것인지 선택할 수 있습니다. (…) 하지만 이 옵션 중 어느 하나라도 생략할 수 있다고 생각해서는 안 됩니다."[43]

획기적인 변화는 종말 방지뿐 아니라, 우리가 지킬 가치가 있는 미래의 모습을 상상하는 일에도 초점이 맞춰져야 한다. 이유는 잘 모르겠지만, 불지옥 같은 세상을 상상하는 것은 우리가 함께 만들어나갈, 모든 인간과 모든 종을 소중히 여기는 새로운 형태의 인간 사회를 상상하는 것보다 훨씬 쉽다. 우리는 획기적이고 유례없고 용감한 희망의 문화를 만들어가는 고된 작업에 착수해야 한다.

킴 코브는 중앙 태평양의 산호초를 연구하는 데 평생을 바쳤지만, 최근의 산호초 백화현상은 그녀를 다른 사람으로 만들어놓았다. 그녀는 키리티마티섬에서 나와 통화한 이후 활동가가 되었다. 그녀는 항의 시위를 조직하고 청소년 단체에서 해양과학 관련 강의를 한다. 직장까지 자전거로 출퇴근하고, 차량과 비행기 이용을 대폭 줄였다. 의회에서 획기적 조치의 필요성에 대해 증언하기도 했다. 그녀는 인생을 완전히 바꿨다. 하지만 여전히 의혹에 차 있고 많은 좌절을 경험한다. 2019년 IPBES 보고서가 발표된 뒤 코브는 내게 말했다. "때로는 아침에 눈을 떠서 이게 이렇게까지 중요한 일인가 하는 의문에 빠지기도 해요."[44]

나는 그녀의 용기에서 영감과 평화를 얻는다. 세상을 바꾸는 일은 어렵고, 그녀는 낭비할 시간이 없다는 것을 알고 있다. 하지만 언뜻 불가능해 보이는 일을 하면서 희망과 용기를 잃지 않는다. 그녀는 이렇게 말한다. "이 새로운 투쟁의 몇 안 되는 장점 중 하나는 서로 협력하고 그 무엇도 당연한 것으로 받아들이지 않는 자세[를 배우는 것]예요."[45]

급진주의자 되기

이제 급격한 변화는 불가피하다. 이러한 진실을 정면으로 마주하는 동시에 인내와 배려로 가득한 대화의 장을 마련하는 일, 그리하여 우리의 의도를 유의미한 행동으로 전환하는 일은 우리에게 달려 있다. 우리는 자연환경의 실제 작동방식을 잘 반영하는 새로운 환경주의로의 이행을 시작해야 한다. 개인주의나 도덕적 우월성의 전시가 아니라, 집단적 노력과 보편적 정의에 기반한 실천 가능하고 확장성 있는 새로운 생활방식의 모델이 필요하다.

향후 10년간은 창의적 상상력과 창의적 파괴력을 두루 경험할 것이고, 이것은 문명적 불안(civilizational anxiety)이라는 깊고 지속적인 감정으로 이어질 가능성이 높다. 특정 시간대와 장소는 본질적으로 우리를 불안하게 한다. 어둡고 텅 빈 계단, 고속도로변의 정차 구역, 이별한 다음의 시간 등등. 이것은 경계 공간이다. 이러한 경계 공간, 혹은 이행 공간에 몇 분 이상 있게 되면 당신의 머릿속에 있는 파충류의 뇌는 달아나고 싶어진다. 뭔가 잘못된 게 분명하다고 경고음이 울리는 것이다. 경계 공간은 세상의 작동방식에 관한 일반적 이해범위를 넘어서기 때문에, 우리는 겁에 질리게 된다. 한계 공간은 일시적이고 불완전하고 불길하다. 그것은 때로 공포에 질릴 정도의 가능성을 암시한다.

지금 이 순간의 지구―라는 행성 전체―는 경계 공간이다. 우리는 획기적인 변화가 불가피하다는 것을 깨닫기 시작했지만, 그게 어떤 모습일지 정확히 알지 못한다. 하지만 지금은 우리가 하나의 종으로서 어떤 모습으로 변해갈지 파악하기 위해 꼭 필요한 순간이기도 하다.

사만다 얼(Samantha Earle)은 경계 공간에 관해 연구한 이스트앵글리아대학의 철학자다. 그녀는 서구 문명이 급격한 변화의 시기에 접어들었다고 확신한다. 이 책을 준비하면서 그녀와 나눈 대화는 나를 가장 많이 변화시켰다. 철학자들은 사회를 조직화하기 위한 '상상(imaginary)', 혹은 길잡이 역할을 하는 체계에 대해 말하기를 좋아한다. 얼은 이 과정이 쉬울 것이라는 착각 따윈 하지 않는다. 하지만 기후과학자들이 현재 인간이 걷는 길이 지구의 근본적인 생명유지시스템의 파괴로 이어질 것이라고 확신하는 것처럼, 얼은 현재 우리 문명의 길잡이 역할을 하는 지배적인 체계가 앞으로 지속될 수 없다고 확신한다.

"우리는 세계의 문제들이 현재의 지배적인 상상을 통해서 해결될 수 없는 시점에 와 있어요." 그녀는 내게 말했다. "우리는 붕괴의 시대에 들어섰어요."[46]

우리 사회의 붕괴 시점이 대기와 생태계의 붕괴 시점과 일치하는 건 우연이 아니다. 우리는 일상적 사고와 행동을 통해 지속적으로 우리 사회를 재생산한다. 그건 대체로 무의식, 일상, 습관을 통해 이루어진다. 혹은, 우리 자신을 새로운 생각과 행동에 노출시키는 일에는 지금 당장 감수할 의사가 없는 위험이 내포되어 있기에 발생하는 현상이다. 우리가 매일 하는 모든 일은 선택이며, 그건 다시 말해 다른 선택도 가능하다는 뜻이다.

"사회와 관련된 중요한 문제는, 우리는 우리가 어떤 상상을 품고 있으며 상황이 늘 지금과 같을 필요가 없다는 사실을 인식조차 하지 못한다는 거예요." 얼은 평상시 "우리에게는 비판의식과 획기적 상상력이 부족하다"라고 했다.[47]

그렇기에 획기적 변화에 반대하는 사람들은 환경보호나 기후변화의 영향을 되돌리려는 노력을 개인적 희생으로 범주화할 수 있었던 것이다. 예컨대, 우리는 애초에 보행자 중심의 도시 설계를 통해 차가 없는 세상을 상상하는 게 아니라, 차량 공유 서비스 대신 기차를 이용해야 하는 불편함에 초점을 맞춘다. 화석연료 기업들이 수십억 달러를 투자해 언뜻 삶을 편리하게 만들어주는 제품을 생산한다는 이유로 우리는 계속 그들의 배를 불려준다. 현상유지가 편안한 데에는 이유가 있다. 그것은 대안이 아직 존재하지 않을 때—더 정확히 말하자면, 권력자들이 더 나은 세계를 실현하는 데 적극 반대할 때—일상생활을 관리하는 데 용이하기 때문이다.

하지만 한계 공간의 한가운데에서는 무엇이든 가능하다. "한계 공간은 우리의 생활방식과 사회 구성방식에 관한 근본적인 개념이 더는 통하지 않는 시기를 말해요." 얼은 내게 이렇게 말했다. "이건 단순히 우리가 직면한 문제를 이해할 수 없다는 뜻이 아니에요. 우리는 그 문제를 개념화할 수조차 없어요. 그건 거의 정지된 시간이고, 심오한 실존주의적 함의를 가진 시간이죠. 당신에게는 여전히 상상이 존재하지만 그게 제대로 작동하지 않고, 그 상상을 대체할 다른 상상이 아직 없다면 모든 가능성이 열려 있는 셈이죠."[48]

이 공간을 통과하기 위한 첫 단계는 우리가 개인이자 사회 구성원으로서 겪는 불편을 인정하는 것이다. 그 불편에는 창의적인 힘이 숨어 있고, 그것은 우리 앞의 여러 길들을 밝은 눈으로 볼 수 있게 한다. 또한 우리가 더 나은 것을 상상하도록 돕는다.

획기적인 변화는 우리가 여가시간에 자주 떠올리는 주제가 아니다. 우리의 행성이 어떤 새로운 형태, 더 위험한 형태로 바뀌게 될 것인지 생각해보는 건 불편한 일이다. 우리는 환경 재난과 더 나은 삶에 대한 욕구 간의 미묘한 균형에 대해 고민하기 싫지만, 이제는 선택의 여지가 없다.

그렇다면 우리는 여기서부터 어디로 가야 할까? 당신과 나는 어떻게 이 실존적 공포를 다른 길을 상상하기 위한 원동력으로서 활용할 수 있을까? 어떻게 우리가 그 새로운 길을 만들어갈 수 있을까?

"기후변화는 다른 무엇보다도 우리가 미래와 맺는 관계에 관한 문제 예요." 저자이자 철학자인 알렉스 스테판(Alex Steffen)은 이 책을 준비하던 초기에 내게 말했다. "우리가 미래를 생각하는 방식은 거의 문화적이에요. 장기적인 시스템과 지속가능한 관계를 맺어야 한다는 생각을 우리의 문화적 시각에 반영하지 못한다면, 우리가 취해야 할 행동 중 그 어떤 것도 실제로 일어나진 않을 거예요."[49]

최근의 한 연구는 스테판이 말하는 변화를 만들어내기 위한 청사진을 수립했다.[50] 이 연구의 주요 저자인 요한 록스트롬(Johan Rock-ström)은 "그 변화는 태양열이나 풍력을 추가하는 것 이상을 의미"하며 "급격한 탈(脫)탄소, 식량 생산의 혁명, 지속가능성 혁명, 그리고 [탄소 제거를 위한] 대규모 공학기술의 적용을 의미한다"라고 했다.[51] 록스트롬과 그의 팀원들은 철저한 수학에 따라 2030년까지 글로벌 탄소 배출을 현재의 절반으로, 2040년까지 2030년 기준의 절반으로, 2050년까지 2040년 기준의 절반으로 줄여야 한다고 말한다. 이와 같은 과감한 노력을 하더라도, 파리기후협약에서 전 세계가 동의한 기온 상승 1.5도 이하 억제 목표를 달성할 확률은 50%에 불과하다. 이 모든 과정이 마무리될 무렵이면 내 아들들은 지금의 나보다 몇 살 더 많을 것이다. 지크는 2034년 이전까지 투표조차 할 수 없다. 우리가 아무 조치도 취하지 않는다면, 그때쯤 우리에게 살 만한 세상을 만들 수 있는 기회는 이미 날아간 상태일 것이다.

물론 이 모든 일이 어떻게 진행될지는 알 수 없다. 하지만 어느 정도의 지식을 통해 추측은 가능하다. 나와 같은 기상학자들은 다른 대다수 전문가들과는 차별화된 방식으로 미래를 예측하는 데 익숙하다. 우리는 앞으로 발생할 가능성이 있는 기상현상의 범위를 살펴보고 날씨를 예상한다. 앞으로 몇 년 후의 날씨가 사회에 어떤 영향을 끼칠지 상상하는 일은 지금껏 제대로 해내지 못했다. 하지만 록스트룀의 연구는 최초로 그것에 대해 생각해볼 수 있는 간단한 방법을 제공한다. 향후 30년에 걸쳐 나타날 거대한 변화에 대해서 말이다.

이 미래 세계에 살고 있는 사람은 거의 없다. 그보다 더 적은 수의 사람만이 우리의 현재 행동에 구조적 변화가 필요하다는 것을 이해하고 있다. 그들 중 가장 유명하고 영향력 있는 사람은 단연 그레타 툰베리(Greta Thunberg)일 것이다. 17세의 스웨덴 소녀 그레타가 지구상에서 가장 영향력 있는 사람이라는 믿기 힘든 사실은, 낡은 규칙이 더는 통하지 않는다는 또하나의 방증일지도 모른다. 기후 비상사태에 대한 진실을 있는 그대로 말하는 그녀의 능력은, 탄소 배출을 하지 않는 생활방식에 대한 그녀의 의지보다 훨씬 큰 파장을 일으킨다. 그녀가 영향력 있는 이유는 이러한 행동이 획기적이고 체계적인 변화를 만들어낼 때만 유의미하다는 점을 파악하고 있기 때문이다. 그녀의 행동이 너무 단순하다는 점은 우리 모두가 동참할 수 있음을 의미한다. 그녀는 이 한계 공간에서 벗어나는 방법을 우리에게 보여준다.

최근 설문조사에 따르면, 서구권 응답자 5명 중 1명은 그레타가 촉발한 운동 때문에 예전보다 비행기 이용을 줄였다고 한다.[52] 스웨덴에는 '플뤼그스캄(flygskam)', 즉 '비행기를 타는 것에 대한 수치심'이라는 신조어까지 생겼고, 영원한 경제 성장의 약속 위에 세워진 그곳의 항공산업은 겁을 먹기 시작했다. 스웨덴 국적기인 SAS항공은 이것을 '그레타 효과'라고 부른다. 스웨덴의 벤치마크 주가지수에 포함된 29개 기업 대표들은 자국 내 항공 여행이 이미 정점을 찍고 하향세에 접어들었다고 말한다. 기후 비상사태 속에서 단기간 내로 항공유를 대체할 연료가 없다는 것을 사람들이 이해하기 시작했기 때문이다. 배터리는 기존 항공 여행에 사용하기에 너무 무겁다. 이것은 아주 단순한 물리학적 이치다.

내가 처음 본 그레타의 모습은, 늦은 밤 파란 재킷을 입고 우리집 거실에 선 채 내 어린 아들들과 내가 그녀를 위해 쓴 글을 읽고 있던 실루엣이었다. 그레타와 그녀의 아버지 스반테(Svante)는 아놀드 슈왈제네거(Arnold Schwarzenegger)가 빌려준 테슬라 차량을 타고, 아이오와시티에서 내 집이 있는 미네소타까지 몇 시간 쉬어가기 위해 찾아온 터였다. 이전 몇 달 동안, 그레타는 브뤼셀의 유럽의회에서 연설을 하고, 영국에서부터 배를 타고 대서양을 횡단하고, 뉴욕의 유엔 총회에서 세계 지도자들을 상대로 연설을 하고, 몬트리올에서 사상 최대 규모의 기후변화 반대 시위를 주도하고, 비건 문화의 유명한 아이콘인 온타리오주의 반려돼지를 만났다. 다음날 오후에는 사우스다코타주의 파인릿지와 스탠딩록 원주민 보호구역으로 가서, 애초에 그녀가 이 여정에 나서도록 영감을 준 사람들을 만날 예정이었다. 간단히 정리하자면, 그녀는 지칠 대로 지쳐 있었다.

우리는 함께 아침식사를 하고 산책을 다녀왔다. 어른 2명, 유아 2명, 10대 청소년 1명을 위한 일상적인 활동이었다. 초가을 가랑비가 우리

위로 떨어졌다. 로스코를 자전거 대신에 빨간 수레에 태워 끌어주려고 하자 소란을 피운 것만 빼면 평소와 다를 바 없는 날이었다. 그레타와 그녀의 아버지는 주말에 놀러온 친구 같았다.

산책하는 동안, 그레타는 최근 자신이 했던 연설의 요점을 정리해주었다. 우리는 아직 부정하는 단계에 있으며, 충분히 노력하고 있다고, 문제는 그렇게 심각하지 않다고, 혹은 지금이 비상사태인 것처럼 행동할 필요가 없다고 스스로를 기만하는 중이라고 말했다. 나는 다른 사람들이 그레타와 똑같은 말을 하는 것을 들은 적이 있었다. 하지만 내가 사는 동네에서, 작은아들은 수레에 태우고 큰아들은 팔에 안은 채로, 내가 사랑하는 모든 것이 덧없이 사라질 것처럼 연약하고 일시적으로 느껴지는 그 순간에, 이 말들이 그레타의 입에서 흘러나오는 걸 듣고 있으니 가슴을 제대로 한 대 얻어맞은 것 같았다.

2018년 8월, 스웨덴 스톡홀름의 의회에서 학생 시위를 시작한 지 몇 주 뒤, 당시 15세였던 그레타 툰베리는 폴란드의 유엔 기후정상회담에 참석해 세계 지도자들 앞에서 연설했다. 그녀의 말에는 절망적인 미래를 선고받은 세대의 도덕적 명확성이 담겨 있었다.

> 우리 문명은 극소수의 사람들에게 계속 엄청난 돈을 벌 수 있도록 기회를 주기 위해 희생되고 있습니다.[53]
> 우리의 생물권은 제 조국을 비롯한 국가의 부자들의 사치스러운 삶을 위해 희생되고 있습니다. 소수의 사치를 위해 다수가 고통받고 있습니다.
> 2078년이면 저는 75세 생일을 맞을 것입니다. 제가 아이들을

낳는다면 그날을 제 아이들과 보내게 되겠죠. 어쩌면 그 애들은 제게 여러분에 대해 물어볼지도 모릅니다. 왜 행동에 나설 시간이 남아 있었음에도 불구하고 여러분이 아무 조치를 취하지 않았었냐고 물어볼지도 모릅니다.

여러분은 다른 무엇보다 여러분의 자녀를 사랑한다고 말하지만, 실은 그 자녀의 눈앞에서 자녀의 미래를 강탈하고 있습니다.

정치적으로 실현 가능한 조치가 아니라 반드시 필요한 조치로 초점을 옮기지 않는 한, 희망은 없습니다. 위기를 위기로 인정하지 않으면서 그것을 해결할 수는 없습니다.

우리는 화석연료를 땅에 묻힌 상태로 두어야 하고 형평성에 초점을 맞춰야 합니다. 현 시스템 내에서 해결책을 찾을 수 없다면 시스템 자체를 바꿔야 합니다.

우리는 세계 지도자들에게 제발 신경을 써달라고 빌기 위해 여기 온 게 아닙니다. 여러분은 과거에도 우리를 무시했고 앞으로도 우리를 무시할 겁니다. 변명거리는 떨어져가고 시간은 줄어들고 있습니다. 우리는 여러분이 원하든 원하지 않든 간에, 변화가 찾아오고 있음을 알려주기 위해 여기 왔습니다. 진정한 힘을 가진 것은 사람들입니다.

이 연설과 함께, 그레타 툰베리는 세계적인 규모의 혁명을 촉발했다. 이 연설 이후, 183개국 남녀노소 수천만 명이 툰베리의 기후변화 시위에 동참했다. 그들은 툰베리가 제시한, 단순히 생존 가능한 세상이 아니라 번영할 수 있는 세상에 대한 명확한 비전에 감명받았다. 사람들은 희망할 수 있는 무언가를 원한다. 뭔가 대단한 일을 하도록 요구받고 싶어한다. 용감해질 기회, 자신의 미래를 스스로 만들어나갈 기회를 원한다. 이 순간이 사람들에게 그런 기회가 되어주었다.

물론 주목할 만한 이 역사적 순간은 저절로 만들어진 게 아니다. 수백 년 동안, 주로 유색인종 여성들의 주도하에 수백만 명의 사람들이 초석을 마련했다. "제가 말하는 건 새로울 게 하나도 없습니다." 툰베리는 자신의 시위가 시작된 지 몇 달 뒤, 미국 젊은이들의 기후변화 및 총기 사용 반대 시위로부터 영감을 받아 페이스북에 이런 글을 올렸다. "저는 과학자들이 수십 년간 반복해서 했던 말을 되풀이하고 있는 겁니다."[54] 매년 열리는 기후변화 관련 유엔 공식회담 현장에서, 산림파괴가 계속되고 극단적인 날씨가 일상을 위협하는 제3세계의 어린이들의 목소리는 오랫동안 묵살당했다. 그레타의 메시지가 오늘날 반향을 일으키는 이유는, 부국들이 수세기 동안 빈국들을 상대로 자행해온 환경파괴가 마침내 자업자득의 결과로 돌아왔기 때문이라고 생각한다.

우리는 젊은 세대가 생존 가능한 세계를 물려받으리라는 확신을 가질 수 있어야 한다는 것을 안다. 그 미래가 손닿는 곳에 있기 때문에, 그레타는 화석연료를 생산하고 사용하는 행위가 세상을 파괴하고 있다는 환경정의 커뮤니티의 언어를 증폭시켜 전달할 수 있었다. 산꼭대기 채굴, 암의 골목(cancer alley, 암 발생률이 높은 산업공장 밀집 지역―옮긴이), 오염된 지하수를 통해 파괴된 애팔래치아와 아마존의 산림과 하천, 호주의 석탄 수출 부두, 미시간주 플린트 같은 곳들 말이다. 그레타의 메시지는 늘 그랬던 것처럼 명확하다. 우리의 미래는 타협의 대상이 아니다. 우리는 모두 생존하고 번영할 자격이 있다.

그레타가 글로벌 청년운동의 실질적 지도자로 부상한 것은 이제 상황이 달라졌다는 증거다. 우리는 오래전부터 기후변화에 대해 알고 있었고 오래전부터 해결책도 알고 있었다. 화석연료 사용을 줄이고, 농업방식을 바꾸고, 생활방식을 개혁하고, 앞으로 나아가는 것이다. 이 해결책은 예전과 다를 바가 없다. 하지만 지금 이 순간, 중요한 무언가가 달라졌다. 우리는 마침내 이야기를 들을 준비가 된 것이다.

빗속을 산책하는 동안 그레타에게 우리가 모든 것을 바꾼 다음에 시스템이 어떤 모습일지에 대해 묻자, 그녀는 이렇게 답했다.

"저도 모르겠어요. 그건 아직 만들어지지 않았으니까요."

세상을 바꾸려는 시도에는 용기가 필요하다. 우리가 세상을 어떤 식으로 바꿀 수 있을지 아직 잘 모른다고 인정하는 데에는 더 큰 용기가 필요하다. 그레타가 공식석상에서, 그리고 나와 내 가족에게 일상생활 속에서 보여준 태도—아는 것과 모르는 것을 동시에 인정하는 용기—는 우리 앞에 놓인 도전을 위한 발판이자 그것을 성취하기 위한 처방이다. 그건 우리의 상상력을 넘어서는 세상에 대한 열린 마음이다.

그레타는 평범한 사람이다. 유명인처럼 행동하지도 않는다. 그녀를 특별하게 만들어주는 것은, 그녀가 기후과학에 대한 글을 읽고 이해하고 있으며 사실을 중요시하는 삶을 산다는 것이다. 과학은 그 자체로 충분히 혁명적이다. 그녀가 하는 일은 본인에게도 아주 버거울 것이 분명하다. 우리집을 방문했던 그 주에 그레타는 노벨평화상을 탈 뻔했다. 그녀의 어깨에 세상이 올려놓은 짐은 상상하기 힘든 종류다. 역사상 특별한 시기에 특별한 인간을 통해 발현된 특별한 현상인 것이다. 그녀는 기후정의에 관한 이 운동이 그녀 자신에 관한 문제가 아니라고 거듭 강조한다. 이건 모든 사람의 문제다. 시위에 나선 아이들은 당신에게 영감을 주려는 게 아니다. 감명을 주려는 것도 아니다. 사실 그 아이들은 아무것도 할 필요가 없다. 어른들이, 진짜 어른인 우리가 그들을 위해 행동했어야 한다. 그레타의 행동은 분열을 조장하지 않는다. 그 행동은 완벽하게 합당하다. 이 시대가 우리에게 요구하는 것의 진실을 부정함으로써 분열을 조장하는 것은 어른들의 세계에서 벌어지는 일이다.

그레타는 이전의 그 누구보다도, 세상의 이목이 인류 역사상 가장 중요한 문제를 향하도록 애써왔다. 그렇기에 그녀가 들려주는 불편한 진실을 당신이 받아들일 용의가 있느냐에 따라, 그녀는 영웅 혹은 악당이 된다. 정상적인 시대였다면 세계 지도자들은 세계경제의 원동력이 되는 기반 전체가 우리를 대량멸종으로 이끌고 있다는 과학자들의 경고를 수십 년 전에 진작 받아들였을 것이다. 정상적인 시대였다면 전 세계의 젊은 세대는 그들에게 미래가 있기나 할까 하는 의문을 품으며 '외상전스트레스장애'에 시달리지 않을 것이다. 정상적인 시대였다면 그레타는 우리집 거실에 발을 들일 일도, 나의 두 아들과 어울릴 일도 없었을 것이다.

그녀와 그녀의 아버지가 떠난 후, 나는 그녀를 현상유지에 대한 커다란 위협요인으로 만드는 것은 그녀의 아름다운 인간성임을 깨달았다. 나는 나의 직업적인 삶과 개인적인 삶에서 이런 자질을 가진 사람을 많이 알고 있다. 때로는 내 안에서도 그런 자질을 발견한다. 우리 모두가 그레타와 같은 혁명적인 인간성을 공유한다면, 그걸 받아들이지 않기 위한 우리의 핑계는 무엇인가?

2018년 IPCC 특별보고서가 발표된 날, 나는 용기를 내보기로 했다. 우리 문명이 직면한 가장 큰 문제에 대한 진실을 말하고 다른 사람도 그렇게 행동하도록 돕기 위한 용기. 자제력을 발휘하거나 허락을 구할 시간이 없다. 기후과학의 기본은 간단하다. 우리는 기후변화가 전적으로 인간에 의해 초래되었다는 것을 알고 있다. 따라서 해결책도 인간이 주도해야 한다. 이제 시간이 없기 때문에, 당신과 내가 지도자가 되어 앞장서야 한다.

IPCC 보고서가 발표되기 30년 전인 1988년, 미국 항공우주국 기후과학자 제임스 핸슨은 의회에서 최초로 기후변화가 시작되었다고 증언했다. 그 순간은 어느덧 오랜 옛날처럼 느껴진다. 이후 오랫동안, 우리는 그의 예견이 실현되는 것을 지켜봐왔고 근본적으로 유의미한 조치를 전혀 취하지 않았다.

1992년, 지구상 거의 모든 국가가 지구온난화 방지를 위한 최초 협약인 유엔 기후변화협약에 서명했다. 이 협약은 전 세계의 협력을 통해 '기후체계에 대한 인위적이고 위험한 개입'[55]을 피하기 위한 목적으로 설계되었다. 과학자들은 이후 수십 년간 어떤 티핑포인트가 먼저 나타날 것인지, 어느 정도의 온난화가 '위험한' 수준인지 파악하려고 노력해왔다. 여기서 위험한 수준이란 인간이 기후변화의 여파를 억제할 능력을 상실하기 시작해, 우리 행성의 생명유지시스템에 잠재적으로 치명적이고 영구적인 변화가 가해진다고 일반적으로 여겨지는 시점을 의미한다. IPCC와 IPBES의 연구 결과에 따르면, 지금 우리는 '기후체계에 대한 인위적이고 위험한 개입'의 시대의 중심에 서 있으며 계속 상황을 악화시키고 있다.

기후 비상사태와 관련해 가장 충격적인 진실 중 하나는, 산업혁명 초창기 이래 인간의 모든 탄소 배출 중 절반이 1992년 이후에 이루어졌다는 것이다. 2019년 지구의 탄소 배출은 인류 역사상 최고치를 기록했다. 우리가 저지른 일은 우연이 아니다. 우리는 충분한 과학적 지식을 가지고 있었음에도 계속 지구온난화에 일조했다. 우리는 이 변화가 수천 년 동안 계속될 것이며 그 변화에 가장 적게 기여한 사람들이 큰 피해를 입게 될 것을 알고 있었다. 지구 역사상 가장 부자인 사람들을 더 부자로 만들어주기 위해서. 기후변화는 언제나 선택의 문제였고, 우리의 지도자들은 수십 년간 거듭 잘못된 선택을 하며 우리를 실망시켰다.

물론 나도 글을 쓰면서 종종 까먹는 부분이긴 하지만, 반드시 기억해야 할 것은 기후변화를 유발하는 데 있어 '우리' 같은 건 없다는 점이다.[56] 대부분의 피해는 소수의 부유한 백인 남성들의 탐욕을 채우기 위해 발생한다. 이 기본적인 사실은 인류 역사상 매우 충격적이고 부도덕적인 사건이다. 그들에게는 그럴 권리가 없었다. 그들이 그렇게 했다는 사실에 당신은 분개해야 마땅하다.[57] 포크송 가수 유타 필립스(Utah Phillips)는 이렇게 말했다. "지구는 죽어가는 게 아니라 살해당하고 있으며 지구를 살해하는 이들에게는 이름과 주소가 있다." 이 비상사태는 개인적인 것이다.

지난 30년간, 기후변화는 종종—근본적으로 잘못된 경제 시스템의 부산물이 아니라—안타깝지만 불가피한 문명의 결과로 여겨졌다. 이제 기후 비상사태의 교차적인 성격은 무시하기 어려운 수준이 되어가고 있다. 환경운동가들은 재활용 프로그램, 새롭게 개발한 전구, 전기차 등 현상유지에 불과한 사소한 변화에 너무 집중해왔다. 이것은 부당하고 가혹한 시스템으로부터 이득을 취하는 사람들의 손에 더 단단한 권력을 쥐여주는 데 일조했다. 오늘날까지 대화의 초점은 완전한 변화가 아니라 조정에 맞춰져 있는데, 이는 탄소를 마구 배출하는 삶을 포기하는 건 타협의 대상이 아니라고 은연중에 인정하는 것과 같다. 권력자들은 우리에게 말한다. 기후변화의 결과가 썩 마음에 들지 않더라도 그걸 견딜 방법을 잘 찾아보라고. 현실에서 기후변화는 왜곡된 제국주의적 세계관의 한 증상이다. 지구에 대한 지속적 착취가 정당화되는 건, 인간이 자연과 분리된 존재이며 얼마든지 자연을 통제할 수 있다는 생각 때문이다. 기독교와 산업계의 대표주자들이 신뢰하는 이러한 세계관은 기존 관행에 힘을 실어주고, 우리를 생태적 붕괴 위험에 빠뜨린다. 많은 미국인과 유럽인이 기후변화가 진행중이라고 인정하지만, 대다수는 급진적 행동의 필요성을 부정한다. 하지만 이러한 태도가 바뀐다면, 달리 말해 우리가 세상의 변화를 하나의 가능성이 아니라 필연으로 인식하기 시작한다면, 탄소 배출 없는 사회가 요구하는 수백만 가지의 점진적 변화는 회오리바람처럼 따라올 것이다.

향후 30년은 눈에 보이는 것과 실제 현실 사이의 불일치를 따라잡기 위한 경주처럼 느껴질 것이다. 먼 극지방의 빙상이 붕괴했다는 무시무시한 뉴스 보도, 1월에 핀 수선화를 통해 느껴지는 묘한 불안, 화재 연기로부터 어린 자녀의 폐를 보호하기 위한 N95 마스크의 판매처를 아는 것이 일상이 된 기괴한 현실, 은퇴를 위한 저축이 무슨 소용이 있을지, 혹은 은퇴 시기까지 과연 살아남을 수 있을지 모르는 상황에서 비롯되는 공황상태, 선거 실패로 마지막 기회마저 물 건너갔을 때 느낄 분노가 마구 뒤섞일 것이다.

온 빙(On Being) 프로젝트를 위한 2018년 에세이[58]에서 미국 항공우주국 기후과학자 케이트 마블(Kate Marvel)은 지금 이 순간, 희망이 아닌 용기가 요구된다고 했다. 마블은 몹시 불안한 시기에 위안을 주는 희망과 달리, 용기는 우리가 있는 그대로의 세상과 대면하게 한다고 했다. 불확실하고 혼란스럽지만 여전히 가능성으로 가득찬 세상과 말이다. 마블은 "우리가 알던 세상은 절대 돌아오지 않을 것"이라며 "용기는 행복한 결말을 확신할 수 없음에도 잘 해내고 말겠다는 다짐"이라고 했다.

오래된 사고방식이 더는 통하지 않는다는 것이 점차 명확해지고 있다. 기존 방식은 그 어떤 것도 통하지 않는다. 우리가 알던 환경주의는 실패했다. 수십여 년의 실랑이와 목표 설정에도 불구하고, 세계는 여전히 기록적인 수준의 이산화탄소를 내뿜고 있다. 나에게 이것은 우리 세대의 폐단을 증명하는 지표이다. 이제 더는 우리가 어떻게든 재활용해 볼 수 있는 방식을 찾아서는 안 된다. 우리에겐 비상 전략이 필요하다.

내가 속한 밀레니얼세대는 기후변화가 거대한 위협이 아니었던 때를 기억하지 못한다. 대기 중 이산화탄소 농도가 최초로 350ppm을 넘어선 1988년, 나는 〈세서미 스트리트Sesame Street〉를 시청하고, 캔자스주 토피카 인근의 가족 농장 뒷마당에서 땅을 파서 지렁이와 놀고 있었다. 수년 동안 환경운동가들은 현재 상황을 조금만 바꿈으로써 실질적 변화를 가져올 수 있다고 했다. 올바른 자동차, 옷, 보습제를 사고, 더러운 제품을 피하고, 소비재 생산방식을 바꿈으로써 온난화를 멈출 수 있다고 주장했다. 하지만 전 세계의 탄소 배출량은 계속 늘었다.

인간이 자연에 가하는 여러 변화가 과거에 예측한 최악의 수치들을 넘어서고 있다는 사실을 기후과학자들이 끊임없이 발견하고 있는 것처럼 느껴진다면, 그 느낌은 정확한 것이다. 지구의 변화는 많은 면에서 너무 빨라서 이제 우리에겐 문제를 연구할 시간조차 없다. 과학은 이처럼 빠른 변화에 대응할 수 있는 학문이 아니다. 과학 보고서는 발표되기도 전에 이미 쓸모없는 것이 되고 만다. 지구적 문제에 대한 온건한 정치적 대응은 인류 문명에 대한 사망 선고와 다를 바 없다.

느린 변화를 통해 얻어질 수 있는 살 만한 세상은 1980년대에는 가능했을지 모르겠으나, 현재는 환상에 불과하다.

이제 모든 것을 다시 생각해볼 시간이다.

우리 시대는 비정상적인 재난의 시대다. 우리의 날씨 경험과, 우리가 개인이자 사회 구성원으로서 내리는 결정을 분리할 방법은 없다. 인류는 지구 전체에 영향을 끼치는 세력이 되었다, 그게 좋은 쪽이든 나쁜 쪽이든 간에.

마리아 이후, 푸에르토리코 주민들은 그들이 스스로 일어서야 한다는 것을 빨리 깨달았다. 상호협력을 위한 공동체는 참사 이후 힘을 모았다. 이웃들이 모여 사실상 공공사업을 시작했다. 그러다가 서서히, 주민과 정부 사이의 새로운 관계를 요구하는 목소리가 높아졌다. 이 모든 혼란 속에서 지역사회들은 긍정적이고 지속적인 변화를 함께 만들어내기 위한 새로운 비전을 자발적이고 효율적으로 만들어나갔다. 푸에르토리코의 상향식 회복을 도왔던 풀뿌리 조직의 역사는 수십 년을 거슬러올라간다. 마리아 이후, 이 섬은 폭풍에 대한 완충제 역할을 하는 해안의 맹그로브 숲을 보호하는 단계에서 지역사회가 관리하는 태양광 마이크로그리드를 구축하는 단계까지 발전했다. 이 태양광 마이크로그리드는 이제 섬 주변의 수십 개 지역사회의 핵심 산업이 되었다. 상호협력의 정신은 푸에르토리코에서 커지고 있고, 이제 이곳은 미국 본토의 여러 지역을 위한 모델이 되어가고 있다.

"식민주의적 관계나 착취적 관계를 인정하는 데 있어 더 솔직해졌어요."[59] 오스틴 소재 텍사스대학에서 멕시코계 미국 및 중남미 연구학과 부교수로 재직중인 마리솔 르브론(Marisol LeBron)은 내게 이렇게 말했다. 그녀의 연구 대상은 국외 거주 푸에르토리코인들이다. 그녀는 "식민주의에 대한 비난의 목소리가 높아질수록 탈식민화에 대한 요구가 높아진다"라고 했다.

이처럼 용감한 지역사회들을—정부와 지배적 경제체제로부터 버려진 채 모든 역경을 딛고 살아남은—아웃라이어(outlier, 평균치에서 크게 벗어나서 다른 대상들과 확연히 구분되는 표본—옮긴이)로 보는 대신에, 우리는 그것들을 인류의 새로운 단계를 아름답게 꽃피우기 위한 씨앗으로 여겨야 한다. 이런 지역사회들의 잠재력을 약화시키는 것은 그들이 지닌 5년, 10년, 30년 후의 가능성을 지워버리는 것이다. 혁신적 변화는 빠르게 이루어질 수 있다.

우리에게 필요한 변화를 만들기 위한 첫 단계는 무엇이 가능한지 상상하는 것이다.

당신이 사는 지역사회의 경계를 넘어 더 넓은 세상에 본격적인 사회·구조적 변화를 가져오기 위한 최선의 방법은 무엇일까? 혁신적 변화를 우리 삶에 받아들여 스스로 본보기가 되는 것일까? 같은 생각과 열정을 가진 개인들이 집단을 이루어 지역사회와 도시를 바꾸는 것일까? 시스템 전체를 개혁하기 위해 쉬지 않고 노력하는 사람들을 적극 지지하는 것일까?

IPCC는 이 모든 노력은 하나도 빠짐없이, 동시에 이루어져야 한다고 말한다.

"기온 상승 억제 목표를 1.5도로 할 것인지 2도로 할 것인지 그 이상으로 할 것인지에 관한 결정은 세상을 완전히 다른 모습으로 바꿔놓을 겁니다." 네덜란드 기후과학자이자 IPCC 특별보고서의 주요 저자인 힐린 드 코닝크(Heleen de Coninck)는 BBC와의 인터뷰에서 말했다. "어떤 결정을 내리든 간에 삶은 절대 이전과 같을 수 없을 테지만, 우리는 우리가 결국 어떤 모습일지에 영향력을 행사할 수 있어요."[60]

세계 정부들이 이 연구 결과를 심각하게 받아들인다면, 그 여파는 가히 혁명적일 것이며 인간 사회에 대한 획기적인 구조조정이 이루어질 것이다.

"우리가 말하고 있는 건, 지금껏 알고 있던 안전한 미래를 만드는 방법에 관해 모든 것을 다시 생각하게 하는 그런 위기예요." 그린피스(Greenpeace International)의 카이사 코소넨(Kaisa Kosonen)은 이 보고서의 초안과 관련하여 AFP 통신사와의 인터뷰에서 이렇게 말했다. "우리는 불가능을 가능으로 만들기 위해 노력해야 해요."[61]

이 세상의 그 무엇도 영원하지 않다. 우리는 더 나은 무엇을 요구할 수 있다. 우리의 상상력은 기후변화와의 싸움에서 쓸 수 있는 가장 강력한 무기다. 물론 미래가 정확히 어떤 모습일지는 알 수 없다. 하지만 우리가 확실히 알고 있는 부분은 그 미래가 오리라는 것, 그리고 그 미래를 만들어내는 것이 우리라는 것이다.

이처럼 막막하고 압도적인 문제에 관해서라면, 작은 것부터 출발해 향후 수십 년이 우리 각자에게 어떤 모습이나 느낌으로 다가올지 상상해보는 것이 도움이 된다. 대부분의 성년기를 데이터에 파묻혀 살아온 과학자들의 경우, 향후 30년이 어떤 모습일지 시각화하는 건 어렵지 않을 수도 있다. 이를테면, 산호초가 사라지는 이유를 설명하는 우리에게 유치원생들이 던지는 어려운 질문들, 전 세계의 석유 사용이 줄고 전기 사용이 늘어나는 그래프를 보며 흘리는 환희의 눈물, 종신 재직권을 포기할 각오로 시위에 참여하는 등 생각보다는 어렵지 않은 선택과 같은 것들이다.

우리의 삶과 행동은 무의미하지 않다. 진실은 오히려 그 반대다. 급변하는 기후는 우리 모두가 연결되어 있으며, 우리의 모든 행동이 실질적, 지역적, 즉각적 고통의 완화뿐 아니라, 생명의 거대한 네트워크와 모든 시대를 포괄하는 고통의 완화로 이어질 수 있음을 증명한다. 우리의 삶과 행동은 일시적이고 불완전할 수 있으나, 세상 속에서 우리가 차지한 작은 자리를 받아들임으로써 우리는 더 깊은 존재로 통하는 문을 열 수 있다. 또한 모두를 위한, 상상을 초월할 정도의 더 나은 미래를 만들어내는 데 일조할 수 있다.

탄소 배출을 대폭 삭감하기 위해 향후 30년간 반드시 일어나야 할 일들은 다음과 같다.

우리는 모두가 공유할 수 있는 희망적인 미래의 모습을 명확히 제시해야 한다.

우리는 현재의 시스템을 뒤엎어야 한다.

우리는 모두가 행복할 수 있는 새로운 세상을 구축하기 시작해야 한다.

이러한 타임스케일(time scale)과 해야 할 일 목록은 우리의 염원이 담긴 진보적 유토피아에 대한 개요가 아니다. 그것은 IPCC가 보증하는 바, 인류 문명을 보존하기 위한 과학적 필수조건이다. 추가적인 지구 온난화를 막기 위해, 우리는 2030년 이전에 탄소 배출을 현재의 절반 수준으로 낮춰야 한다. 그러기 위해서는 인류 사회의 거의 모든 분야를 완전히 재정비해야 한다. 세계 최고의 과학자들에 따르면, 앞으로 10년은 혁신적 변화에 의해 규정될 것이다.

우리는 구조적 변화를 가져오기 위해 스스로에게 이런 질문을 던져야 한다.

더 나은 세상에 대한 나의 비전은 무엇인가?

그 비전이 실현되기 위해 어떤 일들이 벌어져야 하는가?

내가 오늘 당장 그 비전을 위해 할 수 있는 일은 무엇인가?

좋은 소식은 꼭 필요한 단계, 즉 시급하고 창의적인 상상력의 단계가 이미 시작되었다는 것이다.

2050년이면 세계는 급격한 탈탄소와 재생의 시기—우리가 알고 있는 삶을 보전하기 위해 설계된 거대한 사회적 변화—를 거친 다음일 것이다. 우리가 처한 상황의 시급함은 더 나은 세상을 위한 변화의 비전—인류의 다음 단계를 만들어나갈 특정한 사람들과 특정한 아이디어들—이 이미 작동하고 있음을 의미한다. 다만 그 목소리가 아직 잘 전해지지 않을 뿐이다. 기후변화와의 싸움이 지금까지 실패로 얼룩져 있다면, 그건 우리가 지금까지 잘못된 사람들의 말에만 귀기울였기 때문이다.

당신이 기후 비상사태에 책임이 있는 기업과 정부의 수장들(대부분 이성애자 백인 남성으로 구성된 특권층)에 의해 지난 30년간 이런 대화에서 소외되었다면, 아마도 시스템에 대한 분노를 넘어 무력감을 느낄 것이다. 그래도 괜찮다. 당신의 목소리가 변화를 만들어낼 시간은 아직 남아 있다. 당신이 그동안 이 대화에 적극적으로 참여해왔다면, 획기적인 변화가 두렵고 자신이 상황을 이 지경으로 만드는 데 작은 역할이라도 했다는 사실에 슬픔이나 죄책감을 느낄 것이다. 그것도 괜찮다. 이제 마이크를 넘겨줄 시간이다. 구조적 변화는 모든 지역에서 모든 규모의 용기를 필요로 한다. 당신이 준비가 되었든 그렇지 않든, 세계는 당신을 필요로 한다.

지금 현재, 기후 미래와 관련된 지배적인 내러티브는 대재앙의 불가피성에 초점을 맞추고 있다. 하지만 우리는 더 나은 미래의 불가피성을 이야기하기 시작해야 한다. 염원이 담긴 미래에 분명히 초점을 맞춤으로써 그 미래의 실현 가능성을 높일 수 있다. 이 획기적 변화의 끝에 어떤 미래가 남게 될지 예측할 수 없지만, 나는 그 미래가 어떤 방식으로 찾아올지 알고 있다. 본인의 미래에 대한 결정에서 구조적으로 배제되었던 사람들이 권리를 요구하기 시작하고 그들의 목소리가 전해지는 등의 협력적인 방식일 것이다. 이처럼 새로운 세계를 위해 꼭 필요하고 생명을 살리는 비전이 실현되려면, 이제껏 이 비전을 가로막았던 장벽을 무너뜨려야 한다. 이때 스토리텔링을 전략—역사적 흐름을 바꾸기 위한 정치적 도구—으로 사용할 수 있다. 그건 이 한계 공간에서 살아남기 위해 반드시 일어나야만 하는 일이다.

"제 입장에서 봤을 때, 문제는 기후변화뿐이 아니에요." 사만다 얼은 내게 말했다. "그것 말고도 다른 환경문제들이 산적해 있죠. 거대한 불평등의 문제, 거대한 차별의 문제도 곳곳에 남아 있어요. 단지 한두 가지만 잘못된 게 아니에요. 우리의 상상은 구조적으로 문제가 많아요. 저는 이 모든 문제가 서로 연결되어 있으며 이 문제들이 하나같이 심각한 건 우연이 아니라고 생각해요."[62]

얼은 근본적인 문제점이 소유의 개념이라고 이야기한다.

소유에는 통제가 따르고, 통제에는 권력의 서열화가 따른다. 더 많이 가진 사람은 적게 가진 사람을 소외시키고 착취할 수 있다. 소유의 개념은 여성혐오, 인종차별, 식민주의, 부패한 현대 민주주의 등 모든 사회 갈등과 연결된다. 물론 소유의 개념이 기후 비상사태의 직접적 원인은 아니다. 기후 비상사태는 이미 전 세계 자원의 대부분을 통제하고 있는 사람들의 소비 과잉이 낳은 재앙이며, 거의 아무것도 가진 것이 없는 사람들이 그 재앙의 처참한 희생양이 되고 있다. 소유 기반 사회에 대한 대안은 지금으로서 짐작조차 힘들 수 있지만, 우리는 이번 세기를 살아남기 위해 그것을 추구해야 한다.

기후변화를 재난으로 보기 쉽다. 하지만 가장 큰 재난은 우리가 서로를 대하는 방식이라고 생각한다. 기후변화 같은 문명적 규모의 위협이 악화되는 것은 부당하고 불평등한 세상에서만 가능한 일이다. 그곳 권력자들에게는 사려 깊은 생각 같은 게 없기 때문이다. 우리 시대의 과제는 기후변화 같은 구조적 문제의 발생 가능성을 현저히 낮출 수 있는, 새로운 권력 구조의 세상을 만들어내는 것이다.

소유의 중심적 역할이 사라진 세계에서 우리는 다른 인간은 물론 자연과 더 깊은 관계를 발전시켜나가는 동시에, 의견 일치, 돌봄, 대화, 신뢰 같은 가치와 행동을 중요시하게 될 것이다.

그런 세계를 맨땅에서부터 만들어야 하는 건 아니다. 우리는 이미 그런 세계가 어떤 모습인지에 관해 많은 것을 알고 있다. 그건 우리가 가까운 친구나 가족을 대하는 방식의 이상적인 버전이다. 우리는 친구나 사랑하는 사람을 소유하지 않고, 그들과 서로에게 득이 되는 관계를 맺는다. 그런 관계를 확장시킨다면 더 풍요롭고 깊이 있고 유의미하고 지속적이고 번영하는 글로벌 사회를 만들 수 있으리라.

아메리카 대륙 원주민들의 사회는 소유라는 현대적 개념 없이도 수백 년간 성공적으로 작동해왔으며, 인류 역사상 최악으로 손꼽히는 잔혹 행위를 견디고 살아남은 사례라고 할 수 있다.[63] "식민주의와 자본주의와 산업화가 한데 얽혀 무슨 짓을 했는지 한번 보세요." 미시간주립대학의 환경 철학 및 윤리 교수 카일 화이트(Kyle Whyte)는 내게 말했다. "그건 원주민뿐 아니라 모든 인간의 상호 신뢰와 상호 동의, 상호 책임, 상호 호혜를 저해합니다."[64]

화이트는 시티즌 포타와토미 네이션(Citizen Potawatomi Nation, 연방정부가 인증한 포타와토미족—옮긴이)의 등록 회원이다. 그의 연구는 서구식 소유 기반의 현상유지에 대한 정면 도전으로서, 원주민들의 협력관계에 관한 경험 사례를 수집하고 옹호하는 데 초점을 맞춘다. 화이트는 권력, 통제, 소유에 목말라 있는 사람들을 위한 법과 규율의 상명하달 체계가 아니라, 책임감의 촘촘한 거미줄에 기반한 자치와 자결의 성공적인 모델을 추구한다. 화이트에 따르면, 기후와 관련된 핵심은 대화와 '연대감(kinship)'을 통해 이러한 책임감의 거미줄을 확장시키고, 이를 통해 획기적 변화를 견디고 심지어 장려할 수 있는 사회적 토대를 마련하는 것이다. "모든 법과 정책에 대해 사람들의 의견이 진정으로 일치되지 않는 사회에서 지속가능성은 확보되기 힘들다고 생각해요." 그는 내게 말했다. "환경문제는 동의의 문제나 마찬가지죠."⁶⁵ 동의와 연대감에 관한 화이트의 이해는 간단하며 국제법에 뿌리를 두고 있다.⁶⁶ 허락을 구하고, 자주 서로의 생각을 확인하고, 끈기 있게 진정한 관계를 키워나가고, 자기 가족을 대할 때처럼 진심으로 서로의 가치를 인정하면서 말이다.

화이트는 과거와 미래의 현실이 많은 면에서 동일하다는 것을 안다. 그는 자신이 속한 부족이 이전에도 이 모든 것을 목격했다는 것을 알고, 서로에 대한 우리의 관계를 재정립할 수 없다면 심각한 재앙이 또다시 펼쳐지리라는 것도 안다.

"적어도 우리 조상들의 말에 따르면, 원주민들은 이미 디스토피아에 살고 있어요. 우리는 이 모든 관계가 무너지는 것을 목격했고 향후 12년의 끔찍한 전망보다 훨씬 지독한, 인간이 초래한 기후변화를 지난 200년간 이미 겪었으니까요. 우리는 그 핵심적인 관계, 신뢰, 동의, 책임, 상호주의를 강화하는 방향으로 대응할 겁니다." 그는 내게 말했다. "지구 시스템이 작동하는 방식과 관련해 우리에겐 시간이 충분하지 않을 수도 있어요."⁶⁷

하지만 화이트에 따르면, 지금 상황에 최악의 대응은 패닉상태에 빠

지는 것이다. 그건 많은 환경운동가와 기후운동가가 지금 보내고 있는
메시지와도 상충한다. 최선의 기후 관련 대응은 지금 화이트가 하고 있
는 일들이다. 개인적으로 사람을 만나 서로의 차이와 공유할 수 있는
꿈에 대해 이야기하고 함께 미래를 계획해나가는 것.

"사람들의 행동과 기후 문제를 개선하는 과정에는 관계 형성을 위한
모든 종류의 모임, 유익한 토론과 대화가 포함됩니다. 그건 우리가 실
질적으로 문제를 해결하는 방식이기도 하죠." 그는 내게 말했다. "법리
적 요소, 정책 변화, 새로운 법은 가장 피상적인 수준의 변화일 뿐이에
요."[68]

얼의 철학과 화이트의 연대감 옹호는 나란히 놓고 봤을 때 같은 결
론으로 연결된다. 즉, 지금의 세계는 유지될 수 없다. 또한 새로운 세계
가 나타나고 있다는 희망적인 신호―청년 시위, 높아지는 유색인들의
목소리―가 있다.

"서구 모델과 동떨어져 있던 사람들이 마침내 서구 모델에 이의를 제
기하고 있으니 유의미한 수준의 호응을 얻게 되리라는 희망이 생겼어
요." 얼은 내게 말했다. "우리가 뭔가 다른 것을 원한다고 할 때 그건 아
예 완전히 달라야만 해요."[69]

책임감의 거미줄―자연의 생태를 본떠서―위에 세워진 사회에 관
한 화이트의 생각은 앞으로 다가올 사회의 기반으로서 내가 들어본 어
떤 것보다 더 훌륭한 토대였다. 다만 매 순간 오래되고 죽어가는 상상
에 갇혀 있을지, 새로운 상상에 뛰어들지를 선택하는 건 우리의 몫임을
기억해야 한다.

얼은 내게 말했다. "우리가 기후변화 문제를 해결하지 못한다면 그야

말로 모든 상상과 모든 문명의 종말을 맞이할 겁니다. 우리는 배후 세력이 있다는 것과 그 배후 세력이 우리 모두라는 것을 동시에 인지해야 합니다. 우리는 모두 그 상상을 바꿀 수 있어요. 실은 우리는 늘 그 일을 하고 있어요. 혹은, 그 상상을 바꾸지 않는 대신 재생산하기도 하죠. 하지만 순간마다 그 상상을 재생산하거나 그것에 도전하거나 그것을 재건할 기회를 만납니다. 우리에게 획기적인 권한을 부여한다는 측면에서 저는 그런 부분이 상당히 마음에 들어요."[70]

우리는 소유의 개념을 버리고 상대방과의, 그리고 우리가 집이라고 부르는 이 세계와의 의견을 일치시키기 위해 노력해야 한다. 기후변화는 문제가 아니다. 문제의 한 증상일 뿐이다.

* * *

우리는 인류 역사상 최초로, 인간의 행동이 이 세계를 함께 살아가는 모든 생명체에게 즉각적이고 영구적인 물리적 영향을 끼치는 시대를 살고 있다. 우리는 인류 역사상 최초로 진정으로 많은 것이 교차하고 서로 연결된 세상의 문턱에 서 있다. 우리는 인류 역사상 최초로 모든 사람을 위한 세계를 건설해야 한다.

2020년대와 그 이후 수십 년 동안 우리의 과제는 획기적인 방식으로 모든 이들을 포용하는, 평등하고 정의로운 미래를 만들어가는 것이다.

IPCC의 참혹한 특별보고서와 기후정의를 촉구하는 청년운동이 거의 동시에 세상에 나타난 덕분에, 우리는 모든 사람을 위한 가까운 미래의 글로벌 사회가 어떤 모습일지 한번 상상해볼 수 있다.

하버드대학 정치과학자 에리카 체노웨스(Erica Chenoweth)는 『비폭력 시민운동은 왜 성공을 거두나?(Why Civil Resistance Works)』라는 책을 쓰기 위한 자료를 수집하면서 혁명의 과학에 관한 놀랍고도 고무적인 진실을 발견했다. 20세기 동안, 정치적 변화를 이끌어내기 위해 최소 3.5%의 인구가 적극적으로 참여한 모든 비폭력운동은 성공으로 끝났다. 단 하나의 예외도 없이. 참여율이 그보다 낮은 다른 많은 비폭력운동도 성공을 거두었다.

게다가 체노웨스와 그녀의 동료들은 비폭력운동이 대체로 민주주의 발전에 기여한다는 것을 발견했다. 이것은 현재 진행중인 기후 관련 운동이 이미 효과를 발휘하고 있다는 분명한 증거다. 이제 당신의 도움이 필요할 뿐이다.

물론 우리에겐 여전히 기술적 해결책을 내놓을 사람들이 필요하다. 나는 그레타처럼 비행기 이용을 중단하고 대체로 채식을 유지하겠다고 다짐했다. 또한 우리집 앞마당과 뒷마당 공간 전체를 정원으로 바꾸는 중이다. 하지만 이것들은 내가 더 큰 변화로 나아가기 위해 지키는 작은 약속에 불과하다.

권력자들에게 구조적 변화를 요구하는 것은 기후운동을 돕기 위해 우리가 할 수 있는 가장 중요한 일이다. 현실에서 그 일을 할 수 있는 방법은 경청할 준비가 된 모든 사람과 대화를 나누고 지금이 얼마나 중요한 순간인지 알려주는 것이다. 기술적 해결책도 당연히 중요하지만, 그 해결책은 더 많은 것을 요구하는 목소리에 의해 좀더 신속히 마련될 수 있다.

2017년 캐서린 윌킨슨(Katharine Wilkinson)은 전 세계의 온실

가스 배출을 중단하고 이전으로 되돌리기 위해 가장 효과적인 방법을 체계적으로 계량화하는 야심 찬 '프로젝트 드로다운(Project Draw-down)'을 진두지휘했다. 그녀가 이와 관련해 쓴 책 『드로다운(Draw-down)』은 뉴욕타임스 베스트셀러가 되었다. 역사상 가장 중요한 문제를 바로잡기 위해 우리가 할 수 있는 가장 중요한 일은 무엇일까? 그녀의 책은 이 질문에 대한 답을 제공한다. 바로 여성과 여자아이들의 가치를 인정하고 그들에게 힘을 실어주고 그들을 돌보는 것이다. 이 대답은 누군가에게는 뜻밖일 수 있겠지만, 윌킨슨에게는 그렇지 않았다. 그녀는 우리가 너무 오랫동안 기후변화와 관련해 기술관료적 접근법을 유지해왔다고 말한다, 적절한 세금과 규제만 있으면 시장의 보이지 않는 손이 결국 석탄이 아닌 태양광을 선택하게 될 거라고 굳게 믿으면서. 이제 그런 접근법의 시대는 끝났다.

윌킨슨은 『드로다운』의 가장 큰 성과를 내게 이렇게 설명했다. "근본적으로 인간의 의미가 무엇인지, 우리가 누구이며 무엇을 하고 있는지, 그게 왜 중요한지에 관한 대화에 감정적 요소를 끌어들이기 시작한 것이 가장 큰 성과죠. 저는 단지 과학과 기술적 해결책만으로 이런 대화를 이끌어나갈 방법은 없다고 봅니다. 그건 지구가 우리에게 던지는 어려운 질문으로부터 달아나는 것으로밖에 느껴지지 않아요. 문제해결을 위한 최선의 수단과 기반은 사업분야에서 나온다는 건 정말 터무니없는 생각이에요. 우리가 무엇을, 어떻게 해야 할지 고민하는 동안, 아예 고려대상으로 여겨지지도 않는 진실들이 너무 많죠."[71]

이로 인해 이런 계획들의 실현을 촉구하는, 회복력 있고 과감한 글로벌 운동이 나타나게 된다.

시간이 흐르면 기후운동은 하나의 사회운동으로 발전해 다른 사회운동들과 융합할 것이다. 이것은 우리에게 필요한 거대한 변화가 충분히 오래 지속되어 효력을 발휘할 수 있는 유일한 방법이다. 지속가능한 미래를 위한 가치들은, 많은 문화권에서 공유하는 가치들은 물론 인간성의 핵심과도 일맥상통한다.

더 나은 미래를 상상하기 위해 기후운동이 추구할 수 있는 일들을 예로 들어보자. 우선 인종과 젠더를 사회적 개념으로 인식함으로써 우리는 염원하는 미래—더 나은 세계에 대한 예언—를 상상하기 시작할 수 있다. 이 부분을 간과한다면 우리는 장애인을 배려하지 않고 설계된 도시, 차별적인 사법제도, 애초에 그것을 가능하게 했던 생태계를 구조적으로 파괴하는 세계경제를 얻게 될 것이다.

우리가 기후재앙 쪽으로 너무 많이 다가선 건 사실이지만, 이 모든 것을 뒤엎을 만한 변화가 마침내 일어나기 시작한 것도 사실이다.

역사상 기후변화에 가장 많이 기여한 국가인 미국의 젊은이들은 그레타의 선도 아래 2018년 그린뉴딜(Green New Deal)을 요구하는 시위에 나섰다. 여기에는 사회계약—모두를 위한 일자리, 의료서비스, 주택—을 완전히 새롭게 구상해야만 시민들이 마음껏 창의성을 발휘해 우리에게 필요한 세상을 함께 만들어나갈 수 있다는 생각이 포함되어 있다. 유권자들은 선거 후보로부터 영감을 받기 마련인데, 일부 여론조사에 따르면, 2020년 대선에서 기후변화는 가장 중요한 이슈로 손꼽힌다. 적어도 미국은 획기적인 변화를 이야기할 준비가 되어 있는 것이다.

여성과 유색인들은 수세기 동안 실존적 위협에서 살아남은 경험을 바탕으로, 그린뉴딜의 개발에 앞장서고 있다. 따라서 이러한 정책 변화가 모두를 위해 더 나은 미래라는 결실을 맺을 가능성이 훨씬 높아졌다. 하원의원에 당선되어 워싱턴에 입성한 첫날, 알렉산드리아 오카시오코르테스(Alexandria Ocasio-Cortez)는 낸시 펠로시(Nancy Pelosi) 하원의장의 집무실에서 청년 주도 농성을 하면서 미국의 기본 사회계약에 대한 과감한 재확약만이 기후재앙을 막을 수 있다고 말했다. 몇 달 뒤, 그녀는 이러한 비전을 다음과 같이 확장했다. "채굴에 의존하고 낭비적인 화석연료 경제는 우리 목숨을 직접적으로 위협하고 있습니다. 그것보다 더 나은 방법이 있습니다. 바로 양심적이고 공정하고 번영하는 경제입니다. 먼저 우리 자신을 바꾸지 않고서는 지구를 구할 수 없을 것입니다. 이것이 우리 앞에 놓인 과제입니다."[72]

그녀의 발언은—미국 역사상 매우 과감한 미래 비전 중 하나인—그린뉴딜의 추진을 위한 청년운동의 연료가 되었다.

그린뉴딜이 진화하면서 한 가지는 확실해졌다. 그린뉴딜의 비전은 정의, 합의, 평등을 새로운 인류 문명의 핵심으로 여기는 생태사회의 기초를 닦기 위한 절호의 기회다. 그린뉴딜은 환경정의운동과 흑인인권운동(Movement for Black Lives)의 오랜 요구와 헌법 제정 시기까지 거슬러올라가는 미국적 가치를 담고 있으며, 진정한 변화를 위한 강력한 호소이다.

비슷한 이치로, 그린뉴딜 추진에 앞장서는 청년 주도 기관인 선라이즈무브먼트(Sunrise Movement)는 이러한 이상이 충분히 달성 가능하다고 낙관한다. 만약 그들이 옳다면 지금은 새로운 시대의 새벽인 셈이다. 우리는 문화적 경고음을 듣게 될 것이고 상황은 완전히 바뀔 것이다. 지금까지 이 운동은 성공적이었다. 1년도 되지 않는 기간 동안—

다양한 청년 그룹이 주도하고 오카시오코르테스의 지지를 받는—선라이즈무브먼트는 미국 전역의 대화에 영향을 끼쳤고 기후변화를 미국 정치계의 중대 사안으로 만들어놓았다.

선라이즈무브먼트의 공동 설립자이자 전무이사인 바시니 프라카시(Varshini Prakash)는 이 운동이 지닌 가치의 화신이나 다름없다. 그녀는 영리하고 이상적이고 승리를 확신한다. 그녀의 열정은 전염성이 강하다.

"우리가 그린뉴딜을 주장하는 이유는 단지 충격을 주기 위해서가 아니에요."[73] 그녀는 내게 말했다. "우리가 그린뉴딜을 주장하는 건, 말 그대로 수천 명의 아주 똑똑한 기후과학자들이 앞으로 12년간 모든 사회·경제 분야를 획기적으로 변화시키지 않는다면 우리에겐 가망이 없다고 입을 모아 말하기 때문이죠."

그녀는 표현이 거칠고 욕을 잘하고—점점 더 막대한—정치권력을 행사한다. 프라카시도 애초에 이렇게 큰 성공을 예상하지는 못했을 수도 있다. 하지만 무슨 일이든 벌어질 수 있는 정치적 순간의 한가운데에서, 그녀와 선라이즈무브먼트는 향후 수십 년간 미국의—그리고 세계 다른 지역의—방향에 큰 영향을 미치기에 아주 유리한 위치에 있다.

"지금 우리가 하는 일은 준비를 하는 거죠. 다가오는 일들이 마치 벌어지지 않을 것처럼, 존재하지 않는 것처럼 행동하는 대신 거기에 미리 대비하고 있어요. 그게 그린뉴딜의 핵심이죠."

프라카시는 무수한 선지자가 필요한 이 시대의 선지자다. 중요한 차이점이 있다면, 자신의 비전을 현실로 만들고 있고 사람들은 그녀에게 귀기울인다는 것이다.

"서로 돌보는 사회와 모두를 위한 경제를 향한 거대한 움직임이 일어나고 있어요. 그 누구도 소외받지 않는 세상, 누군가는 소모품으로, 다른 누군가는 아주 중요한 존재로 차별받지 않는 세상 말이죠. 지구상 모든 인간의 생존과 번영을 보장해달라는 게 뭐 그리 대담하거나 끔찍한 요구일까요?"

기분좋은 어느 봄날의 저녁, 나는 세인트폴 매캘러스터대학 교정에서 열린 선라이즈무브먼트의 타운홀미팅에 참석했다. 2020년 대선 캠페인의 열기가 달아오르기 시작할 무렵이었다. 그곳에서 1.6km도 떨어지지 않은 미시시피강은 미네소타주 역사상 가장 높은 수위까지 올라간 상태였다. 유례없는 봄철 홍수가 미국 중서부 10여 개 주를 덮친 탓이었다.

대다수 참석자들은 나이가 많은 인근 지역 거주자들이었다. 처음 한 시간 동안 모든 발표자는 학생들이었다. 그것은 세대 간에 경험과 지식을 전달하는 현장처럼 느껴졌다.

전반부 발표자 중 한 사람은 다코타 맥나이트(Dakota McKnight)였다. 대학 새내기인 그는 "우리가 생존해 있는 동안 문명이 무너질 수 있다"라는 뉴스를 보면서 느꼈던 불안과 끈질긴 무력감에 대해 이야기했다.[74]

그 순간 주변을 둘러보니 남녀노소 모든 이들이 고개를 끄덕이고 있었다.

"아직 너무 늦지 않았습니다. 여러분의 삶은 무가치하지 않습니다." 그는 이렇게 말했다. 작년 가을 낸시 펠로시 하원의장 집무실에서의 농성에 참여한 뒤 "참으로 오랜만에 희망을 발견했고 그 희망은 내 불안을 가라앉혀주었다"라고 했다.

그린뉴딜은 그 자체로 미래에서 온 메시지다. 이 행사의 주최자들은 파워포인트 자료화면을 통해 이 세대가 인류를 위한 새로운 국면을 만들어낼 것이라고 약속했다. "우리는 사랑으로부터 파괴를, 분노로부터 창조를 이끌어낼 것입니다. 우리는 상상도 못할 일을 현실로 만들 수 있습니다."[75]

후반부 발표자 중 한 사람은 매캘러스터대학의 환경심리학자 크리스티 매닝(Christie Manning)이었다. 대다수 선출직 의원과 사회 엘리트가 심적으로 기후운동에 동의하더라도 공식석상에서 반대 목소리를 내는 사회에서, 그녀는 선라이즈 같은 사회운동이 획기적 변화를 이끌어내는 데 가장 적합한 방식이라는 본인의 연구 결과를 학생들에게 소개했다. 그녀는 이러한 불일치를 해결할 수 있는 가장 효율적인 방법은 스토리텔링이라고 했다. 스토리텔링은 어떤 문제를 자신에게 언제든 벌어질 수 있는 일처럼 느끼게 해주고, 이에 따라 뇌의 화학작용이 달라지면서 감정이입의 가능성이 높아진다. "여러분의 이야기가 토론을 바꿔놓을 수 있습니다." 매닝은 말했다. "불편하겠지만 그건 우리가 해야 할 일입니다. 말하세요, 여러분의 친구와 권력을 지닌 사람들에게 공개적으로 말하세요."[76]

나는 이날 행사 현장을 떠나면서 이야기의 힘에 대해 어느 때보다 확신하게 되었다. 이야기를 나누는 것은 단순한 동시에 획기적이고 효과적인 전략이 될 수 있다.

프라카시는 선라이즈가 너무도 중요한 이유는, 유색인들과 기후변화의 최전선에 있는 사람들이 품은 더 큰 야망을 가장 중요시하기 때문이라고 내게 말했다. "2040년까지 탄소 배출을 40% 줄이기엔 턱없이 부족하다며 탄소세를 주장하는 사람들이 있어요. 그것도 나쁘진 않지만, 이런 주장으로 인해 버림받을 수 있는 사람들을 생각해보세요. 유색인 지역사회들은 그런 요구를 할 만한 여유가 없어요. 그건 현재로서 현실적인 대책이 아니에요. 그 지역사회들은 물에 잠길 테니까요. 그렇기 때문에 '생존을 위한 1.5도(1.5 to Stay Alive)'가 수많은 유엔 기후회담에서 강력한 구호로 쓰였던 거죠. 아주 단순하게 느껴질 수도 있지만, 우리의 경제와 정부가 모든 사람의 이익을 위해 애써야 한다는 주장에는 뭔가 아주 획기적인 면이 있어요. 우리가 믿는 이 기본적인 원리가 사실이라면, 우리의 정책 결정 방식, 진행하는 연구의 종류, 우리가 신뢰하는 경제학자 등 모든 게 다 바뀌어야 하겠죠. 저는 이게 아주 근본적인 부분이라고 생각해요."[77]

해결책 역시 유색인들이 주도하고 있으며 따라서 그들은 혁명적이다. "가끔 보면 이런 생각들이 아주 새로운 것처럼 말하는 사람들이 있어요. 하지만 이건 꽤 오래전부터 존재했던 생각들이죠. 원주민 공동체들은 오래전부터 그렇게 행동하고 그런 식으로 지구를 대해왔어요, 식민지 건설의 여파가 많은 것을 파괴하기 이전까지는 말이죠. 상호주의에 기반한 협력경제는 민권운동시대에 만들어졌는데, 미국 남부 재건 이후 흑인들을 위한 자원과 지지가 부족했던 것이 주원인이었어요. 이건 우리가 왜 지금 이런 요구를 하고 있는지와 아주 관련이 많아요."

역사적이고 혁신적인 변화를—그것도 비상사태에 가까운 속도로—요구하는 그린뉴딜로 인해 미국은 책임감 있는 기후 정책의 새 시대를 맞게 될 수도 있다. 의회 결의안에 따르면, 이것은 '2차대전 이후 전례없는 수준의 새로운 사회·산업·경제적 움직임'이다.[78]

이 10년 계획은 '청정, 재생, 탄소 제로의 에너지원으로 미국 전역의 전력 100% 공급'과 '모든 지역사회와 노동자에게 공정한 이행'을 약속한다. 화석연료 전면 금지까지의 속도를 완만하게 해주는 '탄소 중립(net-zero)' 대책을 감안하더라도, 이것은 현재로서 기술적 실현 가능성의 경계에 위치한 계획이다.

간단히 말해, 기후변화 시대에 번영을 꾀하기 위한 사회 재구조화 선언이다. 그린뉴딜은 생활 가능한 수준의 임금을 보장하는 일자리, 공공교육, 보편적 의료서비스, 보편적 주거, '역사적 억압에 대한 교정(repairing historic oppression)'을 통해 최전선에서 기후변화와 싸우는 취약한 지역사회에 대한 '구조적 불의'를 해결할 것이다. 동시에 지역사회가 주도하는 민주주의 원칙의 부활을 위한 노력도 이어나갈 것이다.

"지금은 아주 특별한 순간이라고 생각합니다." 그린뉴딜이 발표되던 날, 오카시오코르테스는 말했다. "우리에게는 새로운 미국이 어떤 모습인지 (…) 보여줄 책임이 있습니다."[79]

그 과정에 수조 달러의 비용이 발생할 테지만—이 문제는 부자들에게 진작 걸었어야 할 세금을 걷음으로써 간단히 해결될 수 있다—여기에는 심각한 불평등을 대거 해소할 수 있는 경제구조의 개편이 병행될 수도 있다. 설문조사에 따르면, 그린뉴딜의 초기 버전은 대중의 큰 지지를 받았고 심지어 일부 공화당 의원도 지지했다. 이것은 우리에게 꼭 필요한 미래를 가져다줄 정책적 틀이 될 가능성이 높다. 현재 진행중인 지구적 비상사태 및 기후변화와의 오랜 고투를 고려했을 때, 이것을 미국의 미래에 대한 투자, 지구의 안정과 인류 문명의 생존을 위한 투자로 판단하지 않을 이유가 없다.

이제 모든 것은 우리에게 달렸다. 이것은 우리에게 필요한 세상을 얻기 위한 최후의 기회이자 최선의 기회이므로, 우리는 할 수 있는 모든 일을 해야 한다.

우리의 이야기는 여기서부터 어디로 흘러갈까?

새로운 10년이 시작되는 지금, 세계를 재정비하기 위한 무시무시한 찰나의 기회가 우리에게 주어졌다. 급속도로 커지는 사람들의 움직임을 통해 최신 과학이 아주 심각하게 받아들여지고 혁명적 비전이 전략적으로 조직된다. 체노워스의 연구는 획기적 변화를 이끌어내는 것이 많은 사람들의 생각보다 쉽다는 것을 보여준다. 그녀의 3.5% 원칙은 전 세계 수십 개 국가에서 수십 년에 걸쳐 증명되었고, 이에 따라 미국에서는 1100만 명의 적극적 참여만 있다면 비폭력 대중운동을 성공시킬 수 있다. 이 혁명의 씨앗은 이미 심어졌다. 2019년 9월, 당시 기준으로 사상 최대 규모의 기후 관련 시위가 벌어진 날, 뉴질랜드는 3.5% 고지에 도달한 최초의 국가가 되었다.[80] 몇 주 뒤, 뉴질랜드 총리는 역사상 가장 야심 찬 법안을 통과시켰다.[81]

획기적 변화를 만들어내는 것은 최상의 시나리오가 아니다. 하지만 지구를 생명체가 살 수 있는 땅으로 보전하기 위해 획기적 변화는 반드시 일어나야 한다. 우리가 알던 모든 것들은 어떤 식으로든, 그것도 지금으로서는 상상조차 힘든 속도로, 변할 것이다. 이런 중요한 것들이 걸려 있는 상황에서 포기는 용납되지 않는다. 따라서 우리 스스로 기꺼이 만들어가고 싶은, 매혹적이고 정의로운 세상을 함께 상상해보는 것이 좋지 않을까. 내가 이 책을 통해 하려는 일이 바로 그것이다. 앞으로 수십 년 동안 그러한 변화가 어떤 식으로 다가올지 윤곽을 그려보는 것, 마침내 우리가 진정으로 번영할 수 있는 세상이 완성되는 그날까지.

이 책은 2020년대, 2030년대, 2040년대라는 3개의 장으로 구성된다. 각 장에서 미래를 간단히 소개하고, 안정적인 기후 유지를 위해 과학적으로 필요하다고 여겨지는 수준의 획기적 변화가 어떤 모습이고 어떤 느낌인지 들려줄 것이다. 나의 추측은 수많은 과학 연구와 최전선에서 기후변화와 싸우는 사람들과의 수십 번의 인터뷰를 분석한 자료를 기반으로 한다. 나는 바다, 땅, 대기가 지닌 물리적 제약이 우리에게 어떤 식으로 유리하거나 불리하게 작용할지 예측하려고 노력했다. 또한 무엇보다도, 우리가 꼭 해야 할 일이 단순히 과학에 관한 문제만은 아님을 보여주고자 했다. 그건 우리가 다시 서로를 돌보는 법을 배우는 것에 관한 문제이기도 하다. 이 책은 우리가 승리했을 때의 모습을 보여주는 하나의 예시다.

2020년, 이제 더 나은 세상을 요구하는 것밖에 방법이 없다는 인식이 커지고 있다. 인류는 멸종을 정면으로 응시하며 멸종 대신 번영을 선택하려 한다.

전략은 단순하다. 구조적으로 소외당했던 사람들을 이 운동에 참여시킴으로써 획기적인 기후운동의 필연성에 힘을 실어주는 것이다. 이 과정에 거대한 역풍이 없지는 않을 것이다. 점점 높아지는 위험한 목소리도 있다. 무슨 일이든 다 벌어질 수 있다. 정치·경제·환경적 불확실성 속에서 권력과 통제력을 낚아채려는 시도도 있을 수 있다. 민족주의, 대중영합주의, 백인우월주의 같은 이념의 부상으로 인해 일명 환경 파시즘(eco-fascism)이라 불리는 디스토피아적인 반응이 벌써 나오고 있다. 여기에는 국경 봉쇄와 불평등 심화가 포함되며 이로 인해 절망감이 커지는 결과가 발생한다. 중도주의자들과 그들의 동맹들은 현상유지의 실질적인 주도 세력이 되었다. 기업과 산업계의 지지를 받는 친성장 세력들은 따지고 보면 애초에 우리를 이 진창에 밀어넣은 주범이다.

이 상황에 대한 윤리적으로나 도덕적으로 정당한 유일한 대응은 완전히 새로운 시스템을 만들어내는 것이다.

물론 과학은 기후정의를 위해 싸우는 사람들의 편에 서 있다. 2018년 IPCC 특별보고서는 2020년대를 위해 선택할 수 있는 여러 갈래의 길에 대한 시나리오를 보여주는데, 그 내용은 사회주의적 유토피아를 위한 성명서를 방불케 했다. 우리가 상호 간의 의무를 깨닫는 것을 통해서든, 기후변화의 극심한 가속화를 통해서든, 2020년대는 급속하고 획기적인 변화의 10년이 될 것이다.

이 10년을 위해 IPCC가 내놓은 '최상'의 시나리오는 2020년대부터 '전 세계의 모든 주요 지역에서 국가, 주, 시 단위의 강력한 참여'가 시작되어 내연기관 차량 이용을 대폭 줄이고 농업 폐기물, 조류, 해초로부터—탄소 포집 및 저장을 통해—얻는 바이오에너지의 양을 대폭 늘리는 것이다.[82] 생태 기반의 경제 관행, 대규모 조림 사업, 태도 변화는 모두 채식 식단 및 자연으로부터 분리되지 않고 밀접하게 연결된 도시를 지향한다.

IPCC 보고서는 최악의 시나리오도 내놓았는데 대부분은 당장

2020년대에 벌어질 일이 아니다. 세계의 여러 국가들이 약속 이행에 실패한다면, 혹은 기후변화에 대한 관심이 시들해진다면, 이번 세기가 끝날 무렵에 세상은 '더이상 알아보기 힘든 수준'으로 바뀔 것이다.[83] IPCC가 예상한 세계의 구체적인 내용들은 참혹하다. "가뭄과 물 부족으로 일부 지역은 농업 생산이 경제적으로 불가능해진다. (…) 대규모 충돌이 발생한다. 대부분의 생태계가 불가역적인 영향을 받고, 모든 지역에서 생물 멸종이 가속화되고, 산불 피해가 심각해지고, 생물다양성이 급감한다. (…) 이로 인해 가난이 심화되고 삶의 질이 추락한다. 많은 원주민과 시골 주민들은 조상 대대로 이어져온 삶의 방식을 유지하는 것이 불가능해진다. 서남극 빙상의 후퇴가 가속화되면서 해수면 상승 속도가 빨라진다. 여러 작은 섬나라 사람들은 자국 내에서의 생존에 대한 희망을 버리고 난민이 되어, 분열이 심화되는 타지역으로 이주한다. (…) 사람들의 전반적인 건강 상태와 웰빙은 2020년과 비교해 상당히 추락하고, 이후 수십 년간 계속해서 악화된다."[84]

이 모든 상황 속에서 2020년대는 향후 수세기 동안 우리 모두의 미래에 아주 중요한 역할을 하게 될 시기이다.

앞으로 30년 동안 무슨 일이 벌어지든 간에, 우리는 어떻게 더 나은 세상을 만들지에 관한 근본적인 질문에 답해야 하고, 여기에는 지구상 모든 국가의 다양한 목소리가 반영된 구체적인 계획이 포함되어야 한다. 우리에게는 단 한 번의 기회밖에 없다.

우리는 어떻게 전 세계 식량 시스템을 변화시킬 것인가?
우리는 어떻게 전 세계의 모든 집, 사무실, 공장을 개조할 것인가?

우리는 어떻게 도시를 재건해 더 극단적인 날씨를 버틸 수 있게끔 할 것인가?

우리는 어떻게 화석연료가 급속도로 퇴출되는 세상에서 새로운 이동 체계를 설계할 것인가?

우리는 어떻게 민주주의가 공정하고 평등하고 모든 사람을, 특히 역사적으로 억압받던 민족을, 존중하는 방식으로 작동하도록 할 것인가?

우리는 어떻게 세계경제를 개혁해 채굴보다는 재생에 초점을 맞출 것인가?

우리는 어떻게 이 모든 과정에서—인류 역사상 가장 강력한 산업계와 그들의 동맹인 고위급 정부 인사들의 반대에 맞서—최대한 빨리 큰 진전을 이끌어낼 것인가?

이 책을 쓰면서 나는 묘한 해방감을 느꼈다. 진보적인 결정을 내리는 것도 쉬워졌다. 이를테면, 비행기 여행을 하지 않고, 자전거로 통근하고, 아이들을 채식주의자에 가깝게 양육하고, 아이들이 자기 행동에 대한 결과를 고민하도록 가르치는 일이다.

기후변화의 과학은 잔혹하고 가차없다. 대기 중 이산화탄소를 350ppm 수준으로 되돌리는 것은 아마도 현재 기술로 실행 불가능할 뿐더러, 올바른 목표도 아니다. 기후행동주의(climate activism)의 목표는 이념적 순수성을 유지하는 것도 아니고, 이전 세대의 죄를 지워버리는 것도 아니다. 지옥으로 떨어지기 직전 상태의 세상을 미래세대에게 물려주지 않는 것이다. 이는 행동주의가 아니라 생존의 문제다. 우리가 서로를 대하는 방식에 관련하여 진정으로 획기적인 개편이 없는 한,

내가 살아 있는 동안 더 나은 세상은 오지 않을 것이다. 그런 세상이 오지 않는다면, 미래세대에게 새로운 기회가 주어지지 않으리라는 것은 사실상 기정사실이다. 과학에 근거한 나의 예상에 따르면, 획기적인 변화는 이제 불가피하다.

최근 나는 미래를 향해 러브레터를 써오고 있다. 나의 고삐 풀린 이상주의를 듬뿍 담아 사랑하는 사람들에게 보내는 진짜 편지다. 내가 이런 일을 할 줄 아는 사람이라는 것을 배워가고 있다. 앞으로 20~30년은 사랑에 빠지는 것과 비슷한 기분일 것이다. 당신이 안다고 믿었던 모든 것을 접어두고 당신 혼자서는 절대 가지 못했을 완전히 새로운 곳으로 가게 되리라 굳게 믿으면서.

우리는 인류 역사상 특별하고 취약한 순간에 도달했다. 우리의 미래는 타인의 행동에 영향을 받는 동시에 우리 개개인의 일상적 선택에 따라 결정된다. 이러한 현실은 더 많은 교류와 협력을 요구한다, 우리의 개인적 생존과 우리가 알고 있는 지구에서의 삶을 지키기 위해서.

우리가 우리의 미래를 되찾는 데 성공한 바로 그 세상은 어떤 모습일까?

이 책은 미래의 지구에 대한 획기적 비전을 만들어내기 위한 내 노력의 결과다. 이 책은 세상을 향한 나의 러브레터다. 당신만의 혁명적인 러브레터를 써볼 것을 권하는 나의 초대장이다. 모든 혁명과 마찬가지로, 나는 이 대화가 아주 오래오래 이어지기를 바란다.

— 2부 —

2020~2030년:
극적인 성공

저는 그것이 우리 모두의 종말이라 생각했기 때문에 휴대전화 동영상을 촬영했어요. 동영상을 찍어 신분증, 지갑과 함께 물에 젖지 않는 가방 안에 넣어두었죠. '이게 물에 뜰 거고 누군가 이걸 발견할 거야'라고 생각했어요. 그들에게 이 태풍이 어떤 느낌이었는지 알려주기 위해서 말이죠. 우리가 이런 사진을 찍으면 더 많은 사람들이 이걸 볼 거라고 생각하진 않았어요. 이게 어떻게 보여질 것인지에 대해 깊이 생각한 것도 아니에요. 다만 여기서 무슨 일이 벌어졌는지 사람들에게 알려주자고 생각했죠. 무슨 일이든지 벌어질 수 있을 거 같아서 정말 무서웠어요.[1]

— 존 "주니어" 룰말(John "Junior" Rulmal),
2015년 태풍 마이삭이 그가 거주하는 미크로네시아 연방공화국의 울리티섬을
강타한 순간을 회상하며

마셜제도(Marshal Islands)에 최초로 거주한 인간은 태평양의 바람

과 날씨에 대한 지식을 가지고 멀리 떨어진 섬들 사이를 항해하는 길잡이들이었다. 그들은 역사상 최고의 선원에 속했고, 바람이나 대양과 놀랍도록 밀접한 관계를 맺었다. 그들은 주변을 둘러싼 세상에 대한 깊은 지식 덕분에 역경 속에서도 번영할 수 있었다. 1000년이 넘는 세월이 흐른 지금, 날씨는 그들 후손의 적이 되어버렸다.

지역에 따라 폭이 불과 1m도 되지 않는 이 환초의 끝자락에 오랫동안 뿌리내리고 살았으므로, 그들은 밀려나거나 역사 속에 잊히는 것을 거부한다. 그들의 경험은 한때 상상조차 힘들었던 질문을 던진다. 어떤 일이 벌어져야 고향이라 부르는 곳을 떠날 것인가? 조상들이 살던 장소─말 그대로 당신의 본질을 규정하는 장소─를 잃는다는 건 어떤 의미인가? 고향이 완전히 파괴되리라는 것을 안다는 건 어떤 의미인가? 그럼에도 고향에 남아 싸움을 이어가는 것은 어떤 의미인가?

하와이와 호주의 중간에 위치한 미크로네시아─미국 두 배 면적의 대양을 아우르는 명칭─에는 마셜제도, 팔라우, 키리바시, 나우루, 미크로네시아 연방공화국, 미국령인 세 지역, 즉 북마리아나제도, 괌, 웨이크섬이 있다. 이 국가들과 영토들의 육지 면적은 다 합쳐봐야 2600㎢로, 델라웨어주의 절반에 못 미친다(육지 면적 중 4분의 1은 미크로네시아에서 가장 큰 섬인 괌 본섬이 차지하며, 이는 대략 시카고 면적과 비슷하다). 약 50만 명이 거주하는 미크로네시아 2000개의 섬들은 망망대해 한가운데 수놓인 안전한 항구들의 별자리와 같다.

마셜제도는 작은 섬나라가 아니라 거대한 해양국가다. 그곳 연안의 암초는 세계 최상급의 생산성과 생물다양성을 자랑한다. 마셜제도의 29개 환초에는 1156개의 개별 섬이 포함되어 있다. 이 섬들은 텍사스주에서 사우스다코타주까지의 거리에 해당하는 태평양 지역에 넓게 분포되어 있어 해양 버전의 초대륙이라 할 만하다. 이곳의 최대 해발고도는 9.8m지만, 대다수 섬들은 해발고도 1.8m이하다. 1.8m는 21세기 동안 전 세계 해수면 상승폭 예상치와 정확히 일치한다.

마셜제도가 절멸의 위기를 맞은 건 이번이 처음이 아니다. 불과 한 세대 전인 냉전 시기, 이 섬들은 미국 핵무기 실험을 위한 표적으로 이용되었다. 루닛섬(Runit Island)에는 수세기 동안 방사성물질이 인근 어장에 유입되지 못하도록 격리해두는 격납용기가 세워져 있다. 물론 해수면 상승을 염두에 두고 설계된 것은 아니다.

따라서 마셜제도는 2015년 파리기후회담에서 온난화 수준을 1.5도로 제한하도록 전 세계를 성공적으로 설득하기 훨씬 이전부터 글로벌 저항운동의 진앙지였다.

해수면 상승과 극단적으로 변하는 날씨 속에서 일부 태평양 지역 주민들은 본인과 본인의 고향을 다르게 인식하기 시작했다. 진정 획기적인 행동을 통해 시간을 되돌리고 이미 가해진 피해의 일부를 원상복구할 수 있으리라는 기대를 갖게 된 것이다.

2013년 태평양 열대지역에 몰아친 태풍 하이옌은 새로운 시대를 열었다. 하이옌은 필리핀을 강타하기 전 미크로네시아를 통과했는데, 그 과정에서 팔라우의 작은 섬 카양겔(Kayangel) 해안에서 8km까지 가까워졌다. 열대성 폭풍이 형성되었을 때 가장 강한 바람이 부는 곳은 중앙의 눈 주변이다. 이 중앙의 눈은 직경이 약 10km에 불과하고 구름이 없는 고기압 구간으로, 아주 강력한 폭풍이 몰아치는 고리 모양 저기압 구간의 한가운데에 위치한다. 하이옌은 강풍을 몰고 와 카양겔섬을 초토화시켰다. 아리 대니얼(Ari Daniel)은 네 가족이 콰양곌섬의 유일한 콘크리트 구조물인 병원 화장실에 몸을 구겨 넣음으로써 목숨을 건졌다고 '솔루션 저널리즘 네트워크(Solutions Journalism Network)'에 전했다.[2] 태풍이 지나간 뒤, 현지 공무원들은 섬 주민 138명 전원을 대피시키고 몇 달간의 복구 기간 동안 돌아오지 못하게 했다. 하이옌은 초강력 폭풍(superstorm), 즉 육지를 강타한 역사상 가장 강력한 열대 사이클론이다. 하이옌의 상륙 당시 풍속은 시속 314km에 달했던 것으로 추정된다. 여기서 '추정'이라는 표현을 쓰는 이유는 그와 같은 강풍 속에 멀쩡히 살아남은 기상 관측소가 없었기 때문이다. 이 풍속 추정치는 기상위성으로 확인한 하이옌의 구름 꼭대기 온도를 통해 얻어졌는데, 구름 온도는 폭풍의 활동 강도를 가장 잘 보여주는 지표 역할을 한다(키가 큰 폭풍은 풍속이 더 강하고 우주에서 봤을 때 기온이 더 낮다). 하이옌의 풍속은 가장 흔히 쓰이는 위성 기반 강도 측정의 최대치에 달했고, 애초에 그 스케일을 개발한 기상학자들이 산정해놓은 사이클론의 이론적 최대 강도를 초과했다. 허리케인에 대한 미국의 5단계 분류체계는 최대 풍속—강우량과 폭풍해일은 지형 영향을 많이 받으므로 풍속은 열대 사이클론과 관련해 가장 측정하기 쉬운 부분이다—을 기준으로 하는데, 그 기준에 따르면, 하이옌은 6등급이다.

하이옌은 모든 면에서 그 지역을 완전히 바꿔놓았다. 태풍 직후, BBC는 현지 상황을 "진흙과 잔해로 덮인 황무지"라고 묘사했다.[3] 필리핀의 대표적인 기후변화 교섭 담당자인 옙 사뇨(Yeb Saño)는 기후 시스템에 대한 인간의 개입을 제한하려고 애쓰는 세계 지도자들의 연례 정상회담 참석차 폴란드 바르샤바에 있었다. 사뇨는 다른 대표들 앞에서 눈물어린 호소와 함께 저항하는 모습을 보였다. "우리가 파멸을 자초한 걸지도 모릅니다." 그는 말했다. "우리는 하나의 국가로서 하이엔과 같은 초강력 폭풍이 일상이 된 미래를 거부합니다. 폭풍으로부터 달아나고, 가족을 대피시키고, 파괴의 고통에 시달리고, 사망자 집계가 일상화된 삶을 거부합니다. 우린 절대 거부합니다."[4]

이탈리아 학자 안토니오 그람시(Antonio Gramsci)의 표현에 따르면, 최전방에서 기후변화와 싸우는 사람들은 '비판적 지성과 낙관적 의지'를 동시에 가지고 있다. 사뇨는 기후변화에 대한 국제사회의 느린 대응에 반발하며 자발적 단식에 돌입했고 자기도 모르는 사이 사회운동의 시발점이 되었다. 13일간의 회담이 끝날 무렵, 전 세계 수십만 명이 이 운동에 대한 지지를 표명했다. 하이엔의 전례없는 파괴력과 사뇨의 헌신적인 말과 행동이 더해져, 날씨 변화에 대한 위기감은 기후변화 관련 논의와 우리의 집단의식 속에서 주목받게 되었다. 또한 사뇨는 2년 후 파리에서 체결될 세계 최초의 기후협약을 위한 초석을 다졌다.

파리기후변화협약은 그 자체만으로, 사뇨가 사는 필리핀이나 마셜제도에 찾아올 기후변화로 인한 종말을 막는 데 충분하지 않을 것이다. 이처럼 많은 것이 걸려 있고 해수면 상승이 지속되는 가운데, 외부인의 시각에서 이러한 장소들이 지닌 주요한 내러티브는 이들 국가가 기후변화의 첫번째 희생국이라는 것이다. 이런 내러티브 속에서 마셜제도와 필리핀은 실재하는 장소로 여겨지지 않는다. 구약성서에 나온 경고처럼, 인간성에 대한 은유로 받아들여진다. 한때 순수하고 더렵혀지지 않던 그곳은 흔적도 없이 사라지는 부당한 벌을 받는데, 이는 앞으로 펼쳐질 더 끔찍한 일의 전조이다. 이런 내러티브 속에서 행복한 결말은 불가능하다. 실패는 필연이고, 운명은 역사 속에 봉인되어 높아지는 바닷물에 잠긴다.

22세인 셀리나 림(Selina Leem)이 자신의 고향에 관해 들려주는 내러티브는 이와 다르다. 그녀는 마셜제도에서 무슨 일이 벌어지는지 본인 눈으로 똑똑히 목격했다. 그녀는 자신의 고향인 마주로 환초(Majuro Atoll)의 가장 좁은 부분 위에 서서, 주변으로 밀려드는 바닷물을 보며 시급함을 느꼈다.

강력한 폭풍이 몰아치던 어느 오후, 그녀는 창밖으로 자신의 조부모님 무덤 위로 파도가 들이치는 것을 보게 되었다. 그녀가 바다로부터 개인적인 모욕을 당했다고 느낀 첫 순간이었다. 그 순간 더는 조용히 있을 수 없다고 생각했다.

"저는 전 세계가 우리에게 등을 돌리고 있다는 생각을 떨쳐버릴 수 없었어요. 우리는 아무 짓도 하지 않았는데 고통을 받는 건 결국 우리죠." 셀리나는 내게 말했다. "나머지 세상 사람들이 얼마나 뭘 모르고 무심한지 생각하면 정말 화가 났어요. 우리는 그들이 행동하게 만들기 위해 그걸 어떻게든 뛰어넘어야 하죠."[5] 불가능한 과제를 눈앞에 둔 셀리나는 급변하는 지구에 관해 양심적인 목소리를 내는 인물로 어느새 세계적 명성을 얻게 되었다.

부유한 나라에 사는 우리 같은 사람들이 미크로네시아에 대해 전혀 신경쓰지 않을 때, 해수온 상승과 점점 더 극단적으로 변하는 날씨는 목소리를 내지 못하거나 스스로 운명을 개척할 수 없는 사람들에게 벌어지는 일이라고 생각하는지도 모른다. 셀리나는 본질을 더 잘 알고 있다. 그런 면에서 그녀는 지구상 모든 이들이 시급히 깨달아야 할 무엇을 이미 깨달았다. 우리는 이미 변화하는 대기에 의해 서로 연결되어 있을 수밖에 없는 시대로 들어섰다는 것, 그리고 삶과 죽음의 이원성은 이미 우리가 공유하는 문화적 순간을 정의하고 있다는 것을. 우리는 일상적 행동을 통해 다음 세대의 삶의 조건을—좋은 방향으로든 나쁜 방향으로든—바꾸는 중이다. 이러한 지식에 담긴 함의를 통해 지구에서의 삶이 지닌 의미를 새롭게 해석할 수도 있을 것이다.

열여덟 살 나이에 마셜제도 대표로 2015년 파리기후정상회담에 참석한 셀리나는 자신의 고향을 지금 상태로 보존할 수도, 자신이 죽기 전에 완전히 파괴할 수도 있는 구절과 문장들을 전 세계 대표들이 주고받는 것을 지켜보았다. 회담이 끝나갈 무렵, 주요 탄소 배출국인 미국과 중국 간의 긴장이 고조되었고, 가장 취약한 수십 개 국가들의 느슨한 연합체는 협상 결렬을 막기 위해 필사적인 막바지 총력전을 펼쳤다. 당시 마셜제도 외무장관이자 협상단 대표였던 토니 데브룸(Tony deBrum)은 '거대한 야망 연합(high ambition coalition)'[6]을 조직했다. 데브룸의 주도하에 이 연합은 결국 모든 사람의 예상을 뛰어넘는 수준의 강력한 합의를 이끌어냈다. 파리기후정상회담에서 극단적 날씨와 해수면 상승을 유발하는 오염물질의 배출을 줄이자는 세계 최초의 합의가 이루어진 것이다.

파리에서 데브룸은 셀리나에게 본인 이야기를 들려달라고—그렇게 함으로써 그녀의 나라가 실제로 존재한다는 사실을 참석자들에게 확실히 인식시켜달라고—부탁했다. 연설을 하면서 셀리나는 이러한 현실로 인해 위축되지 않았다. 그녀는 196개국의 국가 정상과 대표들 앞에서 "작은 섬에서 온 큰 꿈을 가진 소녀"라고 자신을 소개한 다음, 자신이 자라온 환초 위에 서서 느낀 조국의 취약성에 대해 회상했다. "제 왼쪽도 바닷물, 제 오른쪽도 바닷물입니다. 저는 완전히 바닷물에 둘러싸여 있어요." 그녀는 예닐곱 살 때 할아버지로부터 극지방의 얼음이 녹는 이야기를 들은 후부터 물을 무서워하게 되었다고 전했다. 그녀에게 그 이야기는 끔찍한 괴담처럼 들렸다.

"여러분이 어떤 변화를 원할 때, 때로는 세상을 완전히 뒤집는 과정이 필요하기도 합니다." 셀리나는 말했다. "이 협약은 우리 이야기의 전환점이자 우리 모두를 위한 전환점이 될 것입니다."

셀리나는 연설을 하면서 코코넛 조각을 들어올렸다. "제 머리카락에 꽂힌 코코넛 잎과 제 손에 들린 코코넛은 마셜제도에서 온 것입니다. (⋯) 저는 여러분이 이 코코넛을 지켜내고 이것을 여러분 자녀와 손주에게 보여주고 새로운 이야기를 들려줄 수 있기를 바랍니다. 여러분이 오늘 어떻게 이 작은 섬과 전 세계를 구했는지에 관한 이야기입니다."[7]

당시 셀리나는 10대였지만, 이미 너무 많은 것을 본 사람처럼 열정과 지혜가 담긴 말을 쏟아냈다. 바다가 점점 더 거세지고 집요해짐에 따라, 고향이 바다에 잠아먹히는 것을 원치 않는 셀리나를 비롯한 전 세계 섬 주민들도 더 거세지고 집요해졌다.

"우리의 섬을 결국 잃게 될 수밖에 없다면, 우리는 더이상 마셜제도만을 위해 싸우는 게 아니에요. 우리는 나머지 세계를 위해서 싸우는 것이기도 해요. 제가 알게 된 바에 따르면, 기후변화에 취약한 나라는 마셜제도뿐이 아니에요. 전 세계의 너무 많은 공동체, 국가, 사회가 함께 영향을 받고 있죠." 셀리나는 내게 말했다. "따라서 이 문제를 위해 싸울 때 우리 자신만을 위해 싸우는 게 아니에요. 그 나머지 사람들을 위해 싸우는 것이기도 하니까요."[8]

파리에서 고향으로 돌아온 뒤, 셀리나는 전 세계인의 다양한 반응을 접했다. 일부는 그녀를 지지한다고 주장하면서도 아주 부정적이었고, 일부는 그녀가 별것 아닌 일을 걱정한다고 했다. 어떤 사람은 전 세계가 마셜제도를 돕기 위해 기후변화 관련 조치를 취하기로 동의하기는 했지만 "솔직히 우리는 그걸 감당할 여유가 없다"[9]라고 말했다. 몇 달 뒤 캐나다에서 열린 한 행사에서 셀리나를 소개했던 여성은 무대에 놓인 국기들 중 여러 개가 몇 년 안에 사라지게 될 것이라고 설명했고 관중들은 조용히 고개를 끄덕였다.

셀리나는 충격을 받았다. "한 대 얻어맞은 거 같았어요. 와, 우리를 제외한 나머지 세상은 벌써 작별인사를 하고 있구나 하는 생각이 들었죠. 저는 의자에 등을 기댄 채 생각했어요. 무엇을 위해 이렇게 목소리를 높이는 걸까? 여기저기 돌아다니며 우리는 섬이 계속 남아 있기를 바란다고 호소하는 마셜제도 사람들과 섬사람들의 역할은 무엇일까? 하지만 여성 사회자의 발언과 그것을 아주 엄숙히 받아들이는 관중의 반응을 봤을 때, 제 고향은 어차피 사라지게 될 게 분명했어요. 우리가 뭘 어떻게 하더라도 이미 사라지고 있었죠. 그때는 정말이지 고함을 치고 손가락질을 하고 싶어요. 제가 연단에 서기 전까지 얼마나 많은 사람이 그곳을 거쳐갔을까요? 얼마나 더 많은 사람이 제대로 이야기를 들어주지도 않는 관중 앞에서 눈물어린 호소를 하게 될까요? 우리는 작별인사를 할 준비가 안 됐어요."[10]

재앙의 불가피성에도 불구하고 그들은 말살당하기를 거부한다.

여전히 폭풍은 점점 더 센 강도로 마셜제도의 해안을 강타하고 셀리나의 조상들의 무덤을 보호해주던 산호초와 방조제를 무너뜨린다. 그 파도 속에서 셀리나는 나머지 세상과의 적나라한 연결성을 생생히 느낀다. 그녀는 최초의 석탄 부호, 무분별한 석유 부호의 얼굴을 알아본다. 그녀는 당신의 얼굴과 나의 얼굴을 본다. 화석연료로 움직이는 경제의 안락함 속에서 자랐지만, 셀리나의 섬이라든지 그녀의 친구와 가족들이 높아지는 해수면을 보며 느끼는 공포와 불안에 대해서는 전혀 알지 못하는 우리의 얼굴을. 지구 전체의 힘이 더해져 만조 때마다 더 많은 바닷물이 해안으로 밀려드는 것처럼 느껴진다. 이것은 물이 가져오는 증오의 메시지다.

파리에서 셀리나는 모든 사람이 머릿속으로만 하던 생각을 입으로 내뱉었다. 전 세계가 본질적으로 세계 각국 중 일부 국가를 희생시키는 조치를 취한다고 할 때, 미래의 지도자들은 과연 어디서 선을 그을 것인가? 그녀의 목소리는 분명했다. "이 협약은 정체성, 문화, 조상, 몸과 마음이 그들이 사는 땅과 연결된 모든 사람을 위한 것입니다. (…) 이것이 우리 섬에 관한 이야기라면, 이것은 전 세계에 관한 이야기이기도 합니다."[11]

회담장에 있던 사람들에게 그것은 이 역사적인 회담에서 가장 인상적인 순간이었다. 셀리나의 연설은 기립박수를 받았다.

파리기후정상회담이 열리기 몇 주 전, 어린 시리아 소년의 참혹한 사진―가족과 함께 악몽 같은 전쟁을 벗어나려고 시도하던 중 익사한 소년이 터키 해안으로 밀려온 사진―에 전 세계는 정신이 번쩍 들었다. 그 순간은 아주 개인적이고 비극적인 동시에, 2차대전 이후 최대 규모의 집단 이동에 대해 그간 무심했던 사람들에게 뺨을 한 대 때리는 것만 같았다.

많은 연구에 따르면, 시리아 위기의 원인 중 하나는 수세기 만에 찾아온—온난화로 인한 강우 패턴의 변화와 연관된—최악의 가뭄과 그 이후의 관리 부실이라고 한다.[12] 문제의 사진은 사람들이 통계로만 접했던 난민 위기를 실제 사건으로 인식하게 함으로써 순수하고 즉각적인 공포를 불러왔다. 또한, 급변하는 날씨 조건이 심각한 결과를 낳기 시작하는 세상에서는 기후변화뿐 아니라 농경지 파괴가 중요한 요소로 작용하리라는 것이 명확해졌다.

미 국방부는 가뭄, 폭염, 빙하 감소가 이미 지구의 큰 안보 위협 요소 중 하나가 되었다고 경고한다.[13] 시리아 같은 일부 지역에서는 이것이 잔인한 전쟁을 촉발하고 사람들이 평생 살아온 땅을 영원히 포기하도록 만든다. 시리아 분쟁은 최근의 대규모 이주를 유발한 최대 원인이지만, 이것은 훨씬 끔찍한 상황에 대한 전조이기도 하다. 유엔은 아무런 변화 조치가 없을 경우, 21세기 중반까지 2억 5000만 명 이상의 사람들이 자연적으로 취약한 지역을 떠날 수밖에 없을 것이라고 추정한다.

시리아 소년의 사진이 공개된 지 얼마 지나지 않아, 토니 데브룸은 "인구 이주, 문화적 언어와 전통의 파괴는 우리에게 대량학살과 동일하다"라고 말함으로써 최전방에서 기후변화와 싸우는 국가들을 위해 더 높은 기준을 제시했다.[14] 파리기후변화협약이 체결된 지 몇 달 뒤, 통가의 한 대표는 섬나라들의 자세를 이렇게 요약했다. "우리는 10년 내에 익사한다. (…) 그때까지 우리는 노력한다."[15]

이번 세기는 지구의 티핑포인트와 인류의 티핑포인트가 서로 맞물린 채 펼쳐질 것이다. 날씨는 이제 정치적이기 때문에 사회운동을 촉발한다. 이미 통제를 벗어난 듯한 실존적 변화의 공포에 사로잡히는 대신, 셀리나 같은 사람들은 마셜제도를 비롯해 기후 비상사태를 겪는 나라들을 용기의 장소로 탈바꿈하도록 돕는다. 또한 셀리나가 파리에서 했던 연설은 세계적인 권력 변화의 서막을 올렸다. 이번 세기 중반은 기후변화와 싸우는 나라들과 젊은이들의 도덕적 권위에 의해 인도될 것이고, 그들은 자신들의 목소리가 반영될 것을 요구할 것이다. 셀리나와 같은 젊은 세대에게, 현재 일어나는 일은 기후변화와 점점 더 높아지는 조수 그 이상을 의미한다. 그것은 모두 함께 새로운 세상, 더 평화롭고 풍요롭고 공정한 세상을 만들기 위한 노력이다.

* * *

인간이 강우, 기온, 해수면, 구름에 미치는 영향에 대한 강력한 증거가 가리키는 바는, 우리의 일상 경험이 현생 인류가 경험했던 지난 수십만 년의 경험과는 다를 뿐 아니라 권력자들의 많은 간섭을 받고 있다는 것이다. 그러한 일상적 현실은—그리고 인류가 지구에서 계속 번영할 수 있는 능력은—이제부터 우리 개개인, 공동체, 더 넓은 사회의 선택에 달려 있다. 식량 생산부터 교통, 의료, 도시의 생존 가능성에 이르기까지 날씨는 거의 모든 일에 영향을 주기 때문에, 인간활동이 기후 패턴을 근본적으로 바꾼다는 사실로 인해 승자와 패자가 생겨날 것이다. 날씨는 그 어느 때보다 사회정의에 관한 문제가 되었다. 이제 대기는 무기이자 삶의 근원이다. 우리가 공유하는 새로운 현실에 대해 어떤 식으로 말하느냐에 따라, 모든 것을 잃을 위기에 처한 지역사회에 힘을 실어줄 수도 있고, 현상유지를 원하는 사람들에게 유리한 쪽으로 운동장이 더 기울어질 수도 있다. 다른 모든 정치 이슈에서와 마찬가지로 언어는 중요하고, 이제 우리가 기후에 대해 말하는 방식은 다른 어느 때보다 더 중요하다.

국제 정치에서 기후난민을 오랫동안 민권 위기에 관한 사안이 아니라 관리해야 할 문제로 여김으로써, 취약한 입장에 처한 난민 가족에게 인간적인 대우를 해주지 않았다. 아직까지도 공식적으로 '기후변화 난민(climate change refuge)' 같은 건 없다. 유엔은 인간에게 난민 지위를 부여할 만큼 대기나 환경이 위해를 끼치는 주체라고 인정하지 않는다.

기후와 이주에 관한 유엔안전보장이사회 회의에서 컬럼비아대학 기후변화법률 사빈 센터(Sabin Center for Climate Change Law)의 창립자이자 센터장인 마이클 제라드(Michael Gerrard)는 유엔헌장 제7장 39조에 의거해 취할 수 있는 행동의 선택지를 설명했다. 이 조항은 안보리가 "평화에 대한 위협, 치안방해, 혹은 침략행위의 존재 여부를 판단해 권고를 내리거나 대응 조치를 결정함으로써 (…) 국제 평화와 안보를 유지 혹은 회복해야 한다"라고 명시한다.[16]

제라드는 기후 관련 이주가 평화에 대한 진정한 위협요인인지 판단할 권한이 안보리에게 있으며, 만약 그렇다면 대규모 난민 문제를 최소화하거나 해결하기 위한 계획을 시작할 수 있다고 말했다. 안보리가 2007년 강제이주를 비롯해 기후변화와 관련된 광범위한 위협요인을 처음 논의할 당시, 이것은 논란이 많은 결정이었다. 개발도상국들은 안보리가 그들의 우려를 충분히 반영하지 못할까봐 걱정했다. 하지만 작은 섬나라들이 기후변화로 인해 실존의 위기에 직면해 있으며, 안보리가 그에 대한 대응을 장려하는 데 핵심적 역할을 할 수 있다는 쪽으로 점차 인식이 바뀌고 있다. "이러한 노력은 기후변화 완화를 위해 훨씬 더 큰 노력이 필요하다는 인식을 촉발할 수도 있습니다." 제라드는 내게 말했다. "기후변화는 안보리가 평화에 대한 위협을 미연에 방지할 수 있는 기회를 제공합니다."[17]

동시에 기후난민 급증으로 벼랑 끝에 몰리게 될 세계에 대한 불길한 예감은, 실향민에 대한 특별한 권리 인정, 대규모 탄소 배출국에 대한 이주민 정착 지원 의무, 국제사회에 의한 이러한 권리와 의무의 집행 등을 고민해볼 것을 요구한다. 온실가스 배출이 명백한 위해를 가하더라도, 어떤 강제이주를 초래하는 개별적 행위에 대해 책임을 묻는 것은 현재 불가능하다.

제라드와 함께 사빈 센터에 근무하는 제시카 웬츠(Jessica Wentz)는 이것 때문에 '까다로운 문제(a wicked problem)'가 발생한다고 내게 말했다.[18] 그녀는 이것이 왜 국제사회가 이 문제를 의미 있는 방식으로 다루기를 꺼려왔는지 최소한 부분적으로 설명해준다고 했다. 웬츠는 환경 이주민들에게 적용되는 새로운 보호 지위가 향후 해수면 상승이나 극심한 가뭄 피해로 인해 강제이주된 사람들의 권리 보장에도 도움이 될 수 있다고 말한다. 이러한 보호 지위는 기후 관련 재난 혹은 해수면 상승처럼 서서히 진행되는 사건이 발생한 이후, 외국 시민권을 얻는 길을 제공할 수도 있을 것이다.

다른 가난하고 취약한 국가의 지도자들과 함께, 태평양 섬나라 키리바시의 아노테 통(Anote Tong) 대통령은 기후변화가 이미 야기하고 있는 손실과 피해를 고려한 전 세계적인 배상제도를 요구했다. 파리기후정상회담에서 키리바시와 피지의 대표들은 합의문을 발표했다. 그것은 해수면 상승으로 현 거주지에서 사는 것이 불가능해질 경우, 10만 명 이상의 키리바시 주민들에게 피지에서의 거주를 허용한다는 내용이었다. 해수면 상승으로 인한 실향민이 연간 20만 명으로 추정되는 방글라데시에서는 재정착을 돕기 위한 대규모 간척사업이 시작되었다. 한편, 해수면 상승 탓에 몰디브와 투발루를 떠나는 미래의 이주민들에게는 돌아갈 집이 없을지도 모른다.

법적인 관점에서 봤을 때, 다가오는 위기는 흥미로우면서도 소름 끼치는 의문을 제기한다. 이 섬나라들이 모든 실질적 의미에서 존재하지 않게 되는 시점은 언제일까? 현재 국제법에 따르면, 한 국가의 배타적 경제수역—해당 국가가 어업, 광물 자원, 관광에 대한 모든 경제적 권리를 배타적으로 독점하는 구역—은 해안선을 기준으로 한다. 해수면 상승으로 인해 섬이 사라진다면 해당 지역의 배타적경제수역도 지도상에서 지워지게 될까? 다공성의 산호 토양으로 바닷물이 침투해 실질적인 거주가 어려워진 섬은 어떨까? 어떤 지역이 영구적으로 유지될 수 없다고 여겨질 때, 세상이 그것을 이미 사라진 것이나 다름없다고 여길 때까지 얼마나 오랜 시간이 걸릴까? 따지고 보면, 어떤 장소의 상실은 그 섬이 완전히 물밑에 가라앉는 순간에 발생하는 것이 아니다. 경제적인 탈출은 이미 수십 년 전에 시작될 수 있다. 전 세계로 흩어진 과거 섬나라의 주민들은 계속해서 유엔에서 한목소리를 낼 수 있을까?

제라드와 그의 동료들은 이런 질문 때문에 밤잠을 설친다. "전 세계 국가들은 각자 얼마나 많은 난민을 수용할 수 있는지 진지한 고민을 시작해야 합니다." 제라드는 내게 말했다. "현재 유럽의 끔찍한 상황은 기후변화로 인해 발생할 대참사의 아주 작은 조각에 불과해요."[19] 제라드는 흥미로운 제안을 하나 내놓았는데, 그건 국가별 역사적 배출량과 비례하는 수준으로 기후 이주민들에게 영주권을 제공하는 것이다. 역사상 세계 최대 온실가스 배출국이라는 불명예를 안고 있는 미국의 경우, 수백만 명의 이주민을 수용해야 한다는 뜻이다. 하지만 최근 몇 년 사이의 반이민 정서를 감안할 때, 가라앉은 태평양 섬들과 메마른 수단 농경지의 주민들에게 대규모의 안전한 피난처를 제공하는 자발적인 정책이 나올 가능성은 0에 가까워 보인다.

제라드는 2015년 〈워싱턴포스트〉의 사설에서 미국이 기후 이주민들에게 동정적이고 친화적인 재정착 정책을 내놓아야 할 도덕적 책임이 있다고 강력히 주장했다. 그는 "국제법은 공해가 국경을 넘을 경우, 그 공해의 발원지에 해당하는 국가가 손해배상의 책임이 있다고 인정한다"라고 했다. "이것은 우리 모두가 학교 운동장에서 배운 교훈을 다시금 일깨워준다. 즉, 어지럽힌 사람이 직접 깨끗이 정리를 해야 하는 것이다."[20] 최악의 시나리오에 따르면, 미국은 향후 30년간 무려 6700만 명의 이주민을 수용해야 하고 이는 현재 미국 인구의 20%가 넘는 수준이다. 이런 가능성을 미연에 방지하는 최선의 방안은 "획기적이고 신속한 온실가스 배출 감소"라고 제라드는 내게 말했다.[21]

마셜제도는 예전에도 비슷한 일을 겪었다. 마셜제도의 일부 섬에 살던 주민들은 강제이주를 당했고 그 섬들은 냉전 초기에 핵무기 실험장으로 사용되었다. 총 67개의 핵폭탄이 터졌고, 그 땅은 이후 오랫동안 사람이 살 수 없는 곳이 되었다. 많은 마셜제도 사람들의 마음속에 그 상처는 여전히 생생하다.

현재 마셜제도 국민 7만 명 중 약 3분의 1이 해외에 거주하고 있다. 이들 중 다수는 핵실험 이후 체결된, 마셜제도 국민의 미국 이주를 허용하는 자유연합협정에 따라 미국을 거주지로 선택했다.

마셜제도처럼 위협받는 지역을 자세히 들여다보면, 종말과 문화 재생이 동시에 펼쳐지고 있다. 이미 많은 사람이 고향을 떠나 살고 있는 가운데, 의학, 직조, 축제와 같은 전통문화―이곳의 동식물 및 날씨와 밀접하게 연관된 방식으로 세상을 이해하는 방식―를 보존하려는 강력한 의지가 존재한다.

내가 마셜제도 출신들과 대화를 나눈 경험에 따르면, 그들 중 누구도 이주의 주원인으로 날씨나 기후를 꼽지 않았다. 그들 중 다수는 '피난'을 떠난 것도 아니요, 본인을 '난민'으로 여기지도 않았다. 그들은 삶의 질을 높이고자 하는 평범한 사람들일 뿐이다.

키애나 주다-안젤로(Kianna Juda-Angelo)는 단순히 생존하는 마셜제도가 아니라 번영하는 마셜제도를 머릿속에 그리며 건설하려고 노력해왔다. 그녀는 마셜제도에서 태어나 미국 오리건주에서 자랐다. 그녀는 아기일 때 미국으로 입양되었다가 최근에서야 자신의 마셜제도 가족들과 연락이 닿았다. 인생 후반부에 찾은 그 정체성은 그녀의 세계관을 바꿔놓고 희망을 불어넣었다.

"많은 사람으로부터 '당신은 이제 곧 바다에 가라앉을 곳을 위해 일하고 있는데 내가 왜 당신의 비영리단체를 도와야 하죠?'라는 질문을 받아요. 그럴 때 저는 사람들에게, 특히 미국 서부 해안에 사는 사람들에게, 이렇게 답해주죠. '언제든 초대형 지진이 발생할 수 있고, 그 지진으로 인해 우리의 집이 물속에 가라앉거나 흙더미에 깔릴 수 있어요. 하지만 우리는 여전히 여기 있고, 여전히 단층선에 집을 짓고 있으며, 오리건주에서도 가장 취약한 장소에 집을 지을 거예요. 왜냐하면 이곳은 무척 아름다운 장소 중 하나니까요. 우리는 전원을 사랑하고, 나무를 사랑하고, 산을 사랑하고, 그 밖의 많은 것들을 사랑하죠.' 저는 사람들에게 그들의 주변 환경을 먼저 상기시키는데, 그렇게 하면 대화를 시작하기가 수월해져요. 마셜제도 주민 중에도 이주를 원치 않는 사람들이 많기 때문이죠."[22]

키애나는 내게 마셜제도가 없는 세상을 떠올리는 건 불가능하다고 말했다. "저는 돌아갈 거예요. 저와 제 가족은 그곳으로 돌아가서 새로 집을 지을 거예요." 그녀가 전향적인 사고를 할 수밖에 없는 이유였다.

"우리의 사고방식을 바꿔야 해요. 그곳에 살고 싶어하는 사람도 있을 거예요. 저처럼 그곳으로 돌아가려는 사람도 있을 텐데, 그렇다면 환경을 위해 우리가 노력하는 건 어떨까요? 저는 모든 오리건 주민들에게 이주를 강요하지 않아요. 우리는 샌프란시스코 만안 지역 주민들에게 파괴적인 강진이 발생할 수 있으니 그곳을 떠나라고 강요하지 않아요. 그 많은 지진을 겪고서도 사람들은 여전히 거기 살고 있지 않나요? 미국 남부 주민들은 그 많은 침수 피해를 입고서도 아직 그곳을 못 떠나고 있어요, 안 그런가요? 아무도 꼼짝 안 해요! 외부인의 입장에서는 이런 사람들이 죄다 멍청이로 보일 거예요. 어차피 침몰하고 있는 뉴올리언스를 왜 재건한다는 거죠? 뉴욕도 섬이에요. 뉴욕의 지하철은 아주 취약하죠. 지구상 모든 해안도시는 같은 일을 겪을 거예요. 피해자들에게 피해 방지 노력을 기울이지 않았다거나 왜 진작 고향을 떠나지 않았느냐고 비난하기는 쉽죠. 하지만 당사자가 되면 내 집을 버리고 떠나라는 말을 듣고 싶지 않을 거예요."

키애나가 이미 추진하고 있는 아이디어는 부유식 온실 프로젝트이다. 그녀는 수명이 다한 바지선을 이용해 스스로 작동하는, 지속가능한 온실을 만들 계획이다. 미군이 지난 전쟁 기간 동안 기지로 사용했던 환초 중앙의 거대한 석호에서 키애나는 과학자 및 공학자들과 협력해 지속가능한 마셜제도를 위한 모델을 만들고 있다. "모든 환초에서 잦은 홍수로 인해 바닷물이 정원과 야자수를 침범하고 있어요. 이 문제를 어떻게 해결할 수 있을까요?"

키애나는 답을 찾기 시작했다. 밀폐형 온실을 이용해 사람들은 바깥 날씨와 관계없이 신선한 음식과 물을 얻게 될 것이다. 키애나는 바지선 내부를 이렇게 설명한다. "아래에는 양식장이 있고, 물고기 분변은 식물 비료로 쓰이고, 식물은 유리에 맺힌 물방울을 통해 수분을 얻게 되죠. 말 그대로 바지선 내부에서 비가 내리는 거예요. 이건 아주 놀라운 일이에요. 우리의 실험용 바지선은 이미 2년 동안 제대로 작동하고 있어요."

때때로 바닷사람이 된다는 것은 언제 포기하고 넘어가야 하는지, 언제 남아서 싸워야 하는지 아는 것을 의미한다. 키애나와 셀리나가 보여주는 이런 용기는 앞으로 10년 동안 우리 모두가 행동에 나설 수 있도록 영감을 줄 것이다.

2020~2021년: 불꽃, 산불, 역풍

2020년대의 출발은 순조롭지 않았다. 새로운 10년이 밝으면서 비유

적이자 실제적으로 전 세계에 뇌우가 몰아쳤다. 우리는 연이은 재앙을 공포 속에서 지켜봤다. 대체 무슨 일이 벌어지는 건지 전부 이해할 수는 없었지만, 우리가 알던 세계가 다시 돌아오지 않으리라는 것을 예감하며 슬퍼했다. 더 나은 세상이 그 자리를 차지하리라는 희망을 품을 뿐이었다.

미국 해양대기청의 기후감시 부서를 책임지는 기상학자 디크 아른트(Deke Arndt)는 이 세기의 시작을 기후적 '작별'—우리 존재를 규정하고 지금의 우리를 만든 친숙한 주변 환경의 상실—의 시기라고 명명했다.[23] 다른 모든 작별처럼 이것 역시 괴로웠지만, 덕분에 우리는 새로운 현실을 받아들일 수 있었다. 작별인사를 함으로써 우리는 위로와 위안과 치유와 행동을 위한 능력을 회복하기 시작했다.

인류는 연이은 재앙으로 인해 날것과 같은 순간을 마주했다. 슬픔, 분노, 희망이 한데 섞이면서 기록적인 규모의 시위가 이어졌다. 몇 달 전까지만 해도 자신이 특별히 이 시위에 '참여하는 중'이라고 느끼지 않던 사람들도, 친구와 이웃들과 함께 새로운 길을 모색하고 있었다. 마침내 정치적 요소와 생태적 요소가 융합되기 시작했다. 동시다발적인 수백만 건의 대화들은 같은 결론을 향했다. 우리는 아직 준비되지 않은 것 같지만 이것을 해야만 한다고. 지금이 아니면 두 번 다시 기회는 없다고.

제50회 지구의 날을 맞은 2020년, 가장 최근의 대규모 엘니뇨현상이 발생한 지 불과 5년밖에 지나지 않은 그때, 과학자들은 태평양이 또다시 따뜻해지는 조짐을 발견했다. 이에 따라 전 세계적인 산불, 폭염, 가뭄, 홍수, 열대 사이클론의 발생 위험이 높아졌다. 엘니뇨현상에 약간의 불운까지 겹치면서 현대 인류의 경험치를 넘어서는 세계적 재앙의 시기를 위한 무대가 마련되었다.

미국 대선의 시작과 함께, 가장 진보적인 후보들조차 완전히 다른 사회 건설에 대한 시급성을 제대로 이해하지 못한 것으로 드러났다. 때로는 우리가 가상세계에 살고 있는 게 아닐까 싶었다. 최근의 모든 디스토피아 재난영화를 뒤섞은 듯한 상황이 펼쳐졌다. 눈앞의 사건들은 믿기 힘들 지경이었다.

주요 도시에서 치명적인 폭염이 발생했다. 시카고의 기온은 사흘 연속 43도까지 치솟았고, 끔찍한 사망자 집계가 대중의 의식에 각인되었다. 경찰이 각 집의 문에 스프레이로 표시를 해둔 이미지는 물론, 몇 날 며칠, 몇 주간 전 국민이 애도하는 모습이 24시간 뉴스를 통해 전해졌다. 베이징, 모스크바, 베를린의 기온도 비슷한 수준까지 치솟았는데, 이들 도시는 그런 기온을 겪어본 적이 없었다. 동시에 심각한 가뭄으로 인해 유럽 남부, 아프리카 남부, 아마존 전역이 황폐화되었다. 그 결과, 식량 위기가 발생해 전 세계 2억 5000만 명이 피해를 입고 국제사회의 긴장이 고조되었다. 무시무시한 몇 달 동안, 유엔은 과거의 제국주의 및 자본주의의 왜곡으로 인해 식량 수입 의존도가 높았던 수십 개 국가—특히 카리브해, 북아프리카, 동아시아 지역 국가—에 적절한 식량 원조 및 구호 서비스를 제공할 수 없었다.

엘니뇨가 촉발한 태평양의 수온 상승으로 인해 태풍이 급증했다. 최악의 태풍이 홍콩, 광저우, 선전, 마카오 같은 도시가 위치한 중국 주강 삼각주를 전례없는 위력으로 강타했다. 6000만 명 이상이 거주하는 주강삼각주는 최근 도쿄를 제치고 세계 최대의 거대도시로 성장한 터였다. 이 슈퍼 태풍—시간당 풍속이 298km에 달하고 높이 8m 이상의 폭풍해일을 동반하는 5등급 태풍—의 상륙으로 인한 피해는 이 지역에서 최악으로 알려진 2018년 태풍 망쿳의 피해를 넘어섰다. 더군다나, 태풍은 몇 날 며칠 이 지역에 정체한 상태로 거의 연간 강우량에 달하는 폭우를 쏟아부었다. 코로나19 발생 직후에 생성된 태풍으로 인해 수백만 명의 이재민들이 식량, 식수, 피난처를 찾기 위해 고군분투하는 가운데, 중국 지도부에 대한 신뢰에 위기가 찾아왔다. 2019년 홍콩 시위에 더해져, 지도자들의 책임 확대를 요구하는 시위가 전국으로 확산됐다.

몇 주 동안, 비슷한 강도의 폭풍이 뭄바이를 강타했다. 이것은 모든 역사적 경험을 넘어서는, 650년 만에 한 번 일어날 것으로 추정되는 폭풍이었다. 오래전부터 예고되었던 지진이 플로리다를 찢어놓으면서 마이애미부터 탬파까지 파괴의 균열이 생겼고 수백만 명의 이재민이 발생했다.

2020년 미국 대선이 다가오면서, 전 세계 난민의 숫자는 최초로 1억 명을 넘어섰다. 이것은 불과 10년 전과 비교해 세 배 늘어난 수치였다. 미국과 유럽의 민족주의 지도자들은 난민들에게 부여된 안전에 대한 법적 권리를 인정하지 않고 이주 탄압정책을 실시했다. 조지 H. W. 부시 전 대통령이 1992년 리우데자네이루에서 열린 지구정상회담에서 했던 말을 반복하듯이, 트럼프 전 대통령은 "미국적인 삶의 방식은 타협의 대상이 아니다. 더는 말하고 싶지 않다"라고 선을 그었다. 미국은 기본적인 인간성보다 자국의 우월성을 더 중요하게 여긴 것이다. 국경을 봉쇄하고 연안 자산을 방치함으로써 트럼프의 새로운 기후 정책은 대다수의 인류를 외면했다. 이처럼 기막히고 부질없는 환경 파시즘 정책은 전 세계의 즉각적인 지탄을 받았다.[24]

탄핵 위기와 연이은 스캔들을 막기 위해 트럼프 행정부는 걷잡을 수 없는 기후변화마저 마이애미의 리틀 아이티(Little Haiti) 지역—플로리다주 남부에서 가장 지대가 높은 지역 중 하나—점령의 명분으로 삼았다. 이후 여러 달 동안 미군의 힘이 더해진 트럼프 행정부의 '구제 노력'은 피해 지역을 파괴된 마이애미비치에서 탈출한 부자들을 위한 고급 주택가로 바꿔놓는 데 집중됐다. 반면 플로리다주의 다른 지역을 재건하는 데는 전혀 힘쓰지 않았다. 미 행정부는 미국의 국익을 지킨다는 미명하에 중국과의 무역전쟁을 고조시키고, 파병을 통해 말라카해협을 봉쇄함으로써 실질적으로 경제 관계를 단절하고, 세계경제를 침체의 늪에 빠뜨렸다. 케이블 TV에 출연한 전문가들은 상호 간의 경제 파탄을 불러올 것이 자명한, 대통령의 냉혹한 기후 정책을 공포에 질린 채 지켜볼 뿐이었다.

하와이의 한 과학자 집단은 이런 일이 일어날 수 있다고 진작 예측했었다.[25] 중첩되는 재난의 누적효과에 관한 2018년 연구는 기후변화로 인해 여러 극단적인 기상 재난의 빈도와 강도가 심화되고 있다고 전했다. 이 연구에 따르면, 조만간 우리의 운은 다할 것이고 여러 재앙이 한꺼번에 들이닥치면서 그 여파가 확대될 터였다.

"이 모든 사건들 중에 진공상태에서 일어나는 일은 아무것도 없습니다."[26] 퇴임한 해군 소장인 데이비드 티틀리(David Titley)는 2014년에 내게 말했다. "기후변화는 단순히 환경문제가 아니에요. 이건 기술, 물, 식량, 에너지, 인구에 관한 문제입니다." 대다수 군사 전문가처럼 티틀리는 우리가 사회를 질서 있게 정비하지 않는다면 사람들은—기후변화가 아니라—갈등 때문에 자신의 집을 버리도록 강요받게 될 것임을, 지금과 마찬가지로 그때도 알고 있었다.

티틀리는 내게 말했다. "대다수 사람들은 그저 직업을 유지하고 가족을 부양하기 위해 노력하죠. [하지만] 만약 기후변화가 주택담보대출금 상환 시기 안에 한 번씩 발생하는 문제가 된다면, 또한 식량 가격이 치솟기 시작한다면, 사람들은 관심을 갖기 시작할 겁니다. 해수면 상승까지 감안했을 때, 허리케인 카트리나와 샌디 같은 재난의 발생 주기는 100년이 아니라 주택담보대출금 상환 기간이 될 겁니다. 저는 카트리나 당시에 미시시피주 웨이브랜드에서 살던 집을 잃었습니다. 그래서 그게 어떤 기분인지 알고 있죠."

이러한 전망은 오래전부터 명확했다. 1조 달러 이상의 가치를 가진 미국 해안의 부동산은 2050년이면 말 그대로 물속에 가라앉을 것으로 예상된다. 이것은 현재 미국 경제의 10%에 달하는 규모이다. 이것조차도 해안지역만 계산에 넣은 수치이며, 여기에 홍수 피해 지역, 대규모 산불 발생이 거의 확실시되는 지역, 생산성을 잃게 될 농지는 포함되지 않는다. 임박한 경제 붕괴의 위기 속에서 전 세계 투자 은행들은 기다릴 이유가 없었다. 2010년대 초반, 투자금 회수 움직임이 눈덩이처럼 커지기 시작했고, 투자자들은 기후 비상사태와 관련있다고 여겨지는 모든 것—화석연료 기업, 전기·가스 기업, 보험회사, 산업형 농업 기업 등등—으로부터 서둘러 자금을 회수했다.[27] 홍수 위험지역과 해안지역의 주택, 기업, 기반시설에 대한 재평가가 진행되면서 불과 몇 달 사이전 세계 부동산 가격이 폭락했다. 이는 정확히 티틀리의 예상대로였다.

해운회사, 항공사, 채굴업체, 자동차 제조업체처럼 화석연료에 의존하던 모든 기업이 하룻밤 사이에 도산 위기에 처했다. 이른바 '탄소 버블(carbon bubble)'이 터진 것이다. 수조 달러의 땅과 기반시설이 순식간에 쓸모없어졌고, 전 세계의 심각한 피해 지역에서는 공공서비스가 전면 중단되었다. 대량해고와 정부의 긴축정책으로 인해 가장 위태로운 사람들을 위한 지원도 끊어졌다. 시장이 이러한 붕괴를 가격에 반영하기 시작하자, 보험회사들은 화석연료 업계 탓에 도산 위기에 처했다며 소송을 제기했다.

글로벌 증시 폭락은 시작에 불과했다. 경기침체의 서막은 여느 때와 마찬가지로 대량해고와 긴축재정이었다. 하지만 중요한 변화가 앞에 놓여 있음이 곧 명확해졌다.

뉴스에서 기후변화는 가끔 등장하는 주제에서 며칠간 이어지는 토론회의 주제로 바뀌었고, 여러 이야기가 끊임없이 전파를 탔다. 기후변화는 점차 사회의 모든 잘못된 부분들을 상호 연결된 방식으로 설명하기 위한 수단으로 여겨지기 시작했다. 기후변화는 사람에 관한 것이 되었다. 잃어버린 꿈에 관한 것이 되었다.

이 모든 경제·기후적 혼란 속에 대중의 불만이 급격히 커지면서 각국 정부는 한계에 다다랐다. 거의 모든 방향에서 동시다발적으로 대중은 즉각적이고 획기적인 변화를 요구했다. 자본주의는 내부에서부터 붕괴하고 있었다. 혁명—무엇이 필요한지에 관한 획기적인 재구상과 전 세계적 불확실성에 맞서 무엇이 가능한지를 결정하기 위한 야심 찬 노력—이 시작되고 있었다.

"아폴로 프로그램을 생각해보세요." 티틀리는 2014년에 내게 말했다.

"케네디 대통령은 우리가 달에 사람을 착륙시키도록 동기를 부여했죠. 기후에 관해 이야기할 때, 우리는 배우들이 등장하기에 앞서 무대 위에 필요한 모든 것을 준비해둬야 합니다. 성공의 기회는 단 한 번뿐일지도 몰라요. 우린 계속 생각해야 합니다. 어떻게 하면 성공의 가능성을 극대화할 수 있을까?"

이런 배경 속에서 기후운동은 칠레, 인도, 홍콩, 아이티, 에콰도르, 레바논, 카탈로니아, 볼리비아, 파푸아에서 당시 진행중이던 시위와 한 덩어리가 되어갔다. 민주화 시위부터 반독재, 반전, 반자본주의 시위에 이르기까지 다양한 시위를 통해 전 세계인들은 기후 비상사태와 그들의 현실을 분리하는 것이 더는 가능하지도, 필요하지도 않다는 것을 깨달았다. 청년들의 기후변화 시위는 전 세계적인 시위로 발전했다. 매주 수천만 명이 거리로 몰려나와 중동의 전쟁, 경찰의 폭력, 버거운 학자금 대출, 경제 붕괴, 불충분한 의료서비스 등등 그들의 미래를 좀먹는 수많은 사안에 대해 항의했다. 그중에서 가장 큰 관심을 받는 사안은 단연 기후변화였다.

식량 위기가 사고방식의 혁명을 촉발한 장작불이었다면, 산불은 비상사태의 적나라한 현실에 대한 모든 의혹을 지워버린 시끄러운 사이렌 소리였다. 오클랜드, 스포캔, 콜로라도주 프런트레인지, 인도네시아, 이탈리아, 호주에서의 산불과 그 화염이 지나간 자리의 이미지는 전 세계인의 마음속에 그을린 자국을 남겼다. 작은 마을과 도심 밀집 지역의 주도로 등 우리가 알고 있던 사회도 화장용 장작더미 위에서 함께 태워져 시커멓게 변했다. 모든 생태계가 화염 속에 무너졌고 잘 훈련받은 소방관의 수는 줄어들었다. 케이블 TV에는 생존자들의 사연이 끊임없이 전해졌다. 전 세계는 인류에게 완전히 등을 돌린 듯한 지구에 극심한 두려움을 느꼈다. 사람들이 조용한 공포 속에서 지켜보는 가운데, 폭풍, 화재, 홍수, 가뭄으로 인한 극심한 경기침체가 시작되었다. 플로리다주에서 발생한 허리케인의 직접적 피해액만 해도 1조 달러 이상이었고, 몇몇 다국적 보험회사의 부도는 전 세계 금융시장을 혼란에 빠뜨렸다.

2000년대 초반부터 가뭄 및 이상고온 현상의 점점 더 짧아지는 주기와 산림지역 거주 인구 증가는 캘리포니아뿐 아니라 포르투갈, 그리스, 태즈메이니아, 인도네시아, 시베리아를 비롯한 여러 지역에서 초대형 산불 발생을 위한 이상적인 환경을 조성했다. 캘리포니아에서만 2010년과 2020년 사이에 1억 그루 이상의 나무가 죽었는데, 그 원인은 온난화의 여파로 서식지를 옮겨온 해충과 가뭄이었다. 따뜻해지는 기온 탓에 번개와 뇌우가 북쪽 지역까지 퍼지면서 그린란드에서 화재가 발생하는 일도 잦아졌다.

모든 것은 연결되어 있으므로, 태평양의 수온 상승은 제트기류 패턴이 바꿔놓았고 인도네시아와 호주에서는 제때 비가 내리지 않게 되었다. 이에 따라 끔찍한 가뭄과 폭염이 이어졌고, 화재 발생 위험이 높아졌고, 대기 중 탄소 배출이 늘었고, 전 세계의 기온이 상승했고, 북극 얼음이 더 많이 녹았고, 흰 얼음보다 어두운 빛깔의 물이 더 많이 노출되었고, 그 물이 더 많은 태양열을 흡수했고, 해수온 상승이 심화되었다. 이것은 단지 표면적인 수준의 여파였다. 인류가 땅속에 묻힌 더러운 돌을 연료로 쓸 수 있다는 사실을 발견하기 이전까지 수천 년 동안 안정적이었던 생태계가, 생명체가 산다고 알려진 유일한 행성 지구에서 수많은 생명체들이 삶의 터전으로 여겨왔던 바로 그 생태계가, 한 인간의 수명에 해당하는 짧은 시간 안에 무너졌다. 우리의 마음은 이 정도 규모의 슬픔을 감당할 수 없었고, 그건 지금도 마찬가지다.

2018년 캠프 화재(Camp Fire)는 캘리포니아주 패러다이스를 초토화했고 불과 몇 분 만에 85명의 사망자를 발생시켰다. 이것은 현대 미국 역사상 최악의 화재로 기록되었다. 이 화재가 발생하기 몇 주 전, 차르 화재(Char Fire)가 화염의 토네이도처럼 캘리포니아주 섀스타와 트리니티 지역을 휩쓸었다. 이는 기상학자들이 이전까지 보지 못한 현상이었다. 1906년 샌프란시스코 대지진과 대화재 이후, 그렇게까지 단시간에 대규모 화재 피해가 발생한 것은 처음이었다. 이와 같은 화재로 인해 캘리포니아 주민들은 재로 변해버린 자신의 집과 삶의 잔해들을 직접 뒤져야 했다.

이것은 개별적으로 발생한 사건들이 아니었다. 2003년 이래 캘리포니아주에서 발생한 대형 화재 열 건 중 아홉 건은 역사상 최고의 규모와 파괴력을 자랑했다. 2018년 국가기후평가(National Climate Assessment) 보고서는 캘리포니아주 산불 피해 면적 중 50%의 경우, 기후변화가 직접적 원인이라는 결론을 내렸다.

화재 진압 담당자들은 때로는 화재 진압 작업이 상징적 행동에 불과하다는 사실을 깨달았다. 몇 분 만에 걷잡을 수 없이 커져서 사람이 달리는 속도보다 빠르게 번지는 불길 앞에서, 소방관들은 우선 사람부터 구해야 했다. 목숨을 걸고 불길을 잡는 것은 그 이후의 문제였다.

일부 취약한 지역에서는 산불이 지속적인 실존적 위협을 가했다. 캘리포니아주에서는 그 위협으로 인해 최대 규모의 민영 가스·전기 공급회사가 파산 위기에 처했다. 최근 화재 발생의 직접적 원인이 되었다는 이유로 PG&E는 2019년 파산을 선언했다. PG&E는 추가적 경제 피해를 막기 위해 공공안전을 위한 전력공급중단(Public Safety Power Shutoffs)을 실시했다. 이로 인해 화재의 절정기에 수백만 명의 사람들은 강제 정전사태를 반복해서 경험했다.

더 최악인 것은, 화재로 인한 연기가 캠프 화재의 직접적 불길보다 최소 열 배 많은 희생자를 낳았다는 사실이다. 그것도 한 해가 아니라 매년 말이다. 화석연료 연소의 가장 끔찍한 결과인 대기오염으로 인해 전 세계에서 매일 1만 9000명 이상이 사망했고, 화재 연기는 상황을 더욱 악화시켰다. 사람들은 이웃집이 타면서 발생한 연기를 들이마셨고 그로 인해 사망했다. 걷잡을 수 없는 불길처럼, 죽음도 걷잡을 수 없이 번졌다.

캘리포니아에서 2020년대를 보낸 경험에는 심리적 분열의 요소가 포함되었다. 나는 캘리포니아를 완전히 떠나기로 결심한 사람들과 이야기를 나눴다. 2015년 밸리 화재(Valley Fire)에서 살아남은 한 여성은 오리건주로 이주할 계획이라며 이렇게 말했다. "우리는 전에도 집을 잃은 적이 있는데, 10년 전에 다시 집을 지었어요. 이제 이 빈번한 화재들은 끝없는 공포예요. 여기서 더는 못 살겠어요."[28]

〈샌프란시스코 크로니클San Francisco Chronicle〉의 기자 리지 존슨(Lizzie Johnson)은 두 계절 동안 썼던 화재 관련 기사들을 엮어 한 권의 책을 냈다. 그녀가 목격한 것은 불어나는 비극의 끝없는 사이클이었다. "사람들이 피로감을 느끼고 관심을 끊기 시작하기 전까지 얼마나 오랫동안 설득력 있는 기사를 쓸 수 있을까 궁금해지기 시작했어요."[29]

존슨은 2018년에 내게 말했다. "때로는 제 언어의 한계를 느끼며 절망해요. 제가 바라는 건 사람들이 지금 일어나는 일에 관심을 갖고 이해해줬으면 하는 것뿐인데 말이죠."

캘리포니아주에서 일어난 일은 끔찍한 미래에 대한 맛보기일 뿐이었다. 새로운 초대형 산불이 발생할 때마다 이것이 우리 생애 최악의 화재일 거라고 생각했다. 그러다 더 끔찍한 다음 화재가 발생했다. 그것도 훨씬 더 끔찍한 화재가.

"정신 못 차리는 사람들을 흔들어 깨우고 싶어요." 존슨은 2018년에 내게 말했다. "기후변화가 그들과는 무관한, 어떤 추상적인 문제가 아니라는 걸 깨닫게 해주고 싶어요. 이런 산불은 기후변화의 적나라한 여파를 우리 눈으로 직접 확인하게 해주는 첫번째 현상 중 하나예요. 만년설이 녹거나 북극곰이 죽어가는 것과는 다른 방식으로 말이죠. 어린아이, 부모, 노련한 소방관들이 죽어가고 있으니까요. 문제가 너무 커 보여서 어떤 조치를 취해도 달라질 수 없을 것 같다고 생각한다면, 그건 틀렸어요. 현재의 궤도에서 벗어날 유일한 방법은 우리가 서로를 돌보며 이 문제에 대해 목소리를 높이기 시작하고, 입법자들에게 더 엄격한 정책 도입을 압박하는 거예요."

* * *

대선 직전인 11월, 시스템의 종말을 알리는 사건이 발생했다. 기묘한 허리케인이 의회 긴급회의 도중에 워싱턴 DC 근처에 상륙했고, 시적이고도 상징적 차원에서 이 세상이 목격한 최악의 허리케인 시즌의 하이라이트를 장식했다.

신호는 모든 상상을 뛰어넘을 만큼 분명했다. 우리의 현 시스템은 우리가 만들어내고 있는 새로운 현실을 감당할 수 있도록 설계되지 않았다. 모든 것이 한 번에 무너지는 것 같았다.

이 모든 혼돈 속에서—아니, 어쩌면 이 혼돈 덕분에—미래에 초점을 둔 인간의 감정과 저항행위들이 폭발했다. 대중의 애도 시기, 희망과 꿈을 떠나보내는 시기, 오래된 방식과의 작별을 준비하는 시기가 찾아왔다. 새롭고 불편하지만 꼭 필요한 길이 나타나고 있었다. 마침내 사람들은 우리가 이미 알고 있던 진실을 말하기 시작했다, 기후변화의 영향이 이 세계를 뒤엎고 재정비하기 시작했다는 것을.

우리는 마침내 혁신적 변화를 받아들일 준비를 마쳤다. 성장을 위한 성장에 진지한 의문이 제기되자, 새로운 시스템이 들어설 자리가 생겨났다. 생산이나 소비 전망이 아니라, 생명과 문명의 유지에 기여하는 능력과 관련된 새로운 가치평가 방식으로의 개편이 시작되었다.

"극적인 성공에 대비하세요." 티틀리는 2014년에 내게 말했다. "그러니까 말이죠, 이 나라에서 동성애자 인권에 관한 논의가 얼마나 빨리 바뀌었는지 한번 보세요. 10년 전만 해도 그건 잘해봐야 아주 주변적인 주제였죠. 하지만 지금은 훨씬 많은 사람들이 동성애자 인권을 인정하고 있어요. 우리가 집중력을 발휘하면 놀라운 일들을 해낼 수 있어요. 불행히도, 그런 집중력은 보통 최후의 순간에, 일반적으로 강요에 의해서 발휘되곤 하죠."[30]

* * *

기후변화에 관한 성공이 존재할 수 있는 곳은 민주주의 사회처럼 보일 것이다. 다음 세기를 위한 지속가능하고 공정한 세계를 만들기 위해서는 모든 사람이 참여해야 할 것이다. 정치에 너무 오랫동안 소외당했던 사람들까지도. 포용적인 사회는 공정한 사회이며 우리 모두가 상대방의 말을 경청하는 사회이다.

이번 세기말까지 10억 명의 기후난민을 수용하기 위해 세계가 어떤 변화를 준비해야 하는지 묻는 것은 잘못된 질문이다. 대신에 우리는 애초에 사람들이 자기 집을 버리고 떠나는 일이 없게 하려면 어떤 변화가 있어야 하는지 고민해봐야 한다.

우리는 서로를 위해서, 또 모든 종류의 생명체를 위해서, 이 행성의 자연 시스템을 안정화시킬 책임이 있다. 따라서 우리가 한 번도 만나보지 못한 사람, 한 번도 보지 못한 생명체도 건강하고 행복하게 성장할 수 있어야 한다. 우리는 우리 모두를 위해 이 일을 한다.

2020년대에는 이 모든 일이 그 누구의 예상보다 훨씬 빨리 일어났다. 시위 열기가 뜨거워지는 가운데, 수백만 명의 학생과 청년들이 그레타 툰베리를 지지하며 출발했던 시위는 전 세계 거의 모든 주요 도시에서 매주 열리는 대규모 집회로 발전했다. 2020년 말, 3억 명의 사람들—지구 전체 인구의 4%—이 주기적으로 집회에 참여해 인류 문명의 궤도 수정에 대한 갈망을 표출했다. 유럽에서는 시위 참여 인원이 전체 인구의 10%를 넘어서는 일이 잦아지면서 일상이 마비되었다. 이것은 에리카 체노워스가 주장한 3.5% 원칙을 훌쩍 넘어서는 참여율이었다. 전 세계의 타운홀미팅과 시민의회에서는 동네, 도시, 주, 국가 단위로 새로운 길을 모색했다.

선라이즈무브먼트를 위한 바시니 프라카시의 비전은 현실이 되었다. 그녀는 내게 말했다. "여러 사람들과 청년들, 환경정의단체와 기후정의단체의 놀라운 연합체를 구성한 덕분에, 우리는 수많은 평범한 시민들도 끌어들일 수 있었어요. 이 사람들은 그린뉴딜이 중요한 문제이며, 그들의 삶에 직접적 영향을 미치고 혜택을 가져올 수 있다고 보고 있죠."[31]

2020년 우리가 새로운 정치인들을 선출한 뒤, 그 정치인들은 돈이나 권력이 아니라 무엇보다 사람을 위해 싸우기 시작했다. 미국 지도부에 염증을 느끼는 시민들에게서 자극을 받아, 일단의 과감한 신진 정치인들은 자신의 권력에만 집착하는 권위주의적 독재자들이 전 세계적으로 부상하는 것에 맞섰다. 또한 기후 비상사태 대응에 꼭 필요한 고된 작업에 착수했다.

프라카시는 내게 말했다. "역사상 최초로 우리에게는 기후 위기를 막기 위한 법안을 통과시킬 기회가 주어졌어요. 전 세계 수많은 사람들이 자신들의 미래를 지켜달라고 각국 정부에 촉구했죠."

미국 대선 이전에 만났을 때, 그녀는 미래에 대한 자신의 전망을 이렇게 설명했다. "2020년 11월 대선 직후를 상상해보는 중이에요. 언제나 찾아오는 화재 시즌이 시작될 것이고, 수백 명의 사람들은 재로 변한 주택, 나무, 살던 집의 잔해를 가져와 줄을 서서 정치인들의 문 앞에 두고 갈 거예요. 그건 더이상 활동가들이 하는 일이 아니죠. 이런 일에 참여하는 사람이 너무 많아져서 이들을 '활동가(activist)'라고 부를 수도 없어요. 그냥 우리 사회를 안전하게 지키기 위한 조치를 촉구하는 사람들일 뿐이죠. 그 정도 수준까지 도달하는 것이 저의 목표예요."

새로운 정치의식의 부상은 대중문화 속의 고조되는 감정과도 잘 맞아떨어졌다. 유명인들과 예술가들은 창의력과 영향력을 발휘해 기후 비상사태에 관한 대중의 의식을 고취시키고 획기적 변화에 대한 지지를 호소했다. 가장 중요한 사건은 어쩌면 미국의 인기 리얼리티 TV 프로그램이 등장한 것일지도 모른다. 이 프로그램은 '우리는 무엇을 해야 하는가?'라는 질문을 던졌다. 물론 이것은 모두의 마음속에 자리하고 있던 질문이었는데, 프로그램 제작자들은 모든 이들이 공유하는 실존의 위기를 통해 새로운 길을 모색하는 기발한 방식을 개발했다. 이 프로그램에서는 무작위로 선발한 100명의 사람들―시민의회―이 미국을 대표하도록 했다. 그들은 각자가 원하는 2050년의 모습을 통해 하나의 희망적인 비전을 만들어내고, 모든 사람이 지지할 수 있는 실행방안을 마련했다. 그들의 계획은 대다수 정치인이 내놓는 것보다 훨씬 급진적이었다.

그들은 2020년대 말까지 미국의 에너지를 100% 무탄소로 전환하는 목표를 발표했다. 그들은 모든 가스·전기회사를 국유화하고 화석연료 보조금 지급을 전면 중단할 것을 요구했다.

그들은 정치인들에게 시골 지역에 대한 투자와, 국가가 전적으로 지원하는 재생농업 연구기관 설립을 촉구했다. 또한, 전국적인 차량 바이백(car buyback) 프로그램과 더불어, 2040년까지 차를 완전히 없애는 것을 목표로 하는 포괄적인 도시 재설계 법안을 통과시킬 것을 촉구했다.

그들은 주4일 근무제와 함께, 주거, 의료서비스, 고용에 대한 보편적인 보증을 요구했다. 이것은 현재의 경제 시스템을 2050년까지 완전한 순환 경제로 바꾸는 데 도움이 될 만한 조치들이었다.

마지막으로 그들은 원주민의 주권 인정과 기후 배상금 지급을 위한 영구기금 설립을 요구했다.

그들은 이 획기적인 변화를 위한 비용을 마련하려면 억만장자들에게 부유세를 걷어야 한다고 주장했다. 미국 내에서 이 계획은, 대선후보 공약 중에서 가장 야심만만하다고 알려진 버니 샌더스(Bernie Sanders)의 그린뉴딜[32]보다 한발 더 나아간 수준이었다. 다행스럽게도, 정치 성향이 각기 다른 경제학자들은 이 계획이 2030년까지 비용의 차질 없이 진행될 것이라고 동의했다.[33]

2021년 1월, 새로운 대통령이 취임했고 기후변화는 최우선 과제가 되었다. 첫 주가 끝날 무렵, 의회는 시민의회가 제안한 안건들을 거의 다 통과시켰다. 새 역사의 시대가 열린 것이다.

2022~2023년: 급변하는 세상을 위한 새로운 사회계약 상상하기

우리의 꿈을 이루기 위해서는 더 잘 작동하는 민주주의가 필요했다.

미국에서 2021년에 있었던 연이은 구조적 변화들을 통해 미국 내 모든 분야에서의 빠른 변신을 위한 토대가 마련됐다. 의회는 화석연료 산업의 모든 광고를 금지하고, 대법관의 숫자를 늘리고, 대법관직을 종신제에서 임기제로 바꾸고, 의회에서의 의사진행방해를 철폐했다.

워싱턴 DC는 마침내 주(state)로 승격되었고, 미국이 지배하는 섬들도 기후변화로 인한 실존적 위험을 인정받아 주의 지위를 얻었다.

푸에르토리코는 미국의 52번째 주가 되었고, 미국령 버진아일랜드는

53번째 주가 되었다. 얼마 지나지 않아 괌과 북마리아나제도가 미합중국의 54번째와 55번째 주가 되었고, 미국령 사모아는 56번째로 그 대열에 합류했다.

56개의 별이 그려진 미국의 새로운 국기가 공개되는 기념식에서 신임 미국 대통령은 이 국기가 미국인의 결속과 단일 목표를 향한 염원을 상징한다고 말했다. 우리가 함께 살아남아 모두를 위해 더 나은 미래를 만들어가겠다는 목표였다.

아마도 가장 중요한 것은, 미국이 세워지기 이전부터 존재했던 원주민 자치국들을 인정함으로써 신뢰를 재구축하고 우리가 점령한 땅을 나누어 쓰기 위한 대화의 장이 마련되었다는 점이다.

시네콕 인디언 자치국(Shinnecock Indian Nation)의 정식 회원이자 미국 국립해양위원회 대서양중앙지역계획기구의 부족 공동 대표인 켈시 레너드(Kelsey Leonard)는 이 중요한 단계가 모든 것을 바꿔놓을 것이라고 내게 말했다. 원주민 자치국들을 바꿔놓을 뿐 아니라, 다른 인간이나 지구와의 합의관계를 위한 노력에 대한 하나의 상징으로 자리매김할 것이라고 했다. "민족자결의 원칙과 자유의사에 따른 사전 인지동의 원칙은 토착민의 권리에 관한 유엔 선언문에 포함되어 있어요." 그녀는 내게 말했다. "탈식민화는 어떤 기반시설 건설안을 반쯤 진행시킨 상태에서 뒤늦게 원주민의 동의를 구하거나 원주민의 토지를 인정해주는 것 이상의 의미를 지니고 있어요. 그건 실질적이고 측정 가능한 방식으로 길을 터주는 것을 의미해요."[34]

시네콕 인디언 자치국의 고유한 영토는 롱아일랜드 지역에 해당한다. 최근 몇 년 사이 이곳에는 많은 풍력 발전용 터빈이 세워졌는데, 원주민과의 직접적 논의는 최소한으로 이루어졌다. 이런 과정이 계속 쌓이면 관계가 훼손될 수 있다.

"시네콕에서의 제 경험을 말해보자면" 레너드는 내게 말했다. "우리는 풍력에너지 확산과 그와 관련된 협의 부족에 대처해야 했어요." 레너드는 이 경우, 신재생에너지 개발이 제국주의의 패턴을 반복한다고 말했다. "현재의 풍력 확산과 풍력 허가는 미국 내 원주민 자치국들의 통제 밖이에요. 연방정부와 주정부가 이 과정을 거의 독점적으로 통제하고 있죠. 주정부 관할 수역이냐, 연방정부 관할 수역이냐, 배타적경제수역이냐에 관한 논란만 있어요. 이 모든 일이 벌어지는 동안, 원주민의 관할 수역은 아예 존재하지 않는 것처럼 행동하죠. 그들은 애초에 원주민이 어떤 수역에 대한 권한도 연방정부나 주정부에 양도하지 않았다는 사실을 간과하고 있어요. 그러면서 우리의 어떤 동의도 없이 허가를 내주죠."

레너드는 신재생에너지 개발과 관련된 이런 독단적인 태도가 기후 위기 대응의 시급성을 반영한다는 것을 알고 있다. 하지만 개발업자들에게 개발 초기 단계부터 그녀의 부족민들을 포함시켜달라고 요구하는 것은 더 공평하고 지속가능한 사회를 만들기 위한 중요한 과정이다. "원주민 부족들이 풍력에 반대한다고 생각하진 않아요. 문제는 현재 개발이 진행되는 방식이에요. 우리의 어업 구역이나 카누가 지나가는 경로, 해당 지역과 관련된 우리의 정치·문화적 실존은 전혀 고려되지 않은 채, 풍력 터빈이 우리 땅을 점령하고 있으니까요."

이것은 돌봄과 동의를 주요 가치로 삼는 문화 속에서는 일어날 수 없는 분쟁이다. 급변하는 시대로 접어드는 세계에서, 우리는 상호관계

구축이라는 느린 작업을 동시에 진행해나가는 방법을 함께 배웠다.

* * *

상상해보자. 지구상 모든 가족, 이웃, 농장, 도시, 국가가 더 나은 세계를 위해 함께 노력하는 건 어떤 모습일까?

푸에르토리코의 변화는 혁명적이었다. 허리케인 마리아는 사상 최악의 참사였고 푸에르토리코를 인도주의적 위기에 빠뜨렸다. 마리아가 지나간 지 5년이 흐른 2022년, 혁신적인 변화가 서서히 현실화되었다. 푸에르토리코는—많은 논란 끝에—주의 지위를 얻었다. 이제 그곳 주민들은 자신의 미래에 대한 목소리를 내고, 고국을 떠난 사람들이 돌아올 수 있도록 재건에 나설 수 있게 되었다.

오스틴 소재 텍사스대학 교수 마리솔 르브론은 푸에르토리코의 진정한 번영을 위해서는 정치 주권과 경제 주권이 모두 필요하다고 말했다.

"카리브해와 중남미 전반에 걸쳐 나타나는 문제는, 경제 주권이 결여된 정치 주권은 새로운 형태의 제국주의적 지배를 낳는다는 거예요. 경제 주권이 없으면 정치 주권은 사실상 무의미합니다. 진정한 탈식민화는 푸에르토리코가 지난 한 세기 동안 그곳을 지배한 미국과, 이전 수 세기 동안 그곳을 지배한 스페인으로부터 배상금을 받아내는 거예요. 수 세기 동안 지속된 착취와 약탈에 대한 배상금도 받아야겠죠. 그게 없다면 푸에르토리코는 현지 주민들에게 평등과 정의를 약속하는 방식의 재건 사업을 시작할 수 없을 겁니다.

마리아 이후에 많이 생겨난 건, 정부와는 전혀 무관한 소규모 조합들이에요. 이웃을 돕고 이웃의 필요를 충족해주려고 나선 사람들이죠. 이런 노력은 10년 전부터 존재했지만, 현재의 위기 상황에 맞서 정부가 국민을 돕거나 안전하게 보호해주지 못할 것 같다는 판단이 서자 점점 더 큰 호응을 얻고 있어요."[35]

채무 면제는, 다소 늦긴 했지만 마리아로 인한 피해 주택 및 기반시설 재건을 위한 자금 조달 계획과 더불어, 푸에르토리코 주민들이 진정 희망찬 미래, 제국주의의 과거로부터 마침내 자유로워질 수 있는 미래를 꿈꾸게 했다.

* * *

한편 2023년에는 세계 지도자들이 파리기후변화협약 서명 이후 각국의 성과를 평가하기 위해 파리에 다시 모였다. 회의장에는 팽팽한 긴장감이 돌았고, 급격한 변화 속에서 각 나라가 추구하는 방향에 대한 충돌이 발생했다.

미국은 명백한 진척을 보였음에도 불구하고, 전 세계는 한심할 정도로 불충분했던 파리기후변화협약의 내용들을 좀더 보강해야 했다. 각국은 2025년에 새로운 글로벌 기후회담이 열리기 전까지 긴급 검토에 나설 것에 동의했다.

2주간의 회담이 끝날 무렵, 미국 대표단 내에서 분열이 일어났다. 화석연료 업계는 여전히 엄청난 권력을 지니고 있었다. 물론 해당 업계의 활동이 비윤리적이고 심지어 불법적이라는 견해가 확산되기 시작하면서 그 영향력이 급격히 축소되고 있기는 했다. 중국의 경우, 벨트 앤드

로드 이니셔티브(Belt and Road Initiative)—전 세계의 대부분 지역으로 중국의 패권과 영향력을 확대하는 프로젝트—가 주요 협상 포인트였다. 아프리카연합과 유럽연합은 제국주의 배상금에 관한 마라톤 논의를 이어나갔다.

2010년대 말부터 미국이 많은 노력을 기울인 것은 사실이지만, 다른 나라들이 회의적인 입장을 보이는 것도 이해할 만했다. 그러다 마침내 돌파구가 마련되었다. 마셜제도는 국제사회가 글로벌 마셜플랜(Global Marshall Plan)에 동의하도록 중개하는 역할을 맡았다. 글로벌 마셜플랜은 개발도상국들이 감독하고 전 세계 모든 국가가 자국의 역사적인 온실가스 배출 비율에 따라 자금을 제공하는, 인류의 재균등화를 위한 수조 달러 규모의 25년 계획안이었다.

글로벌 마셜플랜은 인류가 채택한 가장 야심 찬 계획이었다. 그 목표는 경제 안정이나 탄소 배출 저감이 아니라, 미래세대에게 번영하는 지구를 물려주기 위한 사반세기에 걸친 노력이었다. 글로벌 마셜플랜은 다분히 의도적으로 막연했지만—협정의 전문은 8페이지에 불과했다—이 계획의 힘은 지구상 모든 국가 내에서, 그리고 여러 국가들 사이에서, 구속력 있는 대화 체계를 마련하는 데 있었다. 전 세계의 크고 작은 모든 도시에서는, 파리기후협정에서 정한 1.5도 목표 달성을 위해 해당 지역사회가 나아가야 할 방향에 대한 논의가 이루어졌다. 우리는 마침내 우리 힘으로, 그리고 우리 이웃들과 협력하여, 우리의 미래를 결정할 수 있게 되었다.

여러 계획들이 실시되는 가운데, 글로벌 마셜플랜의 규모가 마셜제도 출신 중재자들의 애초 기대를 훨씬 뛰어넘는 수준이라는 것이 자명해졌다. 수조 달러가 신재생에너지와 농업 연구에 투자되었고, 수만km의 고속철도 노선이 건설되었고, 자택 뒷마당에 작물을 심는 사람과 생계형 농업인들에게 종자가 배포되었다. 교사, 의사, 예술가에 대한 지원도 있었다. 사람들은 혁신적인 변화를 받아들일 준비가 되어 있었다.

2024~2029년: 그린뉴딜의 글로벌화

2020년대 중반까지 상호관계 및 지구와의 관계 재구상이라는 만만치 않은 과제에 초점을 맞춘 세계적인 운동이 일어났다. 연이은 법적인 승리는 무대의 모습을 빠른 속도로 바꿔놓는 데 필요한 권위를 인정해 주었다.

오래된 규칙은 얼마나 빨리 바뀔 수 있을까? 국제재판소는 세대 간의 형평성에 대한 권한을 행사할 수 있을까? 화석연료 회사의 CEO들을 상대로 형사소송이 제기될까? 그들에게 인류에 대한 범죄 혐의로 법적 책임을 물을 수 있을까?

2019년 말, 하룻밤 사이에 무대를 완전히 바꿔놓은 사건이 발생했다. 네덜란드 대법원은 기후변화 대응에 실패하는 것이 인권 침해라는 네덜란드 환경단체 우르헨다(Urgenda)의 주장을 정당하다고 인정했다.[36] 페루부터 캐나다까지 전 세계에서 비슷한 소송이 이어져 야심 찬 기후 대책을 위한 다양한 법적 경로가 열렸다.[37] 2020년대 말, 각국은 자국 경제를 개혁해 생명체가 살 수 있는 지구를 만들 의무가 있다는 판결들이 내려졌다.

특히 '줄리아나 대 미국 정부(Juliana v. United States)' 소송은 디즈니 영화에 어울릴 법한 이야기였다. 2015년, 21명의 아동으로 (그리고 그들의 변호사들로) 구성된 집단은 연방정부의 느슨한 기후 정책이 그들의 생명과 자유에 대한 헌법상 권리를 침해하므로, 과학에 근거한 탄소 배출 저감 정책을 요구하는 소송을 제기했다.[38]

이 소송의 핵심은 세대 간 형평성 원칙이었다. 본질적인 관점에서 이 소송의 원고 21명은 기후변화에 대한 연방정부의 미온적인 대응이 미래세대보다 현재세대의 안녕을 우선시하는 위법행위라고 주장했다. 지구가 모든 생명체를 현재의 아름다운 형태로 유지할 능력을 빠르게 잃어가는 건 아닐까 하는 걱정 속에서 아이들이 자라게 하는 건 끔찍한 불의였다.

하지만 2020년, '줄리아나 대 미국 정부' 소송은 제9회 순회항소법원에서 기각되었다. 미국 지방법원 판사 조세핀 스테이턴(Josephine Staton)은 강력한 반대의견을 표명했다. "이 소송 과정에서 정부는 미국의 단합된 노력이 절실한 티핑포인트에 도달했다는 사실을 인정했음에도, 재앙을 재촉하는 방향으로 나아가고 있다. 이것은 마치 소행성이 지구를 향하고 있는 가운데, 정부가 유일한 방어책을 버리기로 결정하는 것과 같다. 이번 소송 기각을 이끌어내는 과정에 정부는 자신에게 이 나라를 파괴할 절대적이고 무조건적인 권한이 있다고 고집스럽게 주장한 셈이다. (…) 그저 국가의 종말을 미연에 방지하고자 하는 원고들의 바람을 고려할 때, 단지 부분적이고 일시적인 유예조차도 의미 있는 보상이 될 수 있다. 그러한 구제는 대법원의 인종차별 철폐 명령과 비슷하게, 원고들의 헌법상 권리의 정당성을 인정해줄 것이다."[39]

2024년, 젊은이들은 약간 달라진 법리의 주장과 함께 새로운 소송을 제기했다. 그들은 청년들의 헌법상 권리를 침해한다는 이유로

2030년 1월 1일부터 미국 내 화석연료 사용을 전면 금지하고자 했다. 이를 통해 그린뉴딜을 향한 지난 4년간의 급격한 진전은 미국을 통치하는 가장 중요한 법률 문서에 포함될 터였다. 온갖 역경에도 청년들은 승소했다. 대법원 판결문은 우르헨다 사건을 인용했으며, 이로써 미국 법률상 기후행동과 민권의 연결성을 영구적으로 인정했다. 미국 경제 전반에 걸친 급격한 탈탄소의 시기가 시작되었다.

컬럼비아대학 기후변화법률 사빈 센터의 이사직을 맡은 마이클 버거 (Michael Burger)는 이런 일이 벌어질 것 같다고 2019년에 내게 말한 적이 있다. "국제형사재판소가 개입하는 건 너무 지나친 생각처럼 느껴질 수 있어요. 산업화시대나 탈산업화시대의 기업 행위와 관련하여 (…) 개인에게 형사책임을 묻는 것도 불가능해 보입니다. 하지만 개별 행위가 존재한다면 방법이 있을 수도 있어요. 이를테면, 온실가스를 배출하는 것이 범죄가 된다면 말이죠. 형사소송 원칙상, 어떤 죄가 성립하려면 그것이 법률에 정확히 명시되어 있어야 해요. 따라서 우선 그런 죄를 만들어내야만 하죠."[40]

그는 미국이 행정부 내에 미래세대의 권익 보호를 전담하는 부서를 신설할 가능성이 높다고 말했다. 그것은 최초의 줄리아나 소송이 요구했던 내용이기도 했는데, 결국 그보다 더 많은 것들이 이루어졌다. 2024년 대법원 판결에 따라 수많은 법안과 행정조치가 마련되었고, 수 세기에 걸쳐 전 세계에 끼친 환경 피해를 복구할 책임이 미국에 있음이 명확해졌다.

"지금 우리가 서 있는 지점에서 이 소송들은 (…) 예컨대 네덜란드의 우르헨다 사건을 비롯한 여러 소송들은, 자국 헌법 혹은 역내 인권체제를 통해 기후변화로부터 개인을 보호하고 정부가 지금보다 더 큰 노력을 기울일 것을 촉구하고 있어요. 전 세계의 법정으로 달려가서 '당신들이 1.5도 목표 달성을 위한 기후변화 대응 계획을 통과시키지 못하는 건 헌법에 보장된 생명권 침해에 해당한다'라고 주장한다고 생각해보세요. 법원은 '그래, 인정한다. 당신은 더 노력해야 한다'라고 말하고요. 따라서 이런 소송은 승산 있어 보여요."

전 세계의 법원들은 젊은이와 미래세대의 손을 들어주기 시작했다. 기후변화 대응은 모든 이들의 예상을 뛰어넘을 만큼 빠른 속도로 진행되기 시작했다.

인도에서는 동물, 새, 강에게 법적 인격 지위를 부여했고, 그들을 보호하기 위해 기후변화의 피해를 제한해야 한다는 판결이 나왔다.[41] 쿡제도에서는 태평양도 인간과 동등하게 보호받아야 한다는 법원 판결이 나왔다.[42] 마침내, 지구는 그것의 대체 불가한 가치를 인정받아 법적 보호 대상이 되었다.

* * *

2030년이 되면 우리는 2020년대의 삶이 어떤 모습이었는지 기억하기 어려울지도 모른다.

2020년부터 2030년까지의 기간은 인류에게 지독한 공포의 시기이자 황금기가 될 것이다. 이전에 경험하지 못했던 일들을 경험하게 될 것이다. 운이 따른다면 앞으로 그 일을 다시 겪을 일은 없을 것이다. 우리는 서로 협력해—어떤 사람은 자발적으로, 어떤 사람은 변명거리나 도

망갈 구멍이 없어 비자발적으로—지구에 가장 도움이 되는 최선의 결정을 내릴 것이다. 간절한 마음으로 해결책을 찾는 사람들에게 무엇이 가능한지, 우리가 무엇을 할 수 있는지 보여줌으로써 지옥의 문턱에서 벗어난 지구를 미래세대에게 물려줄 수 있음을 깨달을 것이다.

미국 내에서 우리가 해야 할 일을 잘해낸다면, 2030년까지 탄소 배출은 2020년의 10% 수준이 될 수도 있다. 전 세계의 탄소 배출을 40% 줄일 수도 있을 것이다. 우리는 기후 재앙의 한계 공간에서 벗어나 여전히 불확실한 세계로 접어들 테지만, 그것은 다시 삶을 향해 나아가는 세계일 것이다.

2030~2040년:
획기적 관리

우리는 자본주의 속에 산다. 자본주의의 힘을 벗어나는 것은 불가능해 보인다. 하지만 그건 왕들의 신성한 권리도 마찬가지였다. 모든 인간의 힘은 인간에 의해 거부되고 변화될 수 있다. (…) 우리가 얻게 될 아름다운 보상의 이름은 수익이 아니다. 그것의 이름은 자유다.

—어슐러 K. 르 귄(Ursula K. Le Guin)

탄소 배출 저감 계획의 설계 및 시행 단계에서 기후 대응에 관한 대화가 대부분 중단된다. 하지만 이것은 시작 단계일 뿐이다.

우리는 신재생에너지 이상의 것이 필요하다. 화석연료 산업과 자본주의의 해체, 그 이상의 것이 필요하다. 완전히 새로운 형태의 인류 사회를 건설해야 한다.

휘발유 차량을 배터리 차량으로 교체하는 것과 같은 일에만 관심을 기울인다면, 중요한 부분을 놓치고 애초에 우리를 이 곤경에 빠뜨린 것과 똑같은 시스템을 재창조하게 될 것이다. 이 혁신적인 변화의 순간에 우선 근본적인 질문을 던져야 한다. 예컨대, 좋은 삶은 무엇이고 어떻게 해야 모든 이들이 그런 삶을 누릴 수 있을까? 우리는 이를 위해 오늘날 사회를 구성하는 거의 모든 것이 바뀌어야 한다는 사실을 알고 있다. 건물, 교통체계, 도시와 마을에서 쓰이는 에너지뿐 아니라 민주주의와 사법체계, 우리 자신과 타인을 존중하는 방식까지.

나는 그런 사회가 어떤 모습일지 알 수 없지만 그것을 알아내는 방법은 알고 있다. 그건 다른 사람의 말을 듣는 것처럼 쉬운 일이다. 그렇게 새로운 정치, 서로가 연결되는 새로운 방식이 탄생할 것이다. 이것이 바로 신재생에너지와 신재생경제의 차이다.

2030년대—글로벌 탄소 배출이 정점을 찍은 이후 맞은 새로운 시대의 새벽—는 혁신적이고 시급한 변화를 향한 노력이 이루어지는 가운데, 인류 문명의 운명을 판가름할 중요한 시기가 될 것이다. 타르샌드, 무분별한 도시 확장, 산업형 농업이 과거의 유물이 되기 훨씬 이전부터 우리는 다가올 미래를 위한 토대를 마련하기 시작해야 할 것이다.

세상을 바라보는 혁명적인 방식—자연의 작동방식을 유심히 관찰해 산업에 적용하는 생체모방기술(Biomimicry) 같은 디자인 콘셉트 등—은 우리가 현재의 시스템에서 모든 이들에게 이로운 시스템으로 옮겨갈 수 있도록 도울 것이다. 대다수 지구인들에게 지속가능한 경제 속의 삶은 자본주의의 삶보다 훨씬 풍요롭고 쾌적하고 만족스러울 것이다.

이것은 많은 사람들에게 급진적인 콘셉트이다. 2030년대의 삶은 오늘날의 후기 자본주의의 삶과 아주 달라 보이고 다르게 느껴질 것이다. 터무니없는 불평등, 인종차별, 가난을 통해 현재의 시스템이 극소수의 사람만을 위해—아마도 당신은 거기 포함되지 않을 것이다—설계되었음이 자명해졌다. 현 시스템을 다른 형태로 대체하는 것은 힘든 싸움이 될 것이다. 우리는 역사상 가장 부유하고 강력한 산업들과 맞서야 할 테지만, 삶 그 자체가 우리 편에 서 있다.

혁신적인 변화를 이뤄내기로 결심한 2020년대 이후, 우리는 화석연료 사용을 중단하고, 지구를 소모하는 생활방식 대신에 우리 자신과 지구의 안녕을 최우선으로 여기는 시스템을 도입하는 힘든 작업에 나설 준비가 되어 있을 것이다.

미국의 주도에 따라, 그리고 정의라는 신념 아래, 가까운 미래에 화석연료 사용을 거의 전면 중단하는 것은 가능하다. 미국의 탄소 배출은 2005년 조지 W. 부시 대통령의 두번째 임기 당시에 정점을 찍고 내려오기 시작했는데, 사용 연료를 석탄에서 천연가스로 옮겨간 덕분이었다. 미국은 천연가스에서 신재생에너지로 사용 연료를 바꿈으로써 2035년까지 탄소 중립 경제를 달성할 수도 있을 것이다. 세계 최대 온실가스 배출국인 중국의 경우, 지금 속도대로라면 2030년경 탄소 배출의 정점을 찍고 이후 배출량이 급감하기 시작할 수 있다. 이것은 온난화가 우리의 통제를 벗어나는 상황을 막기 위해 과학적으로 필요하다고 여겨지는 타임스케일이다.

이 타임스케일에는 풍력, 태양열, 지열, 수력을 이용한 무탄소 전력으로의 전면적인 전환만 포함되는 건 아니다. 모든 차량, 트럭, 선박, 항공기에 석유 엔진 사용을 금지하는 것만 포함되는 것도 아니다. 농업 분아에서 화석연료 기반의 화학비료를 대체할 만한 비료와 새로운 시멘트 생산 방법을 찾는 등 많은 사람이 당장 논의하지 않는 어려운 일들도 여기에 포함된다. 이러한 비상사태 타임스케일에 따라 경제 전체를 뜯어고쳐야 한다.

이런 변화는 자본주의를 버리지 않고서는 불가능하다. 끝없는 성장을 추구하는 자본주의 모델은 지구가 급변하는 시대를 위해 만들어지지 않았다. 세계에서 가장 부유한 85명이 가장 가난한 35억 명과 동등한 수준의 부를 소유하고 상위 10%가 전체 탄소 배출 중 49%를 차지하는 세상에서, 기후변화는 개인의 선택으로 인해 악화되는 것이 아니다. 부자들의 욕심 탓에 지구가 생명체가 살 수 없는 땅으로 바뀌고 있음을 깨닫는 순간, 우리는 혁명적인 변화를 요구하게 될 것이다. 화석연료 산업을 구조적으로 폐업시키면서 분산형 에너지 시스템을 구축하는 것은 본질적으로 반자본주의적이지만, 이것은 그저 첫걸음에 불과하다. 우리는 기후 재앙의 시대에 사회경제적 자유를 얻기 위해 더 멀리 나아가야 한다.

자본주의 이후의 삶

당신이 수백 년간 해왔던 일 때문에 대량멸종의 위기가 찾아왔다면 이제는 뭔가 새로운 걸 시도해야 할 순간이다.

우리는 원하는 미래를 실현하기 위해 현재 시스템 바깥에 있는 옵션까지 고려해야 한다. 케이트 레이워스(Kate Raworth)는 자신이 해답의 실마리를 안다고 생각한다. 2017년 출간한 저서 『도넛 경제학(Doughnut Economics)』에서 21세기 세계경제가 어떤 모습일지 상상해본다. 그녀는 순환 경제를 통해 인류의 안녕과 지구위험 한계선(planetary boundaries)이 동시에 우선시될 것이라고 설명한다.

레이워스의 도넛 차트는 자원이 한정적인 지구에서 번영하는 인간 사회를 만들기 위해 요구되는 안전한 작동 범위를 시각화한다. 내부의 원은 평등과 정의 같은 필수조건들—건전한 문명의 타협 불가능한 지표들—을 나타낸다. 외부의 원은 환경적 지표들을 나타내는데, 이 지표들을 적절히 관리하지 않을 경우 우리의 실존이 위협받게 된다. 그녀의 생각은 간단하면서도 혁명적이다. 사회가 도넛의 안쪽에, 다시 말해 결과적으로 번영하는 세상으로 이어질 수 있는 안전한 중간지대에 위치하도록 하자는 것이다.

"순환 경제에는, 다른 말로 주기적인 경제에는 쓰레기 같은 게 없어요." 레이워스는 내게 말했다. "잘못된 장소에 놓인 자원이 있을 뿐이에요. 그냥 버리는 플라스틱은 물론 이산화탄소에도 적용되는 얘기죠. 한 과정에서 발생한 쓰레기는 다음 과정을 위한 연료가 되니까요."[1]

그것을 아주 강력한 의미에서의 재활용이라고 생각해보자. 모든 것을 재사용하는 데 그치지 않고, 모든 제조 및 생산 과정을 전면 개편해 쓰레기라는 개념 자체를 없애버리는 것이다. 우리가 원하는 목표에 도달하기 위해서는 혁신과 효율보다는 보수와 유지관리를 중요시하는 문화를 가진 사회가 필요하다.[2]

"오늘날의 선형적이고 퇴행적인 산업 시스템은 함부로 가져다가 만들고 사용하고 버리는 시스템(take-make-use-lose system)이에요. 우리는 재료를 취해 그걸 원하는 물건으로 만들고 한동안 사용하다가 그냥 내다버리죠."[3] 쓰레기의 개념이 사라진 사회에서는 사회 구성원이 일회용품 취급을 받는 일도 없을 것이라고, 레이워스는 내게 말했다.

레이워스가 이런 정보를 전달하는 방식은 참신하고 흥미진진했지만, 각자 분수에 맞게 살아야 한다는 건 그다지 새로운 개념이 아니다. 순환 경제는 '재생(regenerative)', '탈성장(degrowth)' 등 여러 이름으로 불리며, 이것은 우리의 욕구보다는 필요에 초점을 맞춘 지속가능성의 응용방식이다. 트랜스휴머니즘, 환경모더니즘, 혹은 완전히 자동화된 화려한 공산주의(Fully Automated Luxury Communism)—자동화 비중 확대를 통해 기록적인 노동생산성의 결실을 누릴 수 있다고 주장하는 사상—와 같은 탈결핍(post-scarcity) 경제이론 및 철학과 달리, 순환 경제는 성장을 위한 성장을 지양한다. 결핍이 실제로 존재하기 때문에, 또한 기후변화와의 총력전 속에 급변하는 사회에 걸맞은 타임스케일을 따르기 위해서, 더 나은 세상은 평등과 정의의 원칙을 핵심으로 삼아야 한다. 레이워스의 순환 경제는 모든 생명체가 소중하며 현재 모든 생명의 삶이 위험에 직면해 있음을 인정하는 가운데, 쓰레기를 최소화함으로써 모든 이들을 돌보는 사회의 능력을 극대화한다.

사막을 태양광 패널로 뒤덮거나 도로를 전기차로 채우는 것은, 단일 재배를 통해 전 세계의 기아 문제를 해결하는 것만큼이나 지속가능한 해결책이 아니다. 그런 시장 중심의 메커니즘은 우리를 애초에 이 진창으로 밀어넣었던 그 정체 상태를 강화할 뿐이다. 탈성장은 긴축을 의미하지 않는다. 그것은 우리가 우주에서 생명체를 품고 있다고 알려진 유일한 행성을 잘 돌보기만 한다면, 그 행성이 우리 모두를 위해 충분한 자원을 제공해줄 것이라는 믿음이다.

레이워스는 도넛 이론이 꼭 필요한 해결책의 틀을 잡는 데 도움이 된다고 말했다. 거기에 더해, 도넛 이론이 인류 문명의 운영 철학에 실질적 변화를 불러올 수 있다고 했다. 우리는 자연이 소모 가능한 자원이라는 생각을 버리고, 인간이 서로 연결된 시스템의 일부일 뿐이라는 생태적 인식을 받아들이게 될 것이다. 정의와 평등에 기반한 순환 경제는 모든 것을 균형 상태로 만들어줄 것이다.

2030년대에 나타날 경제 시스템은 도넛 이론에서 출발하겠지만, 그것은 그 누구도 상상하지 못한 형태로 변할 것이다. 벌써 주목받고 있는 몇몇 아이디어들은 사회가 작동하는 방식의 핵심 요소를 그려보는 데 도움이 된다. 우리의 노동, 우리가 만들어내는 모든 것, 우리의 관계는 새로운 현실에 깊이 뿌리내릴 것이다.

'자본주의'라는 용어에는 불필요한 뉘앙스가 많이 담겨 있으므로, 레이워스는 그 용어를 약간 수정해서 사용하는 것이 아니라 폐기처분해야 한다고 믿는다. 그것을 '사회주의', '공산주의' 혹은 다른 묵직한 용어로 교체하는 것도 지양해야 한다며 내게 이렇게 말했다. "그냥 번영에 대해서 생각해본 다음에, 번영하는 경제가 어떤 모습일지 떠올려보자고요. 우리는 과거의 낡은 유산인 '○○주의'를 버려야 해요."[4]

어떤 이름으로 불리든 간에, 혹은 거기에 어떤 정책이 포함되든 간에, 우리의 미래 경제가 어떤 모습일지는 이미 관심의 초점이 되고 있다.

탈성장 경제로의 전환은 어떤 느낌일까?

이렇듯 획기적인 아이디어를 실행으로 옮기는 것은 오늘날 관점에서 무서워 보일 수 있다. 이러한 아이디어가 신속한 지지를 얻기 위해서는 모호한 구석이 없어야 하고 염원이 담겨 있어야 한다. 부자가 더 부자가 되는 세상이 아니라 삶의 질 향상이라는 문명의 공동 목표와 함께, 우리는 역사의 새로운 장을 여는 데 필요한 모든 도덕적 명확성을 얻게 될 것이다.

우간다는 종 다양성과 다년생 작물을 중시하는 새로운 농업 방식의 시험 무대가 될 수 있다. 그곳의 공장들은 식물 기반의 플라스틱 대체재를 생산하기 시작할 것이고, 그것은 신설된 고속철도를 통해 아프리카 대륙 전역으로 수출될 것이다.

이란은 화석연료 생산의 중심에서 탄소 네거티브(carbon-negative) 시멘트 생산의 중심으로 변할 것이다. 그곳 대학들은 새로운 건축 스타일 개발을 책임지며 전 세계 건설업계에 혁명을 가져올 것이다.

카리브해의 섬들은 몹시 불안하고 착취적인 관광 기반의 경제에서 벗어나, 강력한 공동체 및 회복력의 정신으로 연안에서의 삶에 관한 더 넓은 철학을 만들어나갈 것이다. 그들은 새로운 형태의 파랑에너지 개발을 선도할 것이고, 그것은 전 세계 모든 연안 도시에서 환경에 피해를 주지 않고 사용될 수 있을 것이다.

미국의 경우, 디트로이트의 낡은 공장들이 이번 세기의 친환경 경제의 구심점으로서 다시 생산에 돌입할 수 있을 것이다. 탄소 제로 경제로의 전환을 가능케 하는 거의 모든 것들이 적어도 일정 부분씩은 이곳에서 생산될 것이다, 우간다에서 사용될 열차부터 배에 실려 여러 곳으로 수출될 전기온수기까지. 디트로이트 인구는 현재의 두 배로 늘어나, 이 도시가 연비 낮은 차량을 생산하며 호황을 누리던 시절을 넘어설지도 모른다.

인도부터 페루, 이집트에 이르기까지 전 세계의 작은 마을과 도시는 흥분과 기쁨으로 가득할 것이다. 우리 모두에게 어울리는 사회 건설을 통해 재앙을 피하겠다는 인류 공통의 목표를 발견했다는 사실을 자축하면서 말이다.

* * *

이러한 비전의 실현을 위해 레이워스가 상상했던 내용은 다음과 같다.

2040년이 되어 우리는 다시 범위 내로 돌아오기 시작했다. 우리는 모든 인간적 박탈감을 없애지 못할 것이고, 350ppm 이하로 돌아가지도 못할 것이다. 하지만 다시 한번 그 영역으로 돌아가기 위한 노력을 시작했다. 그렇다면 남은 질문은 이것이다. 앞으로의 경제 역학은 어떤 모습일까?

우선 우리가 사는 세상에서 각국 정부는 GDP의 점진적 변화에 초점을 맞춰 국가 차원의 경제 보고서를 발표하지 않는다. (…) 이번 분기 경제성장률이 2.0%였던가, 2.3%였던가? 그런 것은 이제 없다. 정부는 모든 사람의 사회적 욕구가 얼마나 충족됐는가에 관한 보고서를 발표하게 된다. 우리가 채택한 정책은 우리를 다양한 지구위험 한계선 안쪽으로 옮겨놓기 시작한다. 이것은 단지 기후변화에 관한 문제가 아니다. 우리는 이제 번영하는 지구에 대해 대화하고, 대중과 정부와 산업계는 다양한 지구위험 한계선에 관해 심도 깊은 논의를 한다.

우리는 지난 몇 년 사이에 탄소발자국에 대해 잘 알게 되었다. 하지만 2040년이면 다양한 지구위험 한계선과 관련된 탄소발자국을 더 잘 이해하게 될 것이다. (…) 이 도넛 이미지, 혹은 이와 유사한 것들이 성공의 척도가 될 것이다.

우리는 오늘날의 정치와 미래 사이에서 더 긴밀한 연관성을 확인하게 될 것이다. 정부는 더 많은 사회·생태적 책임을 지게 될 것이다. (…) 우리는 성장에 대해 이야기하지 않을 것이다. 번영에 대해 이야기할 것이다. 우리가 생각하는 경제발전에 관한 본질적인 은유가 달라질 것이다.[5]

기후 재앙의 악화 속에서 모든 사람을 돌보는 사회로의 급속한 이행을 시작하기 위해, 우리는 현재의 시스템보다—심지어 자본주의자의 눈으로 봤을 때도!—훨씬 더 매력적인 대안을 떠올려야 한다.

기후변화로부터의 해방은 생존뿐 아니라 번영을 목표로 한다. 글로벌 마셜플랜의 채택은 세계경제의 균형 회복을 도울 것이고, 빈부격차가 급격히 줄어들면서 수십억 명의 새로운 목소리와 희망과 꿈이 대화에 합류할 수 있을 것이다. 혁신적인 지식이 모든 곳에서 한꺼번에 쏟아지고, 다양한 의견, 음식, 옷, 밈(meme), 문화는 인류 역사상 어느 때보다 우리의 실존을 풍요롭게 할 것이다. 이것이 바로 해방의 느낌이 아닐까.

레이워스는 이처럼 상상력 넘치는 비전의 핵심 중 하나는 생산수단의 급진적인 민주화가 될 것이라고 말한다.

> 기술 발전과 더불어 이렇게 말할 수 있는 전례없는 기회가 생길 것이다. "우리는 단지 소득을 재분배하려는 것이 아니다. 우리는 부를 만들어내는 원천을 사전에 분배하고, 지식 생산과 공유와 구축에 대한 접근권을 사전에 분배하려는 것이다."

> 이것은 인구의 1%에게 수익을 몰아주는 대신, 경제를 통해 더 많은 분배 흐름을 만들어냄으로써 소규모 기업 소유 및 지역경제에 대한 재투자 측면에서 건전성과 균형을 확보한다. 아이디어는 전 세계가 공유하고 생산은 현지에서 책임지는 것이다.[6]

레이워스는 생산자-소비자에서 공동창조 및 공유로의 사고 전환이라는 관점에서 이것을 '관리 경제(stewardship economy)'라고 불렀다. 이것은 탈성장 경제에 내재된 낙관론이다. 우리는 이런 획기적 변화를 위해 이전과는 전혀 다른 방식으로 관계를 맺고 유지해야 한다. 우리는 함께 노력하는 세상에서 우리 모두가 번영할 수 있다는 것을 알게 될 것이므로, 경쟁이 아닌 협력에 집중하게 될 것이다.

푸에르토리코, 인도, 우간다 같은 지역은 정치경제적 자결, 배상금, 적극적인 기후행동을 통해 수백 년에 걸친 식민지배의 영향으로부터 벗어나기 시작할 것이다.

* * *

　자본주의 이후의 삶을 고민하는 동안, 우리는 지금이 파괴의 시기인 동시에 창조의 시기임을 깨닫게 된다. 수백 년간 지속된 낡은 패러다임—소수를 위해 나머지 모든 사람과 지구 생태계를 희생시키는 식민주의, 채굴, 백인 남성 중심의 사회—의 부패한 핵심 사상과 콘셉트를 파악하기 위해서는 그런 과정이 필요하다는 것도 깨닫게 된다.

　신뢰와 동의에 기반한 관계 사회(relational society)는 저절로 생겨나지 않는다. 우리가 힘을 쏟아 만들어내야 한다. 레이워스는 21세기 경제학자를 스프레드시트를 최적화하는 사람이 아니라 정원사로 묘사한다. 권력자뿐 아니라 우리 모두는 새로운 사회에서 어떤 문제가 중요하게 여겨질지에 관해 영향력을 행사해야 한다. 그러기 위해서는 지속적인 재생을 중요시하고 원칙적으로 모든 생명체를 보살피는 대화 기반의 세계가 꼭 필요하다. 그런 세계가 어떤 모습일지 한번 상상해보자.

2030~2032년: 기후 시대를 위한 직접민주주의

　2030년대 초에는 큰 변화가 요구되었다. 전 세계인들은 서둘러 그 변화를 이끌어내야 했다. 현상황의 시급성과 우리가 이전에 저지른 행동의 심각성으로 인해, 우리는 세계적으로 연결된 세상에서의 민주주의 실천을 다시 고민해야 했다.

　분권화된 의사결정과 직접민주주의는 상상조차 하지 못했던 규모로 새로운 현실로 정착했다. 2020년대 말, 글로벌 마셜플랜을 통한 지역사회 단위의 의사결정이 성공을 거둔 것에 뒤이어, 새로운 낙관론의 정서가 전 세계로 퍼져나갔다. 전 세계 지도자들은 그저 가능한 작업이 아니라 꼭 필요한 작업에 나서기 시작했다. 20세기 자본주의에 의해 형성되었으며 유의미한 수준의 기후 대응을 방해했던 단기적 사고의 위험을 우리 모두 힘을 모아 극복했다.

우리는 민주주의를 부자와 권력자의 희망사항을 인가해주는 장치가 아니라, 활발한 시민집회를 통한 자기결정권의 엔진으로 보기 시작했다. 2030년대 초, 인도에서는 성공적인 시민집회가 많이 열렸고, 그곳은 기후 재난의 중심이자 기후 해결책의 중심이 되었다. 세계 최대 민주주의 국가인 인도는 모든 이들의 목소리를 반영하기 위한, 다소 까다롭지만 필요한 첫걸음을 내디뎠다.

미국 전역의 수천 개 회의장에도 사람들이 모여 현재 펼쳐지고 있는 변화의 세부사항에 관해 직접 논의했다. 서서히 하지만 점점 커지는 자신감과 함께, 뿌리깊은 권력과 이익의 중앙집권화로부터 해방되었다. 또한 생산수단을 분산하고 재분배함으로써 국가 내에서, 그리고 마침내 경제 시스템 내에서 국민의 입장을 더 공정하게 반영할 수 있게 되었다. 재생경제를 수용함으로써 기후변화에 대해 목소리를 높일 수 있게 되었고, 그 과정에서 정의를 회복할 수 있었다.

미국, 중국, 유럽 국가들이 탄소 배출을 줄이는 10년 동안─이제 세계 최대 인구를 자랑하는 국가가 된─인도는 이산화탄소 최대 배출국으로 부상했다. 모든 면에서 인도는 극심한 기후변화에 가장 취약한 국가였다.

2030년대가 진행되는 동안, 인도의 장기 폭염은 더욱 심각해지고 최악으로 치달았다. 콜카타에는 매년 어김없이 폭염이 찾아왔고, 뭄바이,

델리, 첸나이도 주기적으로 끔찍한 폭염에 시달렸다. 8억 명 이상의 사람들이 잠재적으로 치명적인 고온에 일상적으로 노출되었다.

이번 세기말이면 인도의 기온이 섭씨 77도—인간이 물리적으로 생존할 수 없는 온도이며 지구가 최소 지난 5억 년간 경험해보지 못한 온도—까지 오를 것으로 예상되는 가운데, 인도인들은 냉방이 기본적 인권이라고 목소리를 높였다. 그들은 전기, 의료, 주거, 보편적 기본소득에 대한 권리와 더불어, 냉방시설이 없는 곳에 거주하는 인도인 3억 명에게 냉방을 제공해야 한다고 주장했다.

직접민주주의로의 이행과 폭넓은 사회안전망 덕분에, 인도는 글로벌 지정학의 도덕적 중심으로 부상했다. 다른 국가들은 인도를 역사적으로 소외당했던 지역사회를 배려하는 정책, 그에 따라 더 나은 재생경제, 더욱 평등한 사회를 만들기 위한 정책의 실천 모델로 여기기 시작했다. 모든 결정에는 승자와 패자가 생기기 마련이다. 수백 년간 좋은 삶으로부터 구조적으로 배제당했던 수많은 사람들이 마침내 승자로 부상하기 시작했다.

아프리카 전역의 국가들은 인도의 선례를 따라 비슷한 정책을 도입했고, 전력을 사용할 수 없었던 5억 명의 아프리카인들은 마침내 나머지 세상과 연결될 수 있었다. 오랫동안 식민주의와 착취적 관행의 희생양이었던 아프리카는 2030년대에 접어들어 평화, 번영, 약속의 모델로 떠올랐다. 2030년대가 끝날 무렵, 대다수 아프리카 국가들은 중위소득 국가로 도약했다.

비슷한 이치로, 허리케인 마리아가 강타한 지 20년 뒤, 푸에르토리코는 한때 강탈당했던 부와 자원으로부터 혜택을 받기 시작했다. 허리케인 마리아 이후 2020년대에 푸에르토리코에서 펼쳐졌던 환경정의운동, 예컨대 푸드뱅크 운영이나 빈 건물을 수리해 주민시설로 활용하는 사업 등은 마침내 번영하는 지역경제의 형태로 효과를 드러내기 시작했다.

마리솔 르브론 교수는 이렇게 말했다. "허리케인이 지나간 후, 사람들은 조직적으로 움직였어요. 그리고 이렇게 말했죠. '연방정부나 지방정부가 뭘 하든 말든, 우리는 우리 자신을 지키고 지역사회의 안전과 회복력을 키우기 위해 필요한 일을 할 것이다.' 사람들은 그런 일을 해내기 위한 새로운 방법을 고민하기 시작했죠."[7]

푸에르토리코 전역에서 풀뿌리 프로젝트들이 기후변화 관련 문제와 허리케인 마리아로 인해 가장 취약해진 사회·환경적 문제를 해결했다. "사람들은 지역사회 단계에서 자기 손으로 문제를 해결하려고 노력하기 시작했죠." 르브론은 내게 말했다. "환경과 인간이 환경에 미치는 영향에 관해 사람들에게 알리는, 느리고 힘든 작업을 작은 규모로 진행했어요." 푸에르토리코 주민들은 땅을 되찾고 에너지 독립을 위해 싸우는 것이 자신들에게 달렸음을 알았다. 다음번 기후 관련 재앙이 언제든지 그들을 쓰러뜨릴 수 있었기 때문이다. 동시에 그들은 최소한의 정부 개입만으로 시민들은 충분히 살아갈 수 있고 그래야만 한다는 신자유주의와 신자유주의적 논리에 저항했다. 그들은 지역사회의 회복과 번영에 필요한 자원과 서비스를 정부가 지속적으로 지역사회에 공급할 것을 요구했다. 이러한 호혜적 동반자 관계에 대한 요구는, 다소 늦은 감이 있지만 2030년대에 푸에르토리코, 인도, 아프리카 등 전 세계에서 펼쳐진 탈식민화 트렌드의 핵심이었다. 식민지 개척을 통해 건설된 캐나다, 미국, 멕시코 같은 나라에서는 정부가 원주민 자치국들에게 토지를 돌려주기 시작했다.

2033~2038년: 새로운 세계 건설

2030년대에는 선진국부터 개발도상국에 이르기까지 사회 곳곳에서 급격하고 지속적인 변화가 일어났다. 2018년에 IPCC는 그런 변화가 필요하다고 했으므로, 우리는 그 조언을 따랐다.

미국인들은 물질보다 인간관계에 시간을 쏟는 것이 더 낫다는 것을 깨달았다. 따라서 단독세대 주택과 자동차 기반의 주거지라는 기본 생활방식이 불필요해졌다. 수많은 시의회 및 지역 개발계획 회의에서의 투표를 거친 뒤, 사람들은 그들이 사는 지역을 재정비하는 데 동의했다. 듀플렉스와 트리플렉스 주택이 기본이 되었고, 많은 사람들이 친구와 가족으로부터 멀리 떨어진 동네나 지역이 아니라 옆집에 살게 되었다. 대중교통과 자전거 기반시설에 대한 대규모 투자 덕분에, 안전하고 저렴하고 효율적인 이동이 가능해졌다. 중소기업과 소상공인이 다시 활기를 띠게 되었다.

각 개발도상국의 정부는 기후 현상의 악화와 화석연료 경제로 인한 대기·수질·토양·소음 공해를 감안해 이 위기를 만들어낸 기업과 국가로부터 거둬들인 막대한 배상금을, 공중보건과 웰빙을 위해 최우선적으로 사용하기로 결정했다. 성공적인 법정 공방 끝에 마련된 이 배상금은 2020년대 유엔 정상회담 합의사항의 이행을 도왔다. 새로운 병원, 학교, 도서관, 공원, 문화시설―삶을 풍요롭게 하는 기본적인 토대―이 건설되면서 오랫동안 세계경제 속에서 약자였던 사람들에게 혜택이 돌아갔다. 전 세계 대부분 지역에서, 기후변화에 적응해나가는 일상적인 경험은 자본주의 체제 속에서는 결코 불가능한 방식으로 더 많은 사람이 생존하고 번영할 수 있는 기회를 의미했다. 전 세계에 10억 개의 신규 일자리가 생겨났고, 수십조 달러가 단 하나의 목표 달성을 위해 지역사회에 투입되었다. 그 목표는 모두를 보살피는 방식으로 인류 문명을 재건하는 것이었다.

* * *

2030년, 전 세계 인구의 3분의 2가 도시에 살게 되었다. 이것은 새로운 접근법을 요구했다.

내가 거주하는 미네소타주 세인트폴은 2010년대에 개발계획을 내놓으며 2040년까지 획기적인 변화를 이뤄내기로 했다. 나는 내 주변에서 펼쳐지는 이런 변화를 목격했다. 세인트폴은 '미국에서 가장 살 만한 도시'로 홍보되었지만, 다른 곳과 마찬가지로 이곳에서도 극단적인 기후변화가 나타났다. 아무 조치도 취하지 않을 경우, 이번 세기말이면 폭염 일수가 기존의 세 배, 강우량은 50% 늘어날 터였다.

세인트폴은 획기적인 변화를 이뤄내기 위해 다음과 같은 조치를 도입했다.

- 도시 내 모든 건물을 리모델링해 신재생에너지만으로 전력을 공급한다.
- 지역사회 소유의 태양광 정원을 설치한다.

- 주차시설을 없애고 혼잡세를 부과하고 고속도로를 제거함으로써 차량 운행을 40% 줄인다.
- 최종 단계 이동수단으로 자율주행 전기차량, 전기자전거, 전기스쿠터를 허용한다.
- 수백만km 길이의 자전거 및 보행자 전용도로를 모든 길가에 신설한다.
- 쓰레기 발생을 80% 줄인다.

중서부의 심장인 세인트폴의 계획은 뉴욕이나 캘리포니아주 도시들의 계획에 견줄 만한 규모와 야망을 자랑했으며, 무탄소 도시가 가능하다는 것을 전국에 증명했다. 세인트폴의 성공으로 인해 국내외에서 비슷한 계획이 많이 발표되었다. 바로 강 건너에 위치한 미니애폴리스는 전면적인 변화를 위한 단기 비전을 발표하며 단독주택 구역을 없애기로 결정한 미국 최초의 도시가 되었다.

내 아들들이 고등학생인 2033년, 새로운 전차 노선이 내가 사는 동네인 하일랜드 파크(Highland Park)를 지나가게 되었다. 오래된 포드 생산 공장이 있던 곳이 완전히 새로운, 자전거 및 보행자 친화적인 무탄소 동네로 개발되었다. 이 건설 프로젝트는 2040년대에 완공되었다.

차량 없는 도시라는 세인트폴의 비전이 실현되면서 이 도시의 모든 주민은 교통 중심지에서 반경 400m 이내에 거주하게 되었다. 교통 중심지는 전동스쿠터를 충전하고 버스를 갈아탈 수 있는 곳으로, 교통체증이 없는 진정한 교통의 유토피아였다.

2030년대 초, 미국이 확장판 그린뉴딜을 실시하는 가운데, 우리는 공감과 친밀함을 키울 수 있는 체계적인 방법을 집중 연구하기 시작했다. 이것은 지속적인 변화의 시대에 지역사회의 회복력을 키워줄 터였다.

세인트폴 최초의 흑인 시장으로 당선된 멜빈 카터(Melvin Carter)는 2018년 취임연설에서 이 도시의 과거와 미래를 연결하는 자신의 이야기를 들려주었다. 카터가 자란 동네인 론도(Rondo)―그곳에는 카터 조부모의 묘소도 있었다―의 일부 지역은 1950년대에 94번 주간고속도로 건설을 위해 철거되었다. 그 동네는 결국 완전히 회복되지 못했지만 카터의 비전은 더 나은 미래를 상상했다. "우리는 형평성이란 것이 지금 잘사는 사람들에게 등을 돌리는 것이 되지 않을까 두려워합니다." 카터는 취임연설에서 말했다. "자전거, 밀집도, 교통시설이 우리가 사는 동네를 바꿔놓지 않을까 두려워합니다. (…) 우리는 부모 세대의 전통을 지키는 것과 우리 아이들에게 마땅히 어울리는 도시를 건설하는 것 중에 하나를 선택해야만 하는 상황을 두려워합니다. 저는 그런 두려움을 잘 이해합니다. 그 고속도로로 인해 제 가족은 모든 것을 잃었기 때문에, 저는 변화가 무섭다는 것을 누구보다 먼저 인정할 수 있습니다."[8]

론도는 흑인 문화의 활발한 중심지로서 100년 이상의 역사를 가진다. 미국 연방주택관리국은 1934년 차별적인 주택담보대출 가이드라인을 제정했으며, 은행 입장에서 고위험 지역으로 여겨지는 론도 같은 저소득 흑인 밀집지역은 지도상에 빨간 줄을 그어 따로 표시했다. 이러한 특별경계지역 설정의 여파는 다른 도시와 마찬가지로 세인트폴에서도 수십 년간 이어졌고, 이런 동네는 언제든 갈아엎을 수 있다는―백인 위주의 사회기반시설 건설을 위해 희생될 수 있다는―인상을 남겼다. 저소득 지역의 주민들이 너무 오랫동안 제대로 된 인도나 보행자 친화적인 기반시설 없이 살아야 했던 이유는, 그곳이 돈 많은 사람들이 교외를 오갈 때 이용하는 도로로 바뀌었기 때문이다. 그로 인해 유색인들은 백인 환경주의자들이 제안한 대규모 기반시설 프로젝트에 대해 회의적일 수밖에 없었다. 하지만 이런 프로젝트들이 2030년대에 모두에게 혜택을 가져다주기 시작하자, 인종이나 사회경제적 배경과 무관하게 대중의 인식은 서서히 바뀌었다.

그린뉴딜에는—세인트폴뿐 아니라 중서부 전역과 동서부 해안도시에서—수세기 동안 지속된 인종차별을 비롯한 여러 차별을 바로잡기 위해 평등과 정의에 관한 적극적인 정책이 포함되었다.

2033년, 카터의 기후 계획에 포함된 고속도로 철거 프로젝트는, 20세기 말의 특별경계지역과 자동차 문화가 앗아갔던 것의 일부를 복구하는 데 도움을 주었다. 새롭게 태어난 론도는 과거의 실수를 바로잡고 함께 앞으로 나아가는 일은 언제 해도 결코 늦지 않다는 교훈의 상징이 되었다. 차량 기반시설을 철거하는 계획과 더불어, 카터는 보편적 주거 보장 계획을 통해 연방정부의 자금지원을 얻어 수십 년 전 파괴된 동네를 재건했다. 세인트폴 주민들은 이 건설 프로젝트를 비롯한 수많은 일자리에 고용되었고, 촘촘한 사회안전망의 혜택—무상 의료서비스와 교육, 모든 미국인이 본인의 꿈을 추구하며 살 수 있도록 기본적 생존을 보장하는 보편적 기본소득 등—을 누렸다. 또한 강탈당한 흑인 지역을 재건하는 동시에 수백 년 전 빼앗긴 원주민들의 땅을 재건하기 시작했다. 2040년, 세인트폴은 모든 주민을 돌보는 모범적인 도시가 되었다.

"우리 모두는 세인트폴에서 엄청난 역경을 극복하고 희망을 발견한 이민자들과 망명자들의 후손입니다." 카터는 2018년 연설에서 말했다. "그들이 우리를 위해 건설한 이 아름답고 다양성이 돋보이는 도시는 우리의 미래를 향한 입장권입니다."[9]

2030년대 탈식민화와 혁신적 변화의 실제 모습은 이와 같았다.

* * *

서부 해안에서 대형 산불이 계속 발생하는 가운데, 사람들은 어려운 결정에 직면했다. 이곳에 머물러야 할까, 아니면 떠나야 할까? 강우와 폭염 패턴의 변화로 지역 생태계는 비정상적인 속도로—과학자들의 예상보다 수십 배 빠른 속도로—북쪽으로 이동했다. 주택 건설 및 위치 선정 방식의 신속한 변화가 없었다면, 캘리포니아주 사람들은 걷잡을 수 없는 산불에 의해 숲 가장자리의 마을과 동네를 더 많이 잃었을지도 모른다.

캘리포니아주는 어떻게 화염과의 싸움에서 승리할 수 있었을까?

혼돈의 불길로 빠지는 것을 막기 위해서 개개인의 생활방식을 영구적으로 바꾸고, 캘리포니아주에 대한 사람들의 인식을 영구적으로 바꿔야 했다. 주택 건설 및 위치 선정 방식을 변경하는 것은 2030년대의 난제 중 하나였다.

"산불이 발생했던 숲에 집을 짓는 것은 좋은 생각이 아니었죠."〈샌프란시스코 크로니클〉의 기자 리지 존슨은 캘리포니아주가 이런 변화를 도입하기 이전에 내게 말했다. "우리는 인간이 자연과 싸워 이길 수 있다는 사고를 중단해야 해요. 어느 시점에는 그게 불가능하기 때문이죠. 자신의 약점을 인정해야만 해요."[10]

존슨에 따르면, 이러한 심경 변화의 열쇠는 우리에겐 변화를 이끌어낼 힘이 있다는 깊은 깨달음이다. "어쩌면 지금 이 시기는 역사책에 이렇게 기록될 수도 있어요. '상황이 아주 안 좋아질 뻔했다. 캘리포니아에는 한때 초대형 산불이 발생하곤 했다.' 2018년과 같은 해는 다시 없을 것이므로, 사람들은 2018년을 돌아보며 연구를 하게 될 테죠."

캘리포니아주 사람들과 그 지역의 대표들은 서로 협력해, 토지 관리와 주변 지역사회의 개발 및 보존 방식과 관련해 대대적인 변화를 시행했다. 캘리포니아 주정부는 2045년까지 100% 청정에너지와 경제 전반에 걸친 탄소 중립 달성이라는 목표를 향해 나아가는 동시에, 주 전체의 화재 진압 및 연료 관리 프로그램을 위한 자금을 확대했다. 또한, 패서디나부터 패러다이스까지 고위험 지역 주민들은 좀더 선제적으로 토지를 관리하고, 거주지 주변의 초목을 제거하고, 현지에서 생산한 벽돌과 탄소 네거티브 콘크리트 등 내화성 건축자재로 집을 지었다. 이러한 집단행동과 개인행동은 2030년대의 일관된 주제라 할 수 있는 미래의 화재 관리와 탄소 배출 감소에 도움을 주었다.

* * *

전 세계 도시들은 2030년대에도 계속 성장했기 때문에, 우리는 현재 진행중인 기후 비상사태를 인정하고 가장 시급한 문제를 해결하는 방식으로 건설과 계획을 진행할 수 있었다. 애틀랜타부터 시애틀까지

도시 공간을 재구상하는 지속적인 노력은 기존 기반시설에서 콘크리트를 제거하는 데 집중되었고, 이것은 홍수와 폭염 감소에 장단기적인 효과가 있는 것으로 드러났다.

콘크리트의 주요 성분인 시멘트는 인류 문명이 가장 널리 사용하는 재료이다. 시멘트는 석회암에 강한 열을 가해서 만드는데, 이때 두 단계에 걸쳐 이산화탄소가 배출된다. 첫번째는 화학반응의 부산물로서, 두번째는 석회암에 열을 가하기 위한 화석연료 연소의 결과로서 말이다.

주차장, 도로, 건물을 덮은 콘크리트는 극심한 열기와 심각한 홍수의 영향을 악화시킨다. 콘크리트를 줄인다는 것은 녹지가 늘어난다는 뜻이고, 달리 말해 공원이 늘어나고 극단적인 날씨로 인한 사망자가 줄어든다는 뜻이다. 주택 밀집도를 높이고 지붕에 식물을 키우면, 차가 없고 더 걷기 좋은 도시를 만들 수 있다.

무탄소 세상을 만드는 가장 빠른 방법은 죽은 공룡의 잔해를 태워 열과 에너지를 얻는 일을 중단하고, 모든 이동수단과 냉난방의 에너지원을 전기로 대체하는 것이었다. 무탄소 에너지원으로부터 더 많은 전기를 얻을수록 전기는 저렴하고 효율적인 에너지가 될 수 있었다. 이것은 공기와 수질 개선뿐 아니라, 에너지 소유권을 전국으로 더 넓게 분배하는 데도 도움을 주었다. 이러한 시도는 노동시장에 새로운 기회를 제공했고 새로운 녹색 산업의 성장을 촉진했다. 저렴하고 지속가능한 주택과 무탄소 기반시설의 발전을 통해 이전까지 소외되었던 지역사회가 활기를 되찾았다.

철과 강철 등 탄소 배출 감소가 여의치 않은 산업에서는 탄소 배출이 계속될 수밖에 없었다. 2020년 철강산업은 전체 탄소 배출의 거의 25%를 차지했다. 이 산업 분야를 탈탄소화하는 전국적인 노력은 2030년대에 구체화되기 시작했다. 시대정신에 따라 우리는 기술적 한계와 비용 증가로 인한 어려움에도 불구하고, 탄소 배출을 상쇄할 수 있는 대체 상품에 투자했다. 철광석을 추출하고 생산하는 과정에서 발생하는 이산화탄소를 줄이는 것이 시급했다. 더이상 행동을 미루는 사치를 부릴 여유가 없었다.

부상하는 순환 경제의 중심축인 전기 아크로(arc furnace)가 제련 업계에서 사용되던 낡은 용광로를 대체하기 시작했다. 이제 100% 무탄소 전기를 이용해 전 세계 강철 수요의 상당 부분을 재활용 강철로 공급할 수 있게 되었다. 동시에 직교적층목재(cross-laminated timber, CLT)를 이용한 목재 초고층건물이 인기를 끌면서 강철 수요가 급감했고, 세계경제는 기후를 안정화하는 동시에 수요공급의 균형을 빠르게 회복했다. 직경이 작은 나무들을 붙여 만든 직교적층목재는 강철 및 콘크리트와 비슷한 강도를 자랑하면서도 무게가 아주 가볍다. 이런 목재로 지은 건물은 탄소를 저장하는 공간으로 바뀌었는데, 이로써 건축 과정이 기후에 미치는 영향은 기존과 정반대가 되었다. 한 연구에 따르면, 43m의 고층건물을 목재를 이용해 짓는다면, 그 건설 과정의 탄소발자국은 75%나 줄어들 수 있었다.[11]

창의력과 실험정신은 2030년대 내내 진행된 획기적인 재창조의 특징이었다. 현상유지에 기여했던 낡은 패러다임과 관행은 혁신적인 패러다임에 자리를 내주었고, 전 세계 사람들은 우리가 함께 노력할 때 세상이 어떻게 바뀔 수 있을지 다시 고민하게 되었다. 대중의 머리와 심장을 사로잡은 이러한 정신은, 실존적 위기에 맞서는 집단적 목적의식과 국제적인 공감의 문화에 뿌리를 두고 있었다. 2030년대에 우리는 더 나은 세상이 가능하다는 것을 깨닫기 시작했다. 우리 주변에 그런 세상이 찾아오는 것을 실제로 목격했기 때문이다.

* * *

민주주의 시스템부터 경제에 이르기까지, 우리는 기후 비상사태가 우리의 이웃에게 어떤 의미인지 고려하기 시작했다. 그 이웃이 어디에 살든 간에 말이다. 우리 자신의 최대 이익뿐 아니라 이웃의 최대 이익까지 고려해 최선의 선택을 했다. 10년 전만 해도 불가능해 보였던 이 타적인 의사결정과정이었다. 돌이켜보면, 여행에 대한 생각을 바꾼 건 가장 잘한 일 중 하나였다.

모든 가스 및 석유 기반 이동수단의 이용이 단계적으로 중지되는 가운데, 우리는 항공 여행도 단계적으로 중단해나갔다. 혹은, 적어도 우리가 알고 있던 형태의 항공 여행은 사라졌다. 비행기 여행은 우주여행을 제외한다면, 화석연료 사용량이 가장 많은 단일 활동이었다. 대대적인 변화가 없다면 항공업계는 2050년까지 700배 성장할 예정이었고, 이것은 1.5도라는 기후 목표 달성을 위한 다른 모든 노력을 무력화하기에 충분했다. 2010년대에 미국 대륙을 횡단하는 왕복 항공 여행은 인도에 사는 한 사람이 1년 치 배출하는 것과 맞먹는 이산화탄소를 배출했다. 항공 여행의 상대적인 용이성, 효율성, 저렴한 가격으로 인해 그것을 선택할 수밖에 없었다. 즉흥적으로 대륙 횡단 여행을 계획하는 것은 우버(Uber) 차량을 이용하거나 심리스(Seamless)에서 식사를 배달 주문

하는 것만큼 쉬웠다. 하지만 비행기 여행은 점점 더 정당화하기 어려운 사치가 되었다. 우리의 많은 가족과 친구들이 전 세계에 흩어져 산다고 하더라도 말이다.

첫 단계는 항공기 전체 면적의 30~40%를 차지하는 일등석과 비즈니스석을 없애는 것이었다. 이후 개인용 제트기에 대한 세금을 늘렸다. 우리에겐 제트연료로 인한 탄소 배출을 상쇄할 수 있는 가벼운 배터리 기술이 없으므로, 배터리 기술 혁신이 나올 때까지 항공 여행에 대한 모라토리엄을 선언해야 한다는 사실을 우리는 마침내 깨달았다. 그 무렵, 전 세계 모든 도시는 시민들에게 편리하고 저렴한 여러 무탄소 교통수단을 제공하고 있었다. 나무 심기처럼 탄소 배출을 상쇄한다고 알려진 해결책도 기후 비상사태 속에서는 충분하지 않았고 지속가능하지 않았다. 개발도상국들이 자급 농업을 위해 써야 할 땅에 나무를 심는다고 해도, 이 나무들은 두 시간 비행을 통해 배출되는 탄소를 상쇄하기 위해 수십 년간 그 자리에 서 있어야 했다. 정의의 관점에서 가장 좋은 선택은 연대의식을 품고 비행기 여행을 전면 중단하는 것이었다. 위대한 세대(Great Generation)가 2차대전 당시에 설탕 없이 살았던 것처럼 말이다.

이러한 제약이 더해지면서 빠르고 믿음직하고 편안한 장거리 여행에 대한 수요가 자연스럽게 생겨났다. 다행히도 미국은 그 수요를 위한 시설에 자금을 댈 수 있었다.

미국은 10년간 수천억 달러를 투자한 끝에, 2030년대 초에 세계적인 수준의 초고속열차 네트워크와 하이퍼루프(hyperloop, 미국 전기차 회사 테슬라의 창립자인 일론 머스크가 제안한 캡슐형 초고속 열차―옮긴이) 시스템을 거의 완공했다. 대서양 횡단 여객선들이 운행을 시작했고, '그레타 툰베리' 호를 타면 뉴욕에서 런던까지 이틀 만에 닿을 수 있었다. 여행은 다시 즐거운 일, 효율성까지는 아니더라도 탐험과 경험으로 가득한 모험이 되었다. 우리 모두는 죄책감 대신 자부심을 느끼며 여행을 즐길 수 있게 되었다. 한편 몰입도가 높은 가상현실 비즈니스 미팅이 대면 미팅을 대체했고, 가상현실 업계는 현실 세계의 휴가와도 경쟁하기 시작했다. 파리, 런던, 도쿄 같은 국제도시는 물론 화성처럼 다른 행성도 오후 한나절이면 쉽게 다녀올 수 있는데, 왜 시간과 에너지를 써가며 몸을 움직인단 말인가? 그렇다고 여행을 포기하지는 않았다. 순환 경제의 효율성과 자동화 기술, 기본소득, 주 4일 근무제가 합쳐져 이제 모든 사람이 여유롭게 느린 여행을 즐길 수 있다. 항공 여행의 대안들이 너무 쾌적하기 때문에 항공 여행을 별로 그리워하지 않는다. 기차와 여객선에서 편안히 휴식하고, 더 친숙하고 널찍한 공간에서 사람들과 어울린다. 여행의 과정 자체가 목적지보다 더 즐겁게 느껴질 정도다. 미래의 우리는 모든 곳에서 세상을 보고 사람을 만나며 더 많이 연결되고 공동체 의식을 키워나간다. 우리가 한때 불가능하거나 심지어 불편하다고 여겼던 방식으로 말이다. 장거리 여행의 이유와 수단을 다시 고민함으로써 교통수단의 혁신을 가져왔으며―현대 제트 여객기의 발명 이후 최초로―시간과 공간을 통해 우리의 몸을 가장 자유롭게 움직일 수 있는 방식을 고려하게 되었다.

세계는 더 작아졌고 지역사회들은 더 가까워졌다. 우리는 미래의 지구를 위한 공통의 비전을 품고 소속감과 일체감을 존중하고 키우는 새로운 방식으로, 자유롭게 생각을 교환하고 공간을 공유한다.

* * *

2035년, 글로벌 탄소 배출이 마침내 급감하기 시작하면서 2020년 수준보다 50% 이상 줄어들었다. 기온은 여전히 상승중이었지만, 우리는 1.5도 기온 상승을 저지하는 데 성공했다. 우리는 개인행동과 집단행동을 통해 탄소 배출이 줄어들기 시작하는 재생의 시기인 '위대한 드로다운(Great Drawdown)'의 한가운데에 있었다. 이러한 노력이 가장 돋보인 곳은―혹은 가장 필요한 곳은―농업 분야였다.

운전과 비행, 주택 난방과 조명, 심지어 강철과 시멘트 생산보다 인류가 지구에 더 큰 흔적을 남기는 분야가 있다면 그건 바로 식량 산업이다. 토양, 물, 식량, 탄소는 밀접하게 연결되어 있으며 인류의 식물 재배 문화의 기초를 구성한다. 지역사회가 통제하고 생물다양성에 기반한 식량 시스템은 전 세계적인 표준으로 여겨졌다. 화석연료 사용을 시발점으로 20세기 내내 경쟁적인 기업형 농업과 기계화가 진행되기 전까지는 말이다. 토지가 헤지펀드의 투자 수익 대상으로 여겨지게 된 순간부터, 그것은 토양 건전성이나 생산 식량의 품질이 아니라 이윤을 극대화하는 방식으로 관리되기 시작했다. 21세기 전반의 놀라운 기술적 발전에도 불구하고―애리조나주 농지에서는 물 한 방울도 낭비되지 않도록 GPS를 이용해 수평을 잡았다―상품농업계는 너무 오랫동안 상상력을 발휘할 줄 몰랐고, 기본적으로 똑같은 작물만 생산하는 기존의 단일재배 방식에 의존했다. 이로 인해 현지 생태계는 물론 전 세계의 환경이 파괴되었다.

농업, 특히 유축농업은 지구 표면을 완전히 다른 모습으로 바꿔놓았다. 유축농업은 우리를 대량멸종의 위기에 빠뜨린 주원인 중 하나로, 전 세계의 경작 가능한 땅의 50%와 전 세계 담수 공급의 80%를 사용한다. 2020년대 초, 인도가 지하수 고갈 문제를 해결하고자 힘쓰는 가운데, 식수를 정기적으로 확보하지 못하는 인도인이 5억 명에 달했다. 한편 대규모 홍수, 가뭄, 폭염은 전 세계 작물 생산을 위협했다. 기온 상승으로 인해 증발산이 가속화되면서 농부들은 예전과 비슷한 양의 작물을 수확하기 위해 더 많은 물을 사용해야 했다. 온난화로 인해 미국의 물 수요는 지속가능하지 않은 수준으로 치솟았다. 강우량 예측을 통해 농사를 짓던 마을들은 변덕스러워지는 날씨 탓에, 어느 정도 안정적인 생산을 확보하기 위해 지하수를 끌어 쓸 수밖에 없었다. 농업 분야의 불확실성은 미국과 인도 양국에서 수천 명의 농부들을 자살로 내몰았다.

인간활동 때문에, 21세기 초 지구의 토양, 물, 탄소, 영양소 순환계는 거의 못 알아볼 정도로 망가졌다. 이러한 순환계를 연구하는 학문인 생물지질화학은 지구 생명유지시스템이 완전한 붕괴의 초입에 들어섰으며 이것은 대량멸종과 동등한 수준의 위기라고 했다. 생물지질화학자들은 지구의 경작 조건과 2억 5200만 년 전의 해양 상태를 비교하면서 또다른 '대멸종'을 경고했다. 세계는 이 엄중한 경고를 마침내 심각하게 받아들이기 시작했다.

미국의 심장부부터 우간다의 들판에 이르기까지, 우리는 착취가 아닌 재생 기반의 농업을 실천함으로써 지구적 제약 속에서 생존하는 방법을 배우기 시작했다. 산업형 유축농업에서 급속히 멀어지고 식물 기반의 육류 대체식품이 인기를 끌면서 농업에 대해 다시 생각하는 계기가 마련되었다. 산불이 건전한 산림 생태계를 위해 필수적인 것처럼, 건전한 초원 생태계를 위해서는 방목 동물이 필요하다. 하지만 우리가 지난 100년간 해왔던 방식은 모두 틀린 것이었다.

캔자스주에서 계절은 농업활동의 이름을 딴 것으로—건초 시기, 분만 시기, 수확 시기 등—우리가 자연의 순환을 조작하는 대신 거기에 순응하며 살았던 오랜 옛날부터 전해져 내려온다. 그곳에서는 생계형 사냥과 대형 가축의 소규모 사육이 늘 허용되긴 했지만, 농부들은 더 나은 미래를 위해 과거의 실패한 모델을 버리기 시작했다. 들판이나 픽업트럭 안에서 믿음직한 친구들과 함께 날씨 이야기를 많이 나누었고, 역사를 공유하는 사람들 사이에서 조언과 격려의 말이 오갔다. 이런 친근한 대화는 농부들이 산업형 농업에서 멀어져, 땅과 좀더 지속적이고 장기적인 관계를 맺는 것을 도왔다. 이로써 축산업과 식물 생태계에도 새로운 생명의 시대가 찾아왔다.

전 세계적으로 확대되는 농민 권리 운동은, 기업으로부터 빼앗은 토지 통제권을 그 땅에 오래 살고 일했던 사람들에게 돌려주고자 했다. 총 20억 명에 달하는 소규모 생계형 농민들은 자신들의 땅에 대한 권리를 재확인했고, 그들과 그들이 속한 공동체에 가장 알맞은 농업 방식을 도입하기 시작했다.

마찬가지로, 캔자스주의 연구자들은 완전히 다른 농업 비전을 목표로 삼았다. 살리나에 위치한 토지 연구소(Land Institute)는 인간과 각종 동식물을 위한 생태·사회적 시스템을 향해 나아가기 위해, 수십 년간 다년생 작물 재배를 연구해왔다. 이 연구소는 농업을 산업 생산이 아닌 돌봄에 가까운 것으로 인식하며 밀과 옥수수 같은 상품작물의 다년생 대체 작물을 키웠다. 이들 작물이 미래의 캔자스 지역사회 및 자연과 잘 어우러질 수 있을지 고민하면서 말이다.

2030년대 말, 미국의 하이 플레인스(High Plains)는 예전과 같은 초원의 모습을 되찾았다. 초원은 숲보다 더 많은 양의 탄소를 더 오랫동안 잡아둘 수 있기 때문에, 땅주인들은 자신들의 초원에 탄소를 저장해두는 대가로 돈을 벌기 시작했다. 경제 호황이 뒤따랐다. 농부들은 노는 땅에 풍력 및 태양광 발전소를 세웠다. 캔자스주부터 캐나다까지 오랜 침체를 겪었던 시골 마을들이 활기를 되찾았다.

미국 농촌을 위한 확장판 그린뉴딜 시행에 나섰다. 이것은 우리가 함께 노력할 때 가능한 건전한 생태계와 건전한 지역사회의 모습을 상상하는 과정이었다. 농업은 결국 미래에 대한 헌신이다. 당신의 후손에게 남길 수 있는, 손에 잡히는 형태의 선물이다. 비농업인들도 이런 노력에 동참했다. 엘파소에서 셔먼 오크스에 이르기까지 전국의 다양한 도시에서 사람들은 마당 잔디밭을 갈아엎었다. 2020년 당시 잔디는 미국에서 가장 물을 많이 소비하는 식물로, 옥수수, 밀, 과수의 물 사용량을 합친 것보다 더 많은 물을 사용했다. 매년 수천만kg의 제초제와 살충제가 잔디밭에 뿌려져 토양오염을 야기했고, 미국 도심의 물 사용량 중 대략 절반이 잔디를 위해 쓰였다. 잔디를 포기함으로써 물 공급과 수질, 탄소 저장, 식량 생산, 주변 환경에 대한 개인적인 즐거움 등 여러 문제를 동시에 개선할 수 있었다. 마당에 잔디 대신 밤나무를 한 그루 심으면 매년 약 9kg의 먹거리를 얻을 수 있다. 이것이 50년간 지속된다고 할 때 그 가치는 1만 달러에 달한다. 또한 마당에 크리핑 타임(creeping thyme)을 심어놓으면 걷기 좋고 아름다운 풍경이 완성되는 동시에 물을 과도하게 사용할 필요도 없어진다.

더 큰 규모로 볼 때, 텍사스주부터 사우스다코타주, 노스다코타주까지 수천km씩 뻗어 있는 미국의 새로운 국립공원은 자유롭게 떠도는 물소떼의 서식지가 되었다. 그곳은 매년 1억 톤의 탄소를 추가적으로 저장했고, 미래세대를 위해 오갈랄라 대수층의 지하수 고갈을 막는 역할을 하게 되었다.

우리의 도시 재구상 이후에 찾아온 재생농업의 시대는 지역 생태계의 협력적이고 상호 보완적인 구조를 반영했고, 국내외에서 크고 작은 방식으로 기후변화의 영향을 되돌리는 한 세대에 걸친 작업으로 이어졌다.

2018년, 토지 연구소 생태권 연구 프로젝트 담당자 오브리 스트레이트 크루그(Aubrey Streit Krug)는 다년생 작물 농업을 위한 노력이 다음과 같은 모습일 것이라고 내게 설명했다. "우리는 토지 사용과 토지 피복 형태의 변화를 목격하게 될 겁니다. 또한 오랜 시간에 걸쳐 지속될 수 있는 다양한 공동체 속에서 함께 생활하고 공부하며 (…) 집단적인 운동을 하는 사람들이 나타날 거라고 생각합니다. 제가 생각하기에 초원과 마찬가지로 (…) 다년생 작물 농업으로의 전환이 어디서나 일어날 수 있다고 할 때, 여기라고 해서 그럴 가능성이 없을까요?"[12]

2039년: 빙하가 없는 삶

하지만 지구 환경의 지속적인 악화가 무엇보다 심각한 문제였다.

2020년대부터 2030년대까지 더 공평하고 정의로운 방식으로 사회를 재건하려고 노력해왔지만, 우리는 여전히 이전의 무분별하고 착취적인 관행이 빚어낸 기후변화에서 완전히 벗어날 수 없었다. 우리는 무엇보다 돌발상황 예측에 많은 노력을 쏟았다. 북극과 남극의 거대한 빙상의 붕괴처럼 예상치 못한 상황에 대한 대응전략을 계속해서 마련했다.

북극 전역의 기온 상승과 함께 알래스카주의 온난화는 눈과 얼음의 면적 감소를 가속화했다. 이로 인해 추가적인 온난화의 피드백이 일어났다. 2000년대 초와 대비해 북극의 겨울 기온은 섭씨 4도 이상 상승했다. 인간의 탄소 배출이 급감했음에도 불구하고, 전 세계의 기온 상승폭은 아주 잠깐이라지만 1.5도를 넘어가기도 했다. 기후 시스템 내에서 발생하는 지연 시간은, 북극 영구동토층 해빙(解氷)으로 인한 추가적인 탄소 배출과 맞물려 마침내 우리를 습격했다. 2039년, 북극해는 10만 년 넘는 세월 만에 최초로 얼음이 얼지 않는 여름을 맞았다.

북미의 북극해 연안에 위치한 알래스카주 우트키아빅(이전 명칭은 배로)에서는 새로운 기후로의 전환이 거의 하룻밤 사이에 일어났다. 툰드라에는 정기적으로 천둥 번개가 쳤다. 우트키아빅 역사상 가장 더웠던 2016년, 그 도시에는 100일 넘게 이상고온 현상이 이어졌다. 해빙(海氷) 면적이 점차 감소하면서 바다의 습기가 육지로 밀려들었고, 툰드라에는 느닷없이 새로운 동식물의 생태계가 조성되기 시작했다.

북극 전역에 걸쳐 따뜻한 바다가 해빙이 녹는 것을 도왔고, 이러한 열 유입은 제트기류를 이동시켰다. 이에 따라 북반구 전역의 날씨가 영구적으로 바뀌었다. 뉴욕시에 유례없는 홍수를 몰고 온 허리케인 샌디는 북극의 기후변화 탓에 그렇게 강력할 수밖에 없었다는 증거가 나왔다. 지구의 극지방에서 따뜻한 기후 패턴이 고착화되면서 남극과 그린란드의 주요 빙하가 녹는 속도가 빨라졌다. 예전에는 이 빙하들이 녹는 데 1세기가 걸릴 것이라고 했지만, 이제는 수십 년 안에 다 녹을 것으로 예상되었다. 그린란드와 남극의 빙하가 녹아 생긴 담수는, 열대지방과 중위도 온대지방 사이에서 열을 순환하는 주요 해양 컨베이어벨트에 렌치를 집어던진 것이나 다름없었다. 이로 인해 대기가 불안정해지면서 샌디 같은 초강력 폭풍이 발생하게 된 것이다.

남미의 말단에서 4000km 떨어진 남극의 외진 지역 파인아일랜드베이에서는 2개의 빙하―파인아일랜드(Pine Island)와 스웨이츠(Thwaites)―가 계속해서 인류 문명을 인질로 붙들고 있었다. 길이 240km 이상의 얼음 평원에 뻗어 있는 파인아일랜드와 스웨이츠는 남극에서 가장 크고 가장 빠르게 녹고 있는 빙하로, 수천 년간 거대한 남극해의 일부분인 아문센해를 향해 서서히 이동해왔다. 내륙 쪽으로 들어가서 보면, 이 빙하들은 3.2km 두께의 얼음이 텍사스 면적의 땅을 덮고 있는 형태다. 이 두 빙하는 얼음이 바다로 쏟아져 전 세계 해수면이 3.4m까지 상승하는 것을 막아주는 일종의 고무마개 역할을 한다. 해수면이 3.4m 상승하면 지구상 모든 해안도시는 침수될 수밖에 없다.

이 빙하들이 얼마나 빨리 무너질 것인지는 세계가 직면한 중요한 과학적 질문들 중 하나임이 드러났다. 전 세계 과학자들은 최악의 시나리오에 대비했다. 그들은 약 1만 1000년 전, 전 세계 기온이 급상승하면서 빙하기가 끝났던 시기를 돌아보았다. 나쁜 소식은, 파인아일랜드베이의 빙하들이 당시 빠르게 녹아내리며―'해양 얼음 절벽의 불안정성'이라는 현상의 부분적 결과로서―전 세계의 해안을 침수시켰다는 여러 증거를 과학자들이 발견했다는 것이다. 이 빙하들이 위치한 서남극의 해저는 다른 곳보다 더 깊기 때문에, 새롭게 얼음덩어리가 떨어져

나오면서 점점 더 높은 얼음 절벽면이 노출된다. 얼음 자체의 무게 탓에 이처럼 높은 절벽은 유지될 수 없으므로 붕괴는 불가피해진다.

2020년, 단단한 암반에 고정된 모든 해양 빙하에는 바다에 떠 있는 빙붕이 붙어 있었다. 빙붕은 부모 빙하의 안정성을 진단하는 최고의 도구 중 하나이다. 이 빙붕이 붕괴해 빙산이 만들어지는—이것은 모든 해양 빙하의 정상적인 삶의 단계이기는 하지만—속도가 급격히 빨라진다면 해당 빙하의 불안정성이 커진 것일 가능성이 높다. 2005년과 2015년 사이, 스웨이츠 빙붕의 붕괴 속도가 세 배 증가했으며 이것은 걱정스러운 신호였다.

2039년, 스웨이츠 빙붕은 완전히 붕괴되기 시작했고, 빙하의 절벽면은 지구상에서 가장 거친 남극해의 파도에 직접 노출되었다. 남극 대륙을 둘러싼 따뜻한 해류가 빙붕이 떨어져나간 자리로 흘러들었고, 스웨이츠 빙하 자체의 붕괴가 임박해진 것으로 드러났다.

과학자들은 어쩌면 지난번 빙하기 말기에 스웨이츠 빙하에서 발생했을지도 모를, 가장 무시무시한 붕괴 시나리오를 우려했다. 따뜻한 바닷물이 이 빙하의 절벽면을 침식시켜 초고층빌딩 크기의 얼음덩어리가 끝없이 떨어져나올 수 있었다. 얼음은 가장 튼튼한 건축자재가 아니었고, 빙하를 거대한 빌딩처럼 다루는 구조 공학자들은 높이가 90m 이상인 얼음은—기온과 무관하게—무너질 수밖에 없다는 것을 발견했다. 스웨이츠 빙하의 중심부 두께는 1830m 이상이다. 본격적인 붕괴가 시작한 후, 스웨이츠 빙하는—지질학적 관점에서는 눈 깜짝할 만한 시간인—10여 년 만에 약 43km나 내륙 쪽으로 후퇴했다. 점차 스웨이츠 빙하의 새로운 유출구로 모여든 수많은 거대 빙산은 일시적인 댐 역할을 하면서 스웨이츠 빙하의 붕괴 속도를 늦췄다. 빙하가 부서지는 속도에 맞춰 모든 얼음이 바다로 퍼질 만한 공간이 부족했던 것이다.

이 모든 과정의 직접적인 광경은 인간이 이해할 수 있는 범위를 넘어섰다. 오늘날 알래스카주로 보트 투어를 가면, 얼음덩어리가 떨어져 나오는 빙하 절벽면의 폭은 보통 약 91m 이하다. 2020년대 당시 세계에서 가장 빠르게 후퇴하는 빙하였던 그린란드의 야콥스하븐(Jakobshavn)은 폭이 대략 3.2km였다. 야콥스하븐 빙하의 절벽면 높이는 약 90m였는데, 이것은 과학자들이 짐작하기로 지구상 얼음 절벽면 높이의 최대 한계치였다. 야콥스하븐 빙하에서 빙산들이 떨어져나올 때면 종종 이 근처 지진계에 그 활동이 감지되었다. 이 빙산들은 도시의 한 블록을 가득 채운 아파트 건물들과 맞먹는 크기와 무게를 자랑했다. 그 무게가 수백만 톤에 달했다. 2040년, 스웨이츠 빙하의 절벽면 폭은 이쪽 끝에서 저쪽 끝까지 160km에 달한다. 그것을 육안으로 확인할 수 있는 유일한 방법은 국제우주정거장에서 내려다보는 것뿐이다.

뉴욕, 런던, 뭄바이, 마닐라를 비롯한 전 세계 수많은 해안도시에서 사람들은 몇 년 동안, 평소보다 미묘하게 높아진 조수를 통해 스웨이츠 빙하의 부분적인 붕괴를 감지할 수 있었다. 바닷물은 평소처럼 밀려들었다가 빠져나갔지만, 그중 일부는 완전히 빠지지 않고 계속 남아 있었다. 수십억 톤에 달하는 거대한 유빙(流氷)은 서남극을 탈출해 수온이 더 높은 북쪽으로 이동하며 수천 년 만에 처음으로 녹아내렸다.

기존의 방조제는 굳게 닫혔다. 해안 방어막이 없는 지역에 새로운 방조 시설을 건설하기에는 이미 때가 늦었다. 누구의 집과 사업체가 제방의 '잘못된' 쪽에 있는지에 관한 정치적 논쟁이 뜨거웠다. 다공질 암반

탓에 지질학적으로 방조제 건설이 불가능한 남부 플로리다 같은 지역들은 부분적으로 버려졌다. 수세기 동안 바닷물의 침입과 싸워왔던 네덜란드 같은 나라는 더이상 버틸 재간이 없었다. 스웨이츠 빙하의 붕괴이후, 엠스강, 뫼즈강, 라인강, 스헬데강의 강물을 펌프로 빨아들여 바다로 빼내야 했다.[13] 마셜제도에서는 더욱 강력한 파도가 해안을 침식시키기 시작했다. 전 세계적으로 1억 명 이상의 사람들이 새로운 삶의 터전을 찾아야 했다.

스웨이츠 빙하의 부분적 붕괴는 전 세계 해수면을 상승시켰고, 다른 지역의 빙하를—아이러니컬하게도 그린란드의 빙하를—불안정하게 만들었다. 마치 남극에서 출발해 전 세계로 진격하는 얼음 병정들처럼, 거대한 빙산들은 우리가 경험하지 못한 세계적 재앙을 불러일으켰다. 서남극의 얼음 질량 감소에 따라 중력이 작아지면서 그 지역의 해수면은 오히려 낮아졌다. 그 바닷물은 전 세계의 다른 바다와 해안으로 재분배되었다.

이번 세기말까지 해수면이 0.9m 상승할 것이라는 기존 예측은 이제 1.8m로 수정되었다.[14] 이것은 매사추세츠대학 애머스트캠퍼스의 기후학자 롭 디콘토(Rob DeConto)와 펜실베이니아주립대학의 기후학자 데이비드 폴라드(David Pollard)가 2010년도에 발표한 예측치와 일치했다.[15]

디콘토와 폴라드의 예측치는 고대의 전 세계 해수면 높이와 오늘날 빙상의 움직임을 관찰한 결과를 서로 연결하는 과정에서 도출되었다. 약 300만 년 전, 전 세계 기온은 금세기 후반기에 예상되는 기온만큼 따뜻했고 해수면은 오늘날보다 약 3.5m 더 높았다. 이전의 모델들은 해수면이 그 정도까지 상승하려면 수백 년 내지 수천 년이 걸릴 것으로 내다봤다. 하지만 해양 얼음 절벽의 불안정성을 공식에 포함시키자, 디콘토와 폴라드의 모델은 전 세계가 현재의 관행을 고수하거나 피드백 현상이 예상보다 빨리 진행될 경우 재앙이 발생할 수 있다고 경고했다.

유성 충돌을 제외한다면, 얼음 절벽 붕괴로 인한 해수면 상승은 우리 세계를 가장 급격히 바꿔놓을 만한 사건이다. 이것은 가장 빠르게 진행될 수 있는 기후변화 현상이다.

"우리가 알던 내용을 재검토한 결과, 빙상은 우리 예상보다 더 빨리 변화할 수 있습니다."[16] 미시간대학의 빙상 과학자 제레미 바시스(Jeremy Bassis)가 내게 말했다. "우리는 파인아일랜드의 후퇴를 예상하지 못했고, 라르센 B 빙붕이 [2002년 당시 불과 몇 달 만에] 붕괴할 것을 예상하지 못했습니다. 우리는 상황이 발생한 다음에야 사건을 돌아보곤 있죠."[17]

과학자들이 남극에서 발견한 내용들을 통해 반복적으로 드러나는 주제는 다음과 같다. 오늘 우리의 행동은 파인아일랜드와 스웨이트가 앞으로 얼마나 더 붕괴할지에 영향을 미칠 것이다. 우리에게는 아직 이 끔찍한 시나리오를 막을 시간이 있다. 너무 늦기 전에.

* * *

2040년까지 전 세계는 기존의 3분의 2에 해당하는 탄소 배출을 줄였지만, 그런 성과에도 불구하고 기온 상승은 멈추지 않았다. 또한 남극과 그린란드의 빙하들이 부분적으로 붕괴하면서 해수면 비상사태가 발생했다. 전 세계 지도자들은 극단적인 날씨와 기온을 안정화할 방법을 논의하기 시작했다. 그들은 모든 대책을 강구했다. 거기에는 이전까지 상상조차 힘들었던 지구공학도 포함되었다.

2040~2050년:
새로운 기술과 새로운 영성

당신이 만지는 모든 것은 변화한다.

당신이 변화시키는 모든 것은 당신을 변화시킨다.

유일하고 영원한 진실은 변화뿐이다.

　　　　　　　　—옥타비아 E. 버틀러(Octavia E. Butler),

　　　　　　　　『씨 뿌리는 사람의 비유(Parable of the Sower)』

〈설국열차〉부터 〈지오스톰〉 같은 공상과학 영화들은 기후변화 대응에 실패한 인류가 지구를 냉각하기 위해 검증되지 않은 기술을 사용하게 될 것이라고 말한다. 이를테면 태양빛을 반사하는 우주 거울이라든지 화학적으로 변형된 구름 같은 것들 말이다. 이것은 공상과학 영화이기 때문에, 거대한 지구공학 실험은 끔찍한 결과를 낳을 것이라고 여겨진다.

하지만 최근의 여러 연구에 따르면, 이 허구 같은 이야기는 우리가 이전에 생각했던 것보다 훨씬 현실과 가깝다.

대다수 사람들은 '기후변화'라는 말을 들으면 지구를 과열시키는 온실가스를 떠올린다. 하지만 기후변화에 기여하고 있으면서도 대중의 주목을 거의 받지 못하는, 또다른 산업의 산물이 있다. 바로 에어로졸이다. 에어로졸은 태양광을 우주로 반사해 지구를 냉각시키는 데 도움을 주는 미립자 형태의 오염물질로, 온실가스로 인한 지구온난화의 영향을 약화시키는 중요한 역할을 한다.

에어로졸의 자연적인 냉각 기능을 활용하는 것은 오래전부터 지구온난화 속도를 늦추기 위한 최후의 수단으로 여겨졌다. 에어로졸의 지구 냉각 기술은 기술 낙관론자, 실리콘밸리 유형의 인물, 정부의 탄소저감 정책에 불만이 많은 정치인들에 의해 널리 홍보되어왔다. "지구공학은 연간 몇십억 달러의 비용만으로 지구온난화 문제를 해결해줄 가능성이 있다."[1] 뉴트 깅리치(Newt Gingrich)는 2008년 탄소 배출권 거래제(cap-and-trade) 법안을 공격하며 이런 글을 썼다.

하지만 함정이 있다.

에어로졸의 과잉은 심각한 문제를 야기한다. 고농도의 에어로졸 미립자는 현존하는 가장 치명적인 물질 중 하나로, 우리 몸속 깊숙이 파고들어 심장과 폐를 손상시킬 수 있다.

인간의 다른 여러 활동을 비롯해 석탄 연소, 차량 운전, 화전 개간으로 인한 대기오염은 전 세계 사망원인 4위에 해당한다. 연간 550만여 명이 대기오염으로 목숨을 잃는다. 인류의 92%가 위험할 정도로 공해가 심한 지역에서 살고 있으므로, 거의 모든 사람이 위험에 처해 있는 셈이다. 그것만으로도 대기오염 감소는 반드시 필요한 목표라고 할 수 있다.

천연 에어로졸—먼지, 소금, 연기, 식물에서 배출되는 유기화합물—은 지구 대기의 필수요소다. 이러한 에어로졸이 없다면 구름은 비를 만들어낼 수 없을 것이다. 하지만 온실가스와 마찬가지로, 인간의 활동은 과도한 대기오염의 형태로 너무 많은 에어로졸을 만들어낸다. 인류가 배출한 대량의 에어로졸은 대기 하층부에 머물며 우리 건강에 악영향을 미친다. 그 결과는 악마와의 흥정이다. 정상적인 날씨를 유지하고 기온 상승을 완화하기 위해 에어로졸이 필요하지만, 그건 우리를 죽이는 물질이기도 하기 때문이다.

우리는 우리가 원하는 것보다 더 오랫동안 이 치명적인 감옥 안에 갇혀 있게 될지도 모른다. 에어로졸의 냉각 효과는 온실가스로 인한 온난화 효과를 절반가량 상쇄한다. 빠져나갈 구멍은 없다. 에어로졸이 없어지면 극단적인 결과가 나타날 수밖에 없다. 대기 중의 에어로졸을 없앤다면 하룻밤 사이에 기온이 급등할 것이다.[2] 전 세계적인 탄소 배출 및 대기오염의 급격한 저감을 실시한 지 거의 20년이 경과한 2030년대에, 전 세계의 기온은 에어로졸 감소로 인해 위험한 수준까지 계속 올라갔다.

사람들은 에어로졸의 영향을 수세기 전부터 알고 있었다. 1200년대 런던 사람들은 석탄 연기로 인한 구름에 대해 불평했다. 1783년, 벤저민 프랭클린(Benjamin Franklin)은 화산 폭발로 발생한 미립자들이 날씨를 서늘하게 만드는 현상을 관측했다. 1800년대 말부터 1900년대 초까지 짙은 석탄 연기는 시카고, 피츠버그, 세인트루이스 등 수십 개 도시에서 햇빛을 차단했다. 필리핀 피나투보산의 화산 폭발은 에어로졸의 영향을 연구할 수 있는 자연적인 실험실을 제공했다. 그 결과 과학자들은 대기 중의 미립자들이 지구를 식히는 역할을 한다는 증거를 확보했고, 이로써 2세기 앞서 벤저민 프랭클린의 직관이 적중했음이 증명되었다. 21세기 전반기 동안, 과학자들은 배기관과 굴뚝에서 나온 에어로졸이 정확히 어떻게 날씨를 변화시키는지를 두고 계속 고민했는데, 그건 이 미립자들을 연구하는 일이 몹시 까다로운 탓도 있었다. 과학자들은 이 연구를 위해 남극 주변의 바다처럼 산업 오염의 영향을 받지 않은 외진 곳을 살펴보았다.

에어로졸은 공기 분자보다 훨씬 크고 무거워서, 배출 이후 며칠이나 몇 주가 지나면 바닥으로 떨어진다. 에어로졸의 크기 범위는 1만 배 차이에 달할 정도로 폭넓고 그 출처도 다양해 에어로졸의 움직임은 비교적 예측이 어렵다. 산불로 인한 블랙카본 에어로졸은 공기를 따뜻하게 하고 작은 물방울들을 증발하게 함으로써 구름 생성을 억제하는 경향이 있다. 석탄 연소로 인한 황산염 에어로졸은 구름을 더 크게, 폭풍우를 더 강력하게 만든다. 중국의 뇌우는 현지 공장의 가동 일정에 따라 주 단위로 다른 사이클을 보여준다.[3]

모든 것을 감안할 때 분명한 점은 에어로졸이 대기를 식혀준다는 것이다. 만약 우리가 세계경제를 하룻밤 사이에 마술처럼 바꿀 수 있다면, 그래서 대기오염이 0에 가까운 수준이 된다면, 전 세계 기온은 곧바로 섭씨 0.5도~1.1도 상승할 것이다(산업혁명 초기인 19세기부터 2020년까지 지구 기온은 약 1.2도 상승했다). 기온 상승 현상은 에어로졸 배출이 가장 심각했던 북반구의 대도시 주변에 집중될 것이다. 예컨대, 고도로 도시화된 동아시아는 가장 큰 영향을 받을 것이며, 에어로졸의 완전한 제거로 인한 여파는 기후변화의 다른 모든 요소를 합한 것보다 더 클 것이다. 북극 기온은 최대 섭씨 4도까지 올라갈 수 있다. 이것은 이 지역을 영구적으로 얼음이 얼지 않는 상태로 만들 수 있는 재앙이다. 2019년 연구에 따르면, 이러한 영향이 5~10년 동안만 지속될 테지만 그건 이미 균열이 생긴 빙하를 티핑포인트 너머로 밀어내기에 충분한 시간이다.[4] 따라서 끔찍한 결과가 발생할 수 있다.

그렇다면 우리는 어떻게 해야 할까?

* * *

유해한 에어로졸을 제거하려는 이전의 시도는, 특히 미국과 유럽에서 대체로 성공적이었다. 1970년대 환경운동의 주요 결실 중 하나인 미국의 대기오염방지법(Clean Air Act)은 즉각적이고 신속한 대기오염 감소로 이어졌고 수백만 명의 목숨을 구했을 것으로 여겨진다. "이것은 비교적 잘 알려진 영역입니다. 적어도 대규모 이산화탄소 배출 저감에 비한다면 말이죠."[5] 노르웨이 국제기후연구센터(Center for International Climate Research) 연구소장인 비요른 삼셋(Bjørn Samset)은 내게 말했다. 인공 에어로졸을 대기 상층에 뿌리는 방식도 이론적으로는 통할 것이다. 풍선과 항공기를 통해 탄산칼슘(본질적으로 석회석 가루)처럼 무해한 에어로졸을 분사하면 바람을 타고 대기 상층을 떠다닐 것이다. 최근의 한 연구는 성층권에 충분한 에어로졸을 유지하여 기온을 섭씨 1도 낮추기 위해서는 매일 6700대의—분사장치가 탑재된—비즈니스용 제트기가 필요하다고 발표했다.[6] 그 비용은 연간

200억 달러인데, 이것은 인플레이션을 감안한다면 10년 전 깅리치의 예측과 얼추 맞아떨어진다.

하지만 이 정도 규모의 작업은 아직 시도된 적이 없다. 사실 에어로졸을 잘못 건드린 것이 과거에 급격한 온난화의 시기를 낳았다는 증거도 있다. 대기오염방지법이 통과된 후, 전 세계 기온은 비교적 안정적인 30년의 시기를 뒤로하고 1970년대에 상승하기 시작했다. 비슷한 패턴이 현재 아시아에서도 나타난다. 최근 수십 년 동안, 석탄 의존도가 높은 중국과 인도의 경제 급성장과 그로 인한 에어로졸 배출이 맞물리면서 상하이와 델리 같은 대도시의 하늘이 잿빛으로 변했다. 이것이 지구온난화의 속도 둔화에 기여했다는 것은 거의 확실하다. 2010년대에 접어들어 대기오염에 대한 대중의 분노가 폭발하자 중국 정부는 오염 통제 정책을 도입했다. 그 정책이 통하고 있다는 초기 증거가 나오고 있다. 한편 인도는 대기질이 세계 최악이라는 오명을 안고 있으며, 그곳에서도 대중의 분노가 커지고 있다.

비요른 삼셋은 대기오염 억제에 따른 즉각적인 건강상의 이점 때문에라도 중국은 이런 노력을 지속할 것이라고 생각한다. 잠재적인 온난화의 가능성에도 불구하고 말이다. "아시아에서는—대기오염 감소를 통해 수많은 목숨을 직접적으로 살릴 수 있는—에어로졸 저감 노력이 강력한 온실가스 저감 노력보다 우선순위로 떠오를 가능성이 아주 높습니다."[7] 그는 이렇게 설명했다. 한때 무시무시한 공상과학 소설과 음모론의 영역이었던 것이 이제는 대기 관련 주류 연구에서 받아들여지고 있다. 다만 오늘날 실험을 진행하는 사람들은 그에 따른 위험도 분명히 인지하고 있다.

"지구공학은 진통제 복용과 같습니다." 이 문제를 연구하는 하버드 대학의 화학자 프랭크 케츠치(Frank Keutsch)는 말했다. "상태가 아주 안 좋을 때는 진통제가 도움이 되지만, 그건 근본적인 해결책이 아닐뿐더러 득보다 실이 더 클 수도 있어요. 우리는 지구공학의 효과를 정확히 알지 못하지만, 그렇기 때문에 이런 연구를 진행하는 것이죠."[8]

만약 에어로졸을 이용한 지구공학이 온난화를 상쇄하는 데 성공한다면? 거기에 끔찍한 부작용이 따를 수도 있다.

삼셋은 지구적인 규모의 에어로졸 지구공학 프로젝트가 실행될 경우 '다양한 종류의 의도하지 않은 지역적 결과'가 발생할 수 있다고 했다. 〈네이처 생태와 진화Nature Ecology and Evolution〉에 발표된 논문에 따르면, 큰 위험 중 하나는 냉각 효과가 너무 탁월할 경우다.[9] 이에 따라 '유례없는 속도'로 생태계의 변화가 나타날 수 있는데, 이것은 영화 〈설국열차〉의 설정이기도 하다. 그러한 변화는 수십 년간의 온난화로 인해 이미 스트레스를 받고 있던 동식물에게 치명적인 충격을 안길 수 있다.

"이와 같은 행동을 두고 전 세계적인 갈등이 빚어지는 상황을 쉽게 상상할 수 있어요." 미국 항공우주국 고다드 우주연구소(Goddard Institute for Space Studies)의 수산네 바우어(Susanne Bauer)는 내게 말했다. "반면 저는 지구공학 연구가 반드시 필요하다고 생각해요. 단지 그 가능성에 대해 인식하고 이해하기 위해서라도 말이죠."[10]

위기에서 변화로

2020년부터 2050년까지 30년은 인류 역사상 가장 변화무쌍한 시기가 될 것이다. 빙상의 붕괴, 에어로졸 위기, 해수면 상승은 역사상 어느 때보다 많은 사람을 실향민으로 만들 것이다. 이에 따라 일부 지역에서는 갈등이 불가피할 것이다.

캘리포니아대학 버클리캠퍼스의 연구에 따르면, 기온 상승과 극단적 날씨의 변화 패턴은 가정폭력부터 내전에 이르기까지 모든 종류의 폭력 발생 가능성을 높일 수 있다고 한다.[11] 최악의 경우, 국가 기능을 마비시키고 붕괴를 낳을 수도 있다.

하지만 기후변화의 불길한 현실은 운명과는 거리가 멀다. 급변하는 환경은 갈등의 가능성을 높일 뿐, 그것을 필연으로 만들지는 않는다. 사람들은 본질적으로 여전히 통제권을 쥐고 있다. 이러한 갈등이 일어날지, 안 일어날지를 결정하는 건 우리의 선택이다. 신속한 생태사회 건설에 착수하기로 마음먹은 세계에서, 우리는 기후변화 대응전략의 일환으로서 여러 분쟁 방지책을 마련해놓을 것이다.

그럼에도 주류 사회에서 벗어나 타인에게 실존적 위협을 가하는 길을 택하는 사람들도 있을 것이다. 일부 단체와 몇몇 불량국가들은 나머지 국가들이 생태·사회적 정의를 향해 나아가는 것을 방해할 것이다. 그들의 동기는 소멸해가는 화석연료 업계의 영향력일 수도 있고, 인권을 위협하는 기후변화에 대한 파시즘적 이념 대응일 수도 있고, 절박함 탓일 수도 있다.

인종과 환경정의에 관한 교차적 접근을 옹호하는 기후 관련 집필가 메리 애너이스 헤글러(Mary Annaise Heglar)는 상황이 얼마나 나빠질 수 있는지와 관련해 옥타비아 버틀러의 소설 『씨 뿌리는 사람의 비유』에서 특히 많은 영감을 얻었다. 이 책에서 버틀러는 급격한 기후변화 이후의 세계에 생겨난 불에 집착하는 광신도 집단을 묘사하는데, 이들은 자신을 둘러싼 파괴의 흔적과 혼란 속에서 어떤 의미를 찾고자 한다. 헤글러는 이것은 단지 시작에 불과할 것이라고 생각한다.

"아주 극적인 변화가 없다면 우리가 만날 미래는 몹시 추할 거예요." 헤글러는 내게 말했다. "그 세계에서 사람들은 아주 다양하게 그리고 몹시 창의적으로 서로에게 잔인해질 수 있는 방법을 찾을 거예요. 부주의할 경우, 불확실성은 사람들에게서 잔인함을 이끌어내죠. 그리고 대다수 사람들은 부주의한 편이고요."[12]

헤글러는 부주의로 인해 발생할 수 있는 폭력의 사례로, 1917년 일리노이주 이스트세인트루이스에서 발생한 인종 대학살을 떠올린다. 분노한 백인 폭도들은 1차대전 당시 파업한 공장 노동자들 대신에 고용된 흑인 노동자 수십 명을 살해했다. 목숨을 구하는 기술이 공정하게 보급되지 않는다면, 혹은 각국 정부들이 인종차별적인 긴축정책에 지나치게 의존한다면, 혹은 기후 재앙이 이미 취약한 계층을 분열시킨다면, 그 결과는 정말 추해질 수 있다.

"지금 우리가 불가능하다고 여기는 많은 것들이 20년 후에는 완전히 일상이 될 수도 있어요." 헤글러는 내게 말했다. "상황이 진짜 나빠지면 기후변화의 영향이 그렇게 심각하지 않을 뉴질랜드나 스웨덴으로 이주할 거야'라고 말하는 사람들이 있어요. 하지만 그곳 상황도 그렇게 평탄하진 않을 거예요. 그곳에는 상위 1%만 살게 될 거예요. 평범한 당신이 뉴질랜드 땅을 살 수 있을 거라고 생각한다면, 글쎄요, 엄청난 행운이 따라야겠죠."

이런 현실 도피적인 태도는 아마도 오늘날 기후변화에 대한 가장 위험한 반응일 것이다. 이것은 기후변화 문제가 애초에 어떻게 생겨나게 되었는지에 대한 핵심과 일맥상통한다. 우리가 서로의 인간성과 이 세상에 존재할 권리를 인정하지 않게 된 건, 우리의 모든 행동이 서로에게 큰 영향을 미치는 지구 생태계의 바깥쪽에 우리 자신이 존재한다고 상상해왔기 때문이다. 이것은 오늘날 세상 최고의 부자들이 민간 우주회사를 차리는 것과 같은 태도다. 소수 특권층이—더 높은 지대, 내륙 산지, 화성으로의—탈출 전략을 짜는 동안, 이미 기후 비상사태의 영향을 받고 있는 사람들을 홀로 남겨둘 수 없고 그래서는 안 된다.

우리가 모두를 돌보는 사회를 만들 때까지, 권력자들에 의해 구조적으로 생존권을 박탈당하는 사람들이 계속 생겨날 것이다. 부자와 권력자를 위한 디스토피아는, 우리 모두에게 정의사회를 만들어낼 힘이 언제나 있었음을 마침내 깨닫게 되는 세상이다.

온난화 세계에서 생겨날 수밖에 없는 긴장을 완화하기 위해서는 적극적이고 지속적인 노력이 필요하다. 궁지에 몰린 화석연료 업계의 총력전을 극복하는 건 쉽지 않을 테지만, 우리는 그 싸움이 다가오고 있음을 안다. 그러한 싸움은 화석연료 업계가 생겨난 이래 줄곧 존재해왔고, 20년간의 획기적이고 희망적인 변화에도 불구하고 2040년대에도 사라지진 않을 것이다. 늘 그렇듯, 화석연료 없는 세상으로의 평화로운 전환 가능성을 높여가는 것이 우리의 최선일 것이다.

우리는 2040년대의 날씨가 지금보다 나빠지리라는 것을 안다. 에어로졸 제거 이후 전 세계 기온의 급상승이나 빙상 붕괴 같은 중대하고 급격한 변화가 찾아온다면, 우리가 온실가스를 극단적으로 줄인다 해도 날씨는 현재 예상보다 훨씬 파괴적으로 바뀔 수 있다. 물론 우리가 통제할 수 있는 부분은 기상 악화에 어떻게 대응하느냐다.

몇 년 전 티틀리 해군소장과 대화를 나눈 이후, 나는 상황이 더 나빠질 수 없겠다 싶을 때 그가 말했던 '극적인 성공' 개념을 끊임없이 떠올렸다. 그 개념을 통해 상황이 우리의 상상보다 얼마나 빠르게―좋은 방향으로―바뀔 수 있는지에 관한 나의 관점을 정리했다. 티틀리는 온난화 세계를 과학자의 시선으로(그는 기상학자로 교육받았다), 그리고 전직 군 장교의 시선으로 바라본다. 우리가 지난 수십 년간 목격한 바와 같이 가뭄, 홍수, 극단적 날씨가 심각해지는 현상과 위기의 순간마다 국경을 폐쇄하는 지도자들의 역사적 성향을 감안할 때, 티틀리는 난민 급증이라는 가슴 아픈 인도주의적 위기가 거의 불가피하다고 생각한다. 이런 상황이 악화되면 우리가 살아 있는 동안, 세상은 사실상 통제 불능 상태에 빠질 수도 있다.

미군은 이러한 위기를 초기에 인식한 대규모 기관 중 하나다. 미국의 안전과 번영을 최대한 오래 유지하는 것이 미군의 사명임을 떠올려보면 충분히 이해할 수 있는 부분이다. 지구의 안정 없이는 미국의 안정도 있을 수 없다. 따라서 국방부 소속 군사 전략가들은 기후변화를 '위협 승수(threat multiplier)'라고 부른다.

하지만 티틀리조차도 이주 관련 문제를 전체적인 맥락에서 설명하는 것은 어려워한다. 2040년대에 전 세계 해수면이 0.9m 상승하고 가뭄, 화재, 폭염, 홍수가 지속적으로 악화되면, 약 2억 5000만 명의 실향민이 발생할 것이다. 그것은 현재 발생한 실향민의 4배에 달하고, 시리아 내전 당시 고향을 떠난 사람의 20배에 해당한다. 간단히 말해, 이 사태는 우리가 이해하는 국가, 국경, 정치의 개념을 흔들어놓을 것이다.

티틀리는 내게 말했다. "2차대전 이후, 1940년대 유럽에서는 수천만 명이 이주를 해야만 했어요. 우리는 역사의 그 부분을 얼버무리고 건너뛰곤 하죠. 그러니까 제 말은, 2차대전 이후의 유럽은 정말 최악이었어요. 그렇기 때문에 마셜플랜(2차대전 후 미국이 서유럽 16개 나라에 행한 대외원조계획 — 옮긴이)이 나왔죠. 제 생각에 우리를 정말 겁나게 하는 건, 이 모든 곳이 무너지고 있으며 뭔가 조치를 취해야만 한다는 생각 같아요."[13]

예상 불가, 통제 불능의 기후 관련 이주 위기는 2차대전 이후의 난민 사태보다 더 심각할 수 있다. 2차대전 이후에는 공포가 극심하긴 했지만, 전 세계 인구의 1% 이하만이 이주했다. 기후변화는 향후 20~30년간 그보다 세 배 많은 이주민을 양산할 가능성이 있다. 극단적인 날씨로 인한 이주는 점점 일상화되고 있지만, 이민과 이주의 가장 표면적인 원인은 폭력 분쟁을 피하는 것이다. 우리가 빠르게 붕괴하는 세계를 예측할 수 있는 방법은 무엇이며, 폭력 분쟁이 발생하기 전에 그 위험을 낮출 방법은 무엇일까?

이러한 위기는 인류 문명 규모의 선제적인 피해 축소 전략을 요구한다. 우리는 이동의 자유를 제한하기보다는 장려하는 정책을 수립해야 할 것이다. 단순히 생존을 위해 고향을 떠나는 사람이 생겨나지 않도록 튼튼한 사회안전망을 마련해야 한다. 또한 전 세계적으로 탄소 배출 제로 상태에 도달하기 이전부터 대기 중 이산화탄소를 줄이기 위한 공격적 대책 마련의 필요성을 인식해야 할 것이다. 이 모든 대책은 2020년만큼이나 2040년대에도 여전히 중요하게 여겨질 것이다.

"제가 틀렸을지도 모릅니다." 티틀리는 말했다. "하지만 저는 우리가 곧 실제 작업에 착수하게 될 거라고 예전보다 훨씬 낙관하는 쪽입니다. 이런 낙관론에 대한 실질적이고 정당한 이유가 있다고 생각합니다."[14]

좀더 구체적으로, 티틀리는 공화당 의원들이 전면적인 부정 단계에서 벗어나고 있는 것을 실질적인 대책의 도입이 임박했다는 증거로 보고 있다. 그 대책이 얼마나 미약하든 간에 말이다. 기후변화를 부정하는 단단한 벽이 무너지면 곧 여러 대책이 눈사태처럼 쏟아질 수 있다. "우리는 지금 극적인 성공에 훨씬 가까워진 걸지도 모릅니다. 상황은 변할 수 있고, 늘 나쁜 쪽으로만 변하는 건 아니죠. 나은 쪽으로 바뀔 수도 있습니다. 그런 변화는 아주 빨리 일어날 수 있죠."

2040~2042년: 미래의 모습 만들기

우리는 2040년대까지 미국, 유럽 등 세계 각 지역에서 탄소 없는 사회를 완성했다. 또한 바다, 토양, 초원, 숲의 대기에서 엄청난 양의 탄소를 제거하기 시작했다. 정의와 지구상 모든 생명체의 고유한 존엄성을 최우선으로 존중하며 생태사회를 향해 방향을 틀었다. 사고방식과 지구와의 관계에서 혁명이 일어난 덕분에, 우리가 모두 가치를 지니고 있으며 모든 인간과 생물종은 서로의 곁에 존재할 권리가 있음을 인식하게 되었다.

30년의 투쟁 끝에 우리는 우리가 아름답고 쾌적한 정의사회를 누릴 자격이 있음을 깨달았다. 또한 우리 자신을 본인과 타인으로부터 해방시키기 시작했다. 저자이자 여성인권운동가인 에이드리언 마리 브라운(adrienne maree brown)의 표현을 빌리자면, 우리는 우리가 갈망했지만 아직 경험하지 못한 형태의 미래를 만들었다.

우리가 이런 일을 할 수 있었던 건 세계가 죽어가고 있었기 때문이다. 2020년부터 2050년까지의 30년은 많은 사람이 슬픔과 상실을 공유하는 시기였지만, 우리가 용기, 희망, 상상력으로 이 위기를 극복하도록 영감을 주기도 했다. 파국적인 좌절이 표준이 되어버린 시대였기에 가능한 일이었다. 우리는 다 함께 새로운 세계 건설이라는 힘든 작업에 착수했고, 계속 그 일을 해나갔다. 그렇게 할 수밖에 없었다. 수세기 동안 상실과 억압을 경험한 원주민들을 위하여, 삶의 터전이 영원히 파도 아래에 잠기지 않도록 싸우는 태평양 작은 섬의 주민들을 위하여, 정의롭지 않은 미래는 싸울 가치가 없다는 아주 기본적인 신념을 위하여.

물에 대한 권리를 집중적으로 연구해온 정치 생태학자 파라나 술타나(Farhana Sultana)는 자신의 조국 방글라데시가 2010년대부터 대재앙에 시달렸지만, 그곳 분위기는 "끈질기게 낙관적"이라며 "우리는 생존하기 위해서 그렇게 될 수밖에 없었다"라고 설명했다.[15]

끈질긴 낙관. 그 만연한 자세는 기후변화로 인한 최악의 여파를 견딜 수 있게 했고, 과거에는 닫혀 있던 기술과 혁신의 문이 열리기 시작한 2040년대에도 계속 이어졌다. 우리가 이 기술을 사용하는 방식은—그리고 누가 그 기술의 수혜를 입을지에 대한 결정은—인류 문명의 운명을 판가름했다.

기후변화의 악영향을 견뎌온 수억 명에게 기후 배상금을 확대 지급하는 선제적인 노력과 급진적인 탈식민화가 동반되지 않은 상태에서 기술을 통해 미래의 기후를 수정하는 것은 오늘날의 자본주의 유토피아만큼이나 억압적일 터였다. 우리가 정의를 보장할 수 있는 메커니즘은 이번 세기의 가장 중요한 '기술적' 혁명으로 판명 났다.

2039년 스웨이츠 빙하의 일부가 붕괴된 후, 이러한 메커니즘은—그리고 지난 수십 년간 우리의 노력은—시험대에 올랐다. 급작스러운 빙하 붕괴로 인해 10년 만에 해수면이 0.9m 상승했는데, 이는 대다수 과학자들의 예측보다 빠른 속도였다. 지구 중력의 불균형 때문에 동쪽 해안의 해수면이 더 많이 상승했고, 이에 따라 마이애미, 찰스턴, 노퍽, 필라델피아, 뉴욕, 보스턴의 일부는 영원히 수몰되었다.

전 세계가 마침내 기후변화 위기 대응에 나선 2020년대부터, 우리는 일관성 있고 합당하게 생태와 정의의 길을 선택했다. 침수된 도시들도 만반의 준비를 갖추고 있었다. 마이애미의 경우, 그것은 적응과 후퇴의 결합을 의미했다. 시간이 흘러 마이애미에서의 삶은 여느 군도에서의 삶과 비슷해지기 시작했다. 일상화된 홍수를 순순히 현실로 받아들이며 서로 연결되고 번영하는 지역사회로 변모한 것이다. 마치 플로리다키스제도처럼.

본질적으로 기후변화는 생존에 관한 문제다. 특히 이번 세기 동안 그것은 누가 생존하고 누가 생존하지 못하느냐에 관한 문제였다. 이러한 획기적인 변화의 시기에 모든 결정은 삶과 죽음을 염두에 두고 내려져야 했다. 그건 늘 삶과 죽음의 문제였기 때문이다. 이처럼 거칠고 지속적이고 실존적이고 감정적인 작업은, 우리가 지난 수십 년간 서로를 돌보는 새로운 방식을 개발하려는 적극적인 노력을 해오지 않았다면 아마 감당하기 힘들었을 것이다.

세계 지도자들은 2040년 글로벌 기후이주조약 서명을 통해 지구상 모든 국가의 역사적인 탄소발자국에 비례해 난민을 수용하기로 합의했다. 기후 재앙의 직접적 피해를 입은 1억 명의 난민을 위해 영구 비자

프로그램이 마련되었고, 이 조약은 사실상 국경을 폐지한 것이나 다름 없었다. 이들 난민 중 약 25%는 미국에 새 둥지를 틀었다.

2040년대 초, 탈염화 기술과 중동의 외교에 동시에 돌파구가 마련 되었다. 이에 따라 남극 빙하의 부분적인 붕괴와 에어로졸 감소로 인한 급격한 온난화 이후 세계를 괴롭혔던 난민 위기를 해소할 수 있는 연쇄 적인 노력이 시작되었다.

우리는 자본주의적 소비주의가 산유국의 경제를 지탱했다는 사실을 알았다. 석유 경제가 무너지자, 세계의 다른 국가들은 이전의 산유국들 이 순환 경제로 전환하는 것을 돕기로 합의했다. 과거의 산유국들은 이 제 태양광 장비, 고속열차, 탈염화 제품 생산 분야의 선두주자로 발돋 움하고 있었다. 더불어 두바이에서 열린 긴급 세계정상회담 기간 동안, 세계 지도자들은 공격적인 탄소 저감 협력을 확대하는 계획에 동의하 고, 기후 관련 지구공학 대책을 논의하기 시작했다. 이것은 이산화탄소 수치를 350ppm 아래로 떨어뜨린 다음부터 점진적으로 폐지해나갈 일 시적인 대책이었다. 이러한 접근방식은 대규모 사회 붕괴를 유발하지 않는 수준의 장기적인 기후 안정화를 가져올 수 있었다.

재난 대비와 예방을 위한 글로벌 공조를 통해 유럽과 북미의 회복 력 있는 순환 경제가 전 세계로 확장되었다. 이런 공조는 더 빨리 이루 어졌어야 했지만, 어쨌든 세계는 마지막 순간에 가까스로 합의에 도달 했다. 지구공학으로 인해 누가 악영향을 받든 간에, 한마음으로 행동 하는 모든 국가는 정의를 보장할 터였다. 국제 지도자들은 모든 사람의 기본적 필요 충족이 타협 불가능한 부분임을 한목소리로 선언했다. 우 리는 힘을 모아 갈등의 이유를 줄여나갔고, 마침내 지구상의 모든 사람이 번영할 수 있는 사회를 건설했다.

전 세계 해수면은 계속 상승했지만, 그린란드와 북극의 거대한 빙상이 완전히 무너지는 것을 여전히 우리 능력으로 막을 수 있었다. 심각한 기후변화 피해가 예상되는 지역사회와의 대화와 신중한 계획을 통해, 각국 정부들은 추가적인 경제 붕괴를 막아냈다. 2020년부터 2050년 사이에 우리는 서로 함께, 서로를 위해서 일하는 법을 배웠다. 우리는 민주주의 통치 체제를 발전시켜 어려운 결정을 신속히 내릴 수 있는 능력을 키웠다. 또한 변화를 받아들이는 데 익숙해졌다. 왜냐하면 우리가 모두 나은 세상을 만들어가는 일에 동참한다는 것을 알았기 때문이다.

온갖 역경에도 불구하고, 2040년대는 재성장의 시기였다. 착취적인 화석연료 경제가 재성장하는 시기가 아니라, 동식물, 생태계, 오랜 현상 유지로 인해 위축되었던 지역사회가 재성장하는 시기였다.

일단 어떤 형태로든 지구공학의 도입이 불가피해지자, 우리는 누가 지구공학 프로그램의 수혜자가 될 것인지를 두고 명확한 기준을 세웠다. 무엇이 이 프로그램의 성공 척도가 될 수 있을까? 그린란드와 남극의 빙상 붕괴 속도가 느려져서 해안지역의 부동산 가치가 상승한다면 그렇게 얻어진 이익이, 지구공학 프로그램이 유발한 날씨 변화 탓에 농사를 망친 세네갈과 파라과이 농부들에게 공평하게 분배될 수 있을까? 이러한 영향을 측정할 방법은 무엇이며, 부당이득을 챙기는 사람을 처벌할 방법은 무엇인가?

동시에 수년간의 정책 실패로 이미 바닷물에 저장된 열은 2040년까지도 지속적으로 극단적인 기후 현상을 악화시켰다. 이것은 우리의 획기적인 사회 변혁을 위협하고, 전 세계의 작은 섬나라, 저소득층 지역, 강 주변, 농업지역에 사는 수백만 명을 심각한 위험에 빠뜨렸다. 이 수백만 명의 고향을 보전하기 위해 지구공학 역량을 강화했고, 또 한 차례의 세계적인 비폭력 시위의 물결이 지나간 끝에 누구나 자유롭게 모든 무탄소 에너지 기술 관련 특허를 이용할 수 있도록 법률을 개정했다.

* * *

탄소 배출을 0으로 만드는 것은 기후변화를 늦출 수 있는 최선의 방법이다. 우리는 2045년과 마찬가지로, 2020년에도 이 부분을 잘 알고 있었다. 여기서 주목할 만한 질문은 이것이다. 글로벌 탄소 배출을 대폭 줄였음에도, 우리가 이전에 저질렀던 일 때문에 기후 상황이 계속 악화된다면?

기술은 과학 지식의 실용적인 적용일 뿐이다. 그 지식은 지금과 같은 위기 상황에는 진정으로 혁신적인 대책이 가장 실용적인 대책이라고 우리에게 말해준다. 자본주의의 공적 자금을 투입해 완성된 기술적 해결책은 우리 행성을 안전하게 만드는 데 실패했다. 기후변화가 계속해서 전 세계에 부당한 영향을 끼치는 가운데, 이런 접근법이 2040년대에 통할 것이라고 믿는 사람은 거의 없었다. 물론 우리는 식량, 에너지, 물, 피난처를 만들어내기 위해 기술혁신을 최대한 활용해왔지만, 기술 자체를 목적으로 여기는 태도의 문제점을 깨닫고서 이제 그 기술을 신중하게 다루게 되었다.

사회 모든 분야의 혁명은 우리가 죽기 전에, 살기 좋은 세상을 건설할 수 있는 좋은 기회를 제공했다. 이것은 그 어떤 구체적인 신재생에너지 기술이나 나무 심기 운동보다 훨씬 더 효과적이었다.

2020년대와 2030년대의 급격한 변화가 우리에게 남긴 교훈이 있다면, 그건 사회운동이야말로 사회 모든 분야에서 신속하고 광범위한 탈탄소화를 이뤄낼 수 있는 최고의 '기술'이라는 것이다. 더 공정하고 정의로운 세상을 만들고 지구의 건강과 평등을 근본적으로 우선시하는 경제를 이룩함으로써, 우리는 20세기의 그 어떤 연구개발도 상상할 수 없었던 '기술적' 돌파구를 마련했다.

21세기 중반, 세계는 완전히 다른 곳이 되었다. 일부 지역은 가뭄, 홍수, 폭염 등의 극단적인 날씨 탓에 사람이 살 수 없는 땅이 되었다. 나머지 지역의 모든 나라들은 탄소를 배출하지 않게 되었다. 지구상 경작지의 3분의 1에 나무와 다년생 작물을 심어 식량과 연료를 생산하고, 대기 중 탄소를 최대한 신속히 제거하는 대대적인 작업이 진행되었다. 하지만 우리는 기후를 안정화하기 위해 좀더 과감한, 또다른 방법을 도입해야만 했다.

2020년대와 2030년대의 글로벌 혁명으로 우리 사회가 완전한 탈탄소 순환 경제로 전환한 다음에도, 여전히 많은 어려운 선택에 직면해 있었다. 우리가 지켜나가야 하는 행성을 위해 완전히 새로운 접근을 시도하는 가운데, 진정으로 지속가능한 세상을 만드는 작업에는 진정성, 창의성, 인내력이 요구되었다.

2043~2045년: 탄소 역배출

2040년대가 되어 우리는 완전한 무탄소 전력망을 구축했을 뿐 아니라, 대기 중에서 대규모로 이산화탄소를 빨아들이는 기술을 확대했다. 2045년에 이산화탄소 농도는 500ppm에 육박했지만, 지구적인 안정이라는 안전지대로 돌아가는 중이었다.

지구 대기에서 탄소를 제거해야 하는 필요성은, 우리가 이제껏 탄소 배출 저감을 미뤄왔던 탓에 발생한 값비싸지만 불가피한 결과였다. 대기 중 이산화탄소 1ppm은 약 20억 톤의 탄소에 해당한다. 대기 중에서 이산화탄소 100ppm 이상—안전한 수준에서 넘어선 초과분—을 제거하려면 이제까지 인류의 모든 시도를 시시해 보이게 할 정도의 토목공학 프로젝트가 필요했다.

대기에서 탄소를 추출하는 일—본질적으로 연소된 모든 화석연료를 이전 상태로 되돌리는 일—에는 헤아리기 힘든 수준의 거대한 사회경제적 비용이 따랐다. 이번 세기말이면 세계경제 생산량의 10~50%가 그 일에 사용될 가능성도 있다. 대부분의 기술에는 식물이 사용되었다. 광합성은 우리가 알고 있는 탄소 제거 기술 중 가장 저렴하고 효율적이고 보편적이다. 이른바 나무숲, 대초원, 조류(藻類)를 통해 자연 생태계를 복원하는 방법이다. 토양은 전 세계 탄소 순환과 관련하여 아직까지 가장 덜 알려진 영역인데, 토양의 탄소 저장량을 얼마나 끌어올릴 수 있을지 정확히 추정하기란 힘들다. 하지만 균류와 박테리아의 비율을 조정하거나 여러 다년생 작물을 사이짓기하는 등 식물 재배를 통해 토양의 탄소 저장을 유도하는 탄소 농업(carbon farming)은 전도유망했으므로 관련 연구에 돈을 쏟아부었다.

탄소 격리는 전 세계 탄소 농부 수억 명의 주요 생계 수단이 되었다. 각국 정부는 기후변화를 완화하는 방식으로 식량을 생산하는 시민들에게 돈을 지불했다.

구시대적인 항공 여행을 다시 발전시키기 위한 노력의 일환으로, 억만장자들은 (일부 부자는 여전히 남아 있었다) 하나의 대륙 규모의 네거티브 탄소 바이오연료에 막대한 금액을 투자했다. 또다른 아이디어는 전 세계 사막의 넓은 면적을 물로 채우고 유전자 조작 해조류의 씨앗을 뿌려서 그곳에서 최대한 많이 자라게 하는 것이었다. '메탄산화(methane oxidation)'라고 불리는 또다른 논란이 많은 방법은 거대한 선풍기를 이용해 화학반응으로 만들어진 대량의 이산화탄소를 대기에 방출하는 것이었다. 이렇게 방출된 이산화탄소는 인간활동으로 발생한 대기 중의 거의 모든 메탄을 제거할 수 있었다. 메탄은 이산화탄소와 비교해 단위 무게당 84배의 온난화 효과를 지니고 있는 기체다.

하지만 2040년대 내내, 역배출과 관련된 아이디어 한 가지가 모든 대화를 장악하다시피 했다. 그것은 바이오에너지 탄소 포집 및 저장(bioenergy carbon capture and storage, BECCS)으로, 식물을 키워서 연료로 태운 뒤 배출되는 탄소를 포집하는 기술이었다. 탄소 포집 및 저장 기술을 전면 적용하려면 유지작물 농장의 규모를 대폭 확대해야 하는데, 이것은 전 세계 식량 공급을 위협할 수 있었다.

최초의 파리기후협정이 체결된 지 30년 후 열린 2045년 파리정상회담에서 이러한 제안들은 단칼에 거절당했다. 돌파구가 마련된 것은 UCLA 지구공학 연구원 홀리 진 벅(Holly Jean Buck)이 말한 '대기 중 탄소를 제거하는 획기적으로 유토피아적인 방법'을 통해서였다.[16] 각국 정부는 오래전 파산한 화석연료 업계의 압수자산을 활용해 거대한 유전, 수압파쇄 시설, 폐탄광에서의 대규모 탄소 포집 및 저장 기술 연구를 지원했다. 대기 중 이산화탄소를 압축 및 포집하고 지질학적으로 안정적인 액체와 고체—이른바 가짜 석유와 석탄—로 바꿔놓음으로써 우리는 시간을 되돌리기 시작했다.

탄소 제거, 다시 말해 이전 세대가 지은 죄를 지우는 일의 심리작용은 심오하다. 하지만 현재 상태를 과거로 되돌리는 작업에 있어 쉬운 해결책은 없는 게 현실이다. 적어도 향후 수십 년간, 우리는 매년 위험할 정도로 더워지는 지구를 견뎌야 할 것이다. 이 전환의 시대에 최대한 많은 사람에게 생존뿐 아니라 좋은 삶을 보장해주기 위해서—현실에서 달아날 것이 아니라—이 잔인한 현실을 받아들여야 한다.

2046~2049년: 인도주의적 지구공학

전 세계 탄소 배출이 마이너스로 전환한 이후에도 전 세계의 기온은 여전히 위험할 정도로 높았다. 추가 조치가 없을 경우, 앞으로 수십 년, 혹은 심지어 수세기 동안 이런 현상이 계속될 터였다. 우리는 의문을 품기 시작했다. 탄소 제거 기술이 추가적인 빙상 붕괴를 막을 수준이 되지 않는다면 어떤 일이 벌어질까? 날씨를 우리의 필요에 따라—의도적으로—바꿀 수 있을까? 지구적 규모의 온도조절장치를 개발해 기온을 낮출 수 있을까? 지구공학의 복잡한 윤리가 어느덧 대중의 관심을 받게 되었다.

2017년, 적십자는 사상 최초로 '인도주의적' 지구공학 회의를 열었다. 이것은 인간의 권력관계에 관한 수천 년 역사의 기본이라도 아는 사람에게는 분명 어이없을 정도로 순진한 콘셉트처럼 느껴질 것이다. 지구적인 규모의 에어컨이 제대로 작동할 것이며 지구상 모든 국가에 의해 공정하게 관리될 것이라는 기대는, 석기시대 이래 인류의 기술 관리 역사를 완전히 무시하는 태도 아닌가.

하지만 적십자의 역할은 비상사태에 대비해 계획을 세우는 것이었다. 기후변화에 가장 적게 기여한 사람들이 비대칭적으로 큰 피해를 입고 있었기 때문에, 적십자는 2017년 비상 대책회의를 열었다. 회의에서 제안된 윤리적이고 책임감 있는 대책은 최전방에서 기후변화와 싸우는 사람들의 복지를 우선시하는 제한된 범위의 지구공학이었다. 2040년 대 말, 우리는 함께 노력함으로써 실존의 위기를 극복할 수 있음을 스스로 증명해 보였고, 따라서 지구를 냉각하는 작업에 나서기로 결정했다.

지구의 기후 시스템에 대한 고의적인 대규모 개입은 가장 취약한 계층에게 심각한 영향을 미친다. 인도주의 공동체의 조기 참여는 지구공학 프로젝트의 진행 여부와 진행되는 방식에 큰 영향을 줄 수 있다. 최악의 결과를 직접 겪게 될 사람들이 대화를 주도해야 하는데, 이는 부주의하고 이기적인 행동을 통해 타인에게 의도적으로 해를 가하는 '약탈적인 지구공학'의 가능성이 존재하기 때문이다.

2017년 회의에 적십자 대표로 참석한 파블로 수아레스(Pablo Suarez)는 이제껏 지구공학에 관한 논의를 지배했던 '합리성에 대한 잠재적으로 망상적인 가정'에 대해 강하게 경계했다.[17] 그는 지구공학이 매력적인 이유는, 애초에 기후변화 같은 일이 일어나지 않도록 사회를 개혁하는 노력에 비해 지구공학이 값싸고 손쉬운 해결책이기 때문이라고 했다. 그는 "기후변화는 개발에 따르는 원치 않는 부작용"이라며 "그 누구도 다른 사람의 실험실 쥐가 되는 것을 원치 않는다"라고 했다.

수아레스는 지구공학 프로젝트에 착수하기 직전의 세계가 직면하게 될 윤리적 결정을 언급했다. "100개의 나라의 상황이 나아지는 대신 가봉만 안 좋아진다면, 가봉은 어떻게 되는 걸까요? 극단적인 날씨는 여전히 나타날 테지만, 그것이 나타나는 지역이 재배치될 것입니다. 지구공학을 도입한 세상에서 누가 인도주의적 사업의 비용을 지불하게 될까요?" 이러한 결정에 도움을 주는 규제체계는 마련되어 있지 않다. "우리는 인도주의자로서 어떤 일이 틀어질 수 있는지 예측할 권한을 가지고 있습니다. 일은 틀어지기 마련이죠."[18]

적십자가 지구공학의 장기적인 영향을 고민했던 2017년에도 지구공학의 위험은 명백했다. 하지만 30년이 지난 시기까지 계속 논의되고 있는 건 지구공학의 이점이었다. 대기 상층에 분사되어 얇은 막을 형성한 황산염 에어로졸 미립자는, 지표면이 받는 태양광과 태양열을 일부 차단해 약간의 냉각효과를 유발했다. 이러한 시나리오의 분석 모델들은 이것이 가뭄을 일으키고 식물 성장을 저해할 가능성이 있다고 했다. 동시에 강력한 폭풍을 만들어내는 에너지와 폭우의 강도를 줄일 수 있다고 했다. 또한 그린란드와 남극의 나머지 빙하들이 완전히 붕괴하는 것을 몇백 년까지 지연시킬 수 있을지도 몰랐다.

지구공학 기술을 사용하는 것은 지구적 규모의 항암치료에 돌입하는 것과 같다고, 수아레스는 2017년에 경고했다. 심각한 부작용 발생 가능성을 명확히 인지하는 가운데, 과거의 잘못을 바로잡기 위해 유해 물질을 대기에 주입하는 것과 같기 때문이다. "극단적인 경우, 그 부작용이 환자를 숨지게 할 수도 있습니다." 수아레스는 이렇게 말했다.

"그런 죽음은 암으로 인한 죽음과 다를까요? 그럴 수도 있고 아닐 수도 있습니다. 고통은 다를까요? 그럴 수도 있고 아닐 수도 있습니다. 우리 앞에는 각각 다른 선택이 놓여 있습니다."

수십 년 동안 열심히 노력해왔음에도 불구하고, 이것은 여전히 우리가 직면한 여러 선택 중 하나일 뿐이었다. 2040년대 후반에 세계 인도주의 공동체가 제한된 규모의 지구공학 프로젝트를 실시한다면 어떻게 될까? 사실상 대량학살에 가까운 위기에 내몰린 사람들이 기후정의를 요구하는 계획에 착수한다면 어떻게 될까?

* * *

최악의 시나리오는 우리가 지구공학 프로젝트를 시작하는 것이 아니라, 갑자기 그 프로젝트를 중단하는 것이다.

지구공학 프로젝트의 갑작스러운 중단은, 비교적 느리지만 악영향을 불러일으키는 대기 중 에어로졸의 단계적 저감보다 훨씬 더 심각한 충격을 가져올 수 있다. 급격한 기온 상승은 하룻밤 사이에 날씨 패턴을 바꿔놓을 것이고, 이것은 수십 년간 위험한 기후변화로 인해 이미 궁지로 내몰린 사람들과 여러 생명체에게 재앙이 될 수 있다. 광범위한 생태적 변화를 근본적으로 되돌리는 것은 불가능하므로 대량멸종은 가속화될 것이다.

"최상의 시나리오는 우리가 이런 문제를 다룰 필요조차 없는 상황"이라고 홀리 진 벽은 내게 말했다. 하지만 지구공학 프로젝트가 절대적으로 필요하다는 판단이 섰을 경우, "최선의 상황은 아주 많은 에어로졸을 사용하지 않는 소규모 단기 태양 지구공학 개입을 통해 기온을 낮추는 동시에 전 세계가 탄소 제거를 위해 진지한 노력을 기울이고, 이 모든 작업을 이번 세기 안에 마무리하는 것"이다.[19]

수십 년에 걸친 지구공학 프로젝트의 느리고 단계적인 폐지는 그럴싸하게 들릴 테지만, 반세기가 걸리는 작업을 인류가 계획대로 성공시킨 사례가 어디 있단 말인가?

태양 지구공학 프로젝트와 권위주의가 한데 겹쳐지는 끔찍한 시기가 찾아올 가능성이 높다고, 벅은 내게 말했다. 그녀는 악몽 같은 시나리오를 제시했다. "권위주의적인 지도자가 나타나 태양 지구공학으로 모든 문제를 해결할 수 있다고 주장하고, 실제로 그 기술이 통하는 것처럼 보인다고 쳐요. 그런데 그 지도자가 자신의 권력 유지를 정당화하는 수단으로 그 기술을 이용한다면 어떻게 될까요?"

벅을 겁먹게 하는 다른 시나리오도 있다. 만약 죽어가던 석유산업이 글로벌 위기 상황을 악용해 탄소 포집 기술로 돈을 벌기로 마음먹는다면 어떻게 될까? 그녀는 이런 상황을 막기 위해서라도 석유기업의 국유화를 고려해야 한다고 말했다.

우리가 이미 탄소 중립에 도달했으며 안정적인 세계로의 전환을 위한 인도주의적 보완책이자 생태계의 부담을 덜고 생물 멸종을 막기 위한 수단으로서 지구공학 기술을 고려하는 세상에서, 그 기술은 나쁜 생각이 아닐지도 모른다. "기본적으로 [지구공학을 이용하는 것에 관한] 이런 연구는 전혀 이루어지지 않았어요." 벅은 내게 말했다. "그 사실은 지구공학의 이용을 고려하는 데 정당성을 부여하는 중요한 이유

중 하나라고 생각해요." 분명 그 세계는 지금 우리에게서 멀리 떨어져 있다. 하지만 이 책을 읽은 독자라면 알 수 있듯이, 이것이 그렇게 얼토 당토않은 이야기만은 아니다.

기후변화에 대한 사회정치적 대응이 실패한다면—혹은 우리가 대기 중 에어로졸 제거 작업에 너무 큰 성공을 거둬 급격한 온난화가 뒤 따른다면—우리는 지구적인 규모의 냉각 기술을 통해 위기를 극복하겠다는 용기와 낙관론을 가질 수 있을까?

표면적으로 지구공학은 우리를 애초에 진창에 빠뜨린 문제들을 오히려 확대하는 조치처럼 보인다. 하지만 기억할 것이 있다. 우리는 이미 이 행성의 대기와 생태계를, 유성 충돌을 제외할 경우 지구 역사상 유례없는 수준으로 바꿔놓았다. 그러한 피해를 일부 되돌리려는 시도는 충분히 가치 있지 않을까? 반면 지구의 대기 상태를 의도적으로 바꾸는 것은 급격한 변화를 겪고 있는 세계에 또 한 겹의 문제를 덧씌우는 일이 될 수도 있다.

미래에 '우리'는 사람들과 지구의 운명이 어느 때보다 복잡하게 얽혀 있고 그 위기에 대한 책임의 무게가 서로 같지 않은 상황 속에서 '인류'의 의미와 '지구'의 의미를 결정해야 할 것이다. 우리가 지구에게 어떤 일을 할 때, 우리는 우리 자신에게 그 일을 하는 셈이다. 지구공학 기술을 피하고자 하는 우리에게 최선의 희망은 아마도 유례없는 수준의 상호협력, 신뢰, 연대일 것이다.

2049년, 마셜제도와 북극, 오카방고강, 호주 오지 원주민들의 요청에 따라 열린 세계정상회담에서는 향후 대책 논의가 몇 달간 이어졌다. 대학, 종교단체, 젊은이들이 주도하는 생태사회의 대표들이 회의에 참석했다. 결과는 압도적이었다. 우리는 지금 살아 있는 사람들과 앞으로 이 땅에 태어날 수많은 세대들에게 하늘을 돌려주기 위한 노력의 일환으로, 아주 천천히 대기의 탈식민화를 시도하기로 했다. 이것은 인류가 발전시킨 놀라운 협력의 정신을 기리는, 수세기 동안 이어질 프로젝트였다. 이것은 너무 오랫동안 고통받아온, 인간 이외의 모든 종들에게 가해진 피해를 되돌리는 한 방법이었다.

2050년까지 우리는 기후를 안정화하고, 수많은 미래세대에게 살 만한 세상을 물려주기 위해 하나의 문명으로서 우리가 해야 할 일을 대부분 마쳤다. 불과 몇십 년 전까지만 해도 소망적 사고이며 불가능한 일이라고 비웃음을 받았지만, 우리는 이 성과를 통해 역사상 가장 놀랍고 영웅적이며 상상을 초월하는 혁명을 이뤄냈다.

산업 규모의 탄소 포집, 제한적인 지구공학, 다양한 풍력과 태양광 에너지원의 인공지능 제어 등 기술혁신은 계속 이어졌다. 하지만 주류 문화는 다른 모든 요소를 무시하는 무분별한 성장에서 인간과 자연의 상호 번영으로 바뀌었다. 그 안에서 완성된 순환 생태 경제는 사람들이 환경을 파괴하는 대신 환경과 함께 어우러져서 활기차게 노동하고 즐길 수 있는 공간을 만들어냈다. 우리는 기술 유토피아주의만이 아니라, 모든 종류의 지식을 적극 활용하면서 더 앞으로 나아갔다.

세계는 너무 많이, 너무 빨리 변해서 지구를 안정화시킬 수 있는 합리적인 방법이라면 그 어떤 것도 간과하거나 배제할 수 없었다.

지난 30년 동안, 모든 사람이 이런 변화를 달갑게 받아들인 것은 아니다. 불량국가, 불량산업, 과거의 방식을 고수하는 세력이 존재하고 여전히 전쟁은 불가피하다. 하지만 주류 문화가 많이 바뀐 덕분에, 이러한 사람들에게 책임을 묻고 그들이 우리에게 해를 가하는 것을 예방하는 시스템을 개발할 수 있었다.

21세기의 첫 50년 동안, 우리는 힘을 모아 급격한 기후변화와 싸웠다. 멸종이 현실이 되고 장소에 대한 애착이 약해진 시대에, 이 땅을 살아간다는 것이 무슨 의미인지를 고민했다. 이러한 필요를 충족하기 위해 우리는 새로운 영성을 개발하고 실천했다. 이 영성은 수세기에 걸친 식민지배와 착취의 역사를 수습하는 것을 목표로 삼는 공유경제와 탄소 중립 사회 속에서, 우리가 21세기의 나머지 50년을 출발할 수 있게 해주었다. 우리는 인류에 활력을 불어넣는 새로운 정신을 키워냈다.

우리는 삶, 번영, 문화, 우리와 함께 이 세상을 살아가는 동식물의 존재가 대기를 구성하는 비, 눈, 햇빛, 바람, 날씨의 복잡한 거미줄과 밀접하게 얽혀 있다는 것을 배웠다. 우리는 이러한 균형을 깨뜨리는 일이 지구에서 생명체의 존재를 가능하게 했던 근본체계를 무너뜨리는 일임을 깨달았다. 이제 서로와의 관계, 그리고 지구와의 관계를 안정화시켰으므로, 우리가 상상할 수 있는 것에는 한계가 없다.

지구를 돌보는 일은 새로운 (오래된) 영성이다

태초부터 인류는 인간이 지구와 하나임을 인식하는 것의 중요성을 이해했다.

캘리포니아주의 해안절벽 위에 앉아 내려다보는 석양의 부드러움을 언어로 표현할 방법은 없다. 멀리서 파도가 부서지고 당신은 눈앞에 펼쳐진 광활한 태평양을 바라보며 생각에 잠긴다. 복숭아의 맛을 언어로 표현할 방법은 없다. 애벌레를 간지럽히는 아기의 킥킥거림이나, 당신과 다른 삶을 살아왔지만 어느 한순간 당신과 친밀하게 연결된 누군가와 나누는 대화의 경이로움을 완벽하게 표현할 방법은 없다. 이런 단순한 사치들은 우리를 이 세상에 태어나게 한 지구와 우리 자신을 하나로 묶어준다. 우리가 이처럼 단순한 즐거움을 다른 사람과 공유할 때, 마침내 진짜 고향에 돌아온 느낌을 받는 것은 그런 이유에서다.

우리를 인간으로 만드는 것은 무엇인가? 서로 사랑하게 만드는 것은 무엇인가? 그것들을 위해 우리는 기후변화와 싸우는 것이다.

2050년이면 우리가 아는 세상의 거의 모든 것이 바뀌어 있을 것이다. 하지만 인류의 핵심적이고 공통적인 경험은 여전할 것이다. 우리가 미래의 우리 자신과 이 공간을 함께 나눠 쓸 사람들에게 줄 수 있는 최고의 선물은, 선지자다운 깊고 초월적인 사랑의 정신으로 지금 당장 급진적으로 행동하는 것이다.

카일 화이트가 2019년 제시한 '연대감'에 근거한 문명 개념은 변화의 힘을 지니고 있다. 연대감이 우리 자신에 대한 생각을 얼마나 획기적으로 바꿔놓는지, 우리가 어떤 꿈이나 목표를 위해 인생을 바치는지를 잘 생각해보면 그것을 알 수 있다. 그는 내게 말했다. "우리가 사람들에게 어떤 기후변화 해결책을 강요하는 대신에 관계와 동의의 과정에 더 집중한다면, 그러한 시스템은 지금 많은 사람이 상상하는 것과는 완전히 다른 미래를 열어줄 겁니다."[20]

기후 재앙이 점점 더 명백해짐에 따라 사람들이 느끼기 시작한 조급함과 불안함은, 이제껏 우리에게 혜택을 줬던 시스템을 획기적으로 바꾸는 것을 꺼리는 마음에서 비롯된다. 하지만 우리가 화이트의 비전을 진지하게 받아들인다면, 이런 조급함은 불신, 비난, 지나친 개인주의의 기반 위에 세워진 시스템이 조장한 환영에 불과하다는 걸 쉽게 깨달을 수 있다. 이러한 조급함과 불안감은 눈 녹듯이 사라질 것이다. 신뢰와 관계 구축에 많은 시간을 할애하는 사회에서 우리는 서로가 서로를 돌본다는 것을 굳게 믿을 수 있기 때문이다. 우리 모두는 돌봄을 받게 될 것이다. 원주민들이 수천 년간 그래왔던 것처럼 우리는 지구에 맞서는 게 아니라 지구와 함께하게 되었기 때문이다.

메리 애너이스 헤글러의 글은 이 시대가 요구하는 선지자적 리더십의 본보기라고 할 수 있다. 그녀는 무언가를 상상함으로써 이 세상이 시작된다고 말했다. "기후변화는 수동적으로 일어나는 사건이 아니에요." 그녀는 내게 말했다. "그건 고의적인 행동이죠. 아무것도 안 하는 것은 실은 무언가를 하는 거예요. 화석연료를 태우는 것은 행동이에요."[21]

2050년의 과학은 지금과 아주 달라 보이고, 다르게 느껴질 수 있다.

"우리는 과학을 통해 기후변화를 맞게 됐어요." 헤글러는 내게 말했다. "화석연료가 에너지원으로 사용될 수 있단 걸 발견한 건 과학이었어요. 화석연료의 위치를 알아낼 수 있게 한 것도 과학이었어요."

"우리가 건설적인 목적으로, 지구와 조화를 이루는 방식으로 과학을 이용하기로 마음먹고 이제껏 지구와의 유대를 결코 잃은 적이 없었던 원주민들의 목소리에 귀기울이기 시작한다면, 우리는 좀더 호의적인 과학, 좀더 전체론적인 과학을 만나기 시작할 거예요. 왜냐하면 과학은 지구에 대한 학문 아니던가요? 원주민들이 과학자들과 한 팀으로 일하는 장면은 아주 아름다울 것 같아요. 우리를 갈라놓는 모든 장벽이 사라진다면, 세상은 얼마나 더 혁신적으로 바뀔 수 있을까요? 우리의 공감 능력은 얼마나 더 커질 수 있을까요?"

원주민의 관점에서 2050년의 인류 문명은 전혀 인간 중심이 아닐지도 모른다.

"우리는 한발 뒤로 물러서서 관리자 역할을 시작해야 합니다." 시네콕 인디언 자치국 출신의 해양 정책 옹호자인 켈시 레너드는 말한다. "지구상에 존재하는 비(非)인간 생명체들과의 관계를 강화하고, 그들의 삶이 우리의 삶보다 우선시되도록 책임지는 역할을 해야 합니다."

"유엔 원주민권리선언(United Nations Declaration on the Rights of Indigenous Peoples, UNDRIP)의 원칙들이 기후변화 정책과 지속 가능하고 공정한 기후 관련 구상에 반영되고 적용되기 시작하려면, 이런 중요한 요소들이 우선 포함되어야 해요. 우리가 원주민권리선언에 명시된 원칙들을 실제로 지킬 수 있다면, 우리는 원주민뿐 아니라 모든 사람에게 더 나은 지구, 더 안전한 지구, 더 건강한 지구를 얻게 될 겁니다."[22]

* * *

이제 2050년이다. 세계는 탄소 중립이다. 경제는 순환적이다. 사회는 변모했다. 우리 세계는 완전하고 획기적인 변화를 선택했다. 마셜제도 같은 곳들이 중요하기 때문이다. 당신이 중요하기 때문이다. 계속 예전처럼 살 수 없었기 때문이다.

불평등은 여전히 존재하고 그건 앞으로도 늘 존재할 것이다. 하지만 인류는 우리가 상상했던 것보다 타인과—그리고 지구상 다른 모든 생명체와—훨씬 많은 것을 나눌 수 있음을 배웠다.

재앙과의 마주침은 우리가 가슴 저미도록 아름다운 지구적 관계를 향해 나아가도록 했다. 그런 시대를 산다는 것은 얼마나 놀라운 일인가.

기후변화에 대한 우리의 책임은 똑같지 않다. 그렇다, 아마존 열대우림은 기록적인 속도로 불타고 있다. 그렇다, 해빙은 사상 최저치를 경신 중이다. 그렇다, 더 부자가 되려는 부자들 때문에 대량학살이 벌어지고 있다.

이것은 우리 시대의 지구적인 디스토피아다. 우리가 이 세계를 향해 느끼는 분노는 정당하고 꼭 필요하다. 그것은 우리가 행동에 집중할 수 있게 돕는다.

하지만 그건 우리가 들려줄 수 있는 유일한 이야기가 아니다. 우리는 사랑의 이야기도 들려줄 수 있다. 힘을 가진 우리는 정의를 위해 싸워야 한다. 이익보다는 생존을, 현상유지보다는 번영과 혁신을 중요시하는 새로운 시스템을 위해 싸워야 한다. 획기적인 희망이란, 미래가 더 나아질 수 있으며 그 미래를 현실로 만드는 것이 우리임을 아는 것이다.

가장 큰 변화는 그러한 세상이 가능하다고 믿고 또 상상하는 우리의 머리와 마음속에서 일어난다.

이 순간은 무섭고 충격적이다. 하지만 우리는 함께 있다. 이 책에 제시된 다양한 가능성들 가운데에서 가장 중요한 부분은, 우리의 미래는 당신이 자신에게 들려주는 이야기와 관련있다는 것이다. 그건 우리의 행동이 특정한 결과를 낳을 것이라고 믿으면서 무의식적으로 하루하루를 살아가는 방식과도 같다. 좋은 미래를 위한 노력이 그런 미래를 가능하게 만든다. 우리가 좋은 미래의 가능성을 믿지 않는다면 그런 미래를 위한 노력은 있을 수 없다.

당신이 할 수 있는 가장 중요한 일은 무엇인가?

나의 변화 이론은 간단하다. 수십억 명의 사람들이 힘차게, 함께 싸우겠다는 마음가짐으로 자신의 삶을 살아가는 것이다.

대의민주주의에서 우리가 할 수 있는 가장 중요한 일은 투표라는 말을 자주 듣는다. 하지만 투표일을 제외한 나머지 날들은 어떤가? 지금은 위기 상황이다. 우리에겐 다음 선거까지 기다릴 시간이 없다.

기후 비상사태의 규모에 걸맞게 우리에겐 획기적인 사회 변화가 필요하다. 이것은 도저히 불가능해 보일뿐더러 우리의 양팔로 끌어안기에는 너무 큰 일 같아서 사람들은 지레 겁을 먹는다. 하지만 사회 변화란 것이 각자 급진적인 삶을 사는 개개인의 총합이라면 어떨까? 여기에는 당신도 포함된다. 우리의 행동을 바꾸는 것부터 시작할 수 있다면, 더 큰 사회 변화를 불러올 수 있다. 우리에게는 시스템의 획기적인 변화와 개인적 삶에서의 획기적 변화가 모두 필요하기 때문이다.

처음에는 이것이 불편하게 느껴질 수 있다. 하지만 그게 당신 자신과 당신이 사랑하는 모든 사람에게 껍데기만 남은 미래의 지구를 넘겨주는 것보다 더 불편한 일일까?

그렇다면 어떤 개인적 행동이 가장 중요할까? 올바른 답은, 당신으로 하여금 이 세상과 그 속에서 살아가는 사람들과 좀더 긴밀하게 연결될 수 있도록 하는 행동이다. 우선 당신의 모든 일상활동을 점검하며 탄소발자국 계산기를 돌려봐야 한다(아마 결과를 보고 깜짝 놀랄 것이다). 하지만 어느 순간이 오면 단순히 이런저런 사항들을 체크하는 게 아니라, 더 만족스럽고 건강한 삶을 통해 우리 생태계의 생존을 보장할 수 있도록 당신과 이 세상의 관계를 재구상해야 한다.

그렇기에 우리가 기후변화와 관련해 할 수 있는 가장 중요한 일은, 기후변화에 관해 이야기 나누는 것이지 않을까? 들어줄 사람이 있다면 누구와 함께든 상관없다. 우리는 위기에 처해 있고, 위기시에 종종 외면 당하는 목소리들이 있다. 누군가가 당신에게 기후 비상사태와 그로 인한 본인의 피해에 대해 이야기한다면 꼭 들어주길 바란다.

기후에 관한 대화는 급진적 행동을 향한 사회정치적 압력을 가중시킨다. 그것이 비록 친구들과의 사적인 대화라고 할지라도 기후변화라는 주제가 터부시되는 세상에서 그 자체로 급진적인 개인적 행동이다. 기후변화에 관한 대화를 통해 우리는 더 나은 세상을 만들 수 있다. 이 아름다운 지구에서 살아갈 수 있는 새로운 방법에 대해 배우고 경청하고 열성을 쏟는 일은 대화 없이 절대 불가능하다.

전체 탄소 배출 중 상당 부분에 책임이 있는 수백 개의 기업은 어떻게 할 것인가? 석유·가스업계는 어떻게 할 것인가? 우리는 이런 끔찍한 기업들을 국유화하거나 폐업시켜야 한다. 하지만 그러기 위해서 우선 대화를 나눠야 한다.

이는 종말론을 잠시 접어두는 것을 의미한다. 오래된 세계는 이미 사라졌다. 우리는 새로운 세계 건설이라는 공동 과제에 착수하기 전까지 길을 잃고 방황하며 정의되지 않은 상태로 남아 있을 것이다.

허리케인 도리안의 종말론적 분노가 바하마를 휩쓴 지 한 달이 지난 2019년 말, 여전히 1000명 이상이 실종 상태였고 7000명이 집을 잃은 상태였다. 허리케인은 경제에도 심각한 충격을 안겼다. 바하마의 GDP 58%가 하룻밤 사이에 증발했다. 휴버트 미니스(Hubert Minnis) 총리는 이를 두고 "우리나라 역사상 심각한 국가적 위기 중 하나"라고 했다.[1]

하지만 이런 암울한 수치조차도 그 끔찍한 날, 몸을 웅크리고 있던 사람들이 느꼈을 기분을 전부 설명해주지는 못한다. 철판이 찢어지고 나무가 쪼개지면서 생기는 이 세상의 것이 아닌 듯한 소리, 모든 표면을 세차게 때리는 비와 모래와 바닷물. 휠체어에 탄 채로 48시간 동안 물에 잠겨 있었던 남자의 이야기도 들려왔다.

누구라도 살아남은 사람이 있다면 그건 인간의 위대한 정신의 증거다. 자연의 위력 관점에서 도리안은 비교 대상이 없었다. 그것은 대서양에서 폭풍 관측을 해온 지난 150년을 통틀어 가장 강력한 허리케인이었다. 하지만 그 원인은 전혀 자연스럽지 않았다. 수세기 동안의 결정들이 그 거센 바람과 파도에 녹아 있었다.

허리케인이 발생한 직후, 언론의 헤드라인은 이 카리브해 군도의 광경을 '절름발이가 된(crippled)', '지옥(hell)', '파괴(devastation)' 같은 단어로 묘사했다. 그러다 늘 그렇듯 국제 언론은 거의 완전히 입을 다물었다.

기후변화 그 자체는 간단하다. 나는 그것을 한 단락으로 요약할 수 있다. 화석연료는 물리학적 우연에 따라 거의 완벽한 에너지 저장소임이 밝혀졌고, 이후 수세기 동안 식민주의의 가속화에 기여했으며, 인류가 지구 및 타인과 착취적인 관계를 맺을 수밖에 없게 만들었다. 이에 따른 자원 불균형은 경제력이나 군사력을 가진 자들에 의해 악용되었고 다수의 희생을 통해 소수의 배만 불리는 결과를 낳았다.

하지만 그 해결책은 단순히 기술적인 것이 아니다. 너무도 익숙한 종말론 서사에는 정의나 재생의 여지가 없다. 우리는 그보다 더 나아야 한다. 우리는 서로를 더 잘 대하는 법을 배워야 한다.

하지만 어떻게 해야 가능할까? 우리가 이 비상상황에 대응하기 위해 반드시 취해야 할 조치를 알아내기란 쉽지 않다. 시급히 건설해야 할 어떤 문명을 향해 어느 정도까지 나아가는 중인지 보여주는 컴퓨터 모델이나 위성, 레이더 시스템, 그래프 같은 건 없다.

우선 시작할 수 있는 유일한 방법은 이 상황의 무게를 인식하고, 우리가 공유하는 인간성을 되돌아보고, 함께 나아가는 것이다. 존 F. 케네디 대통령의 표현을 빌려 우리가 협력해야 하는 이유를 말하자면 "이것이 쉽기 때문이 아니라 어렵기 때문"[2]이다. 지구의 붕괴를 늦추는 것은 어쩌면 우리가 하나의 종으로서 하게 될 가장 힘든 일일지도 모른다. 하지만 그것은 동시에—논란의 여지없이—가장 중요한 일이기도 하다.

역사상 무력충돌을 제외한 그 어떤 인재도 이렇게 많은 난민을 만들어내지는 못했다. 그 어떤 인재도 하룻밤 사이에 섬 전체를 파괴하거나, 전 세계의 넓은 면적을 불모지로 만들거나, 오랫동안 자리를 지킨 조상의 무덤을 영원히 바닷물에 잠기게 하지는 못했다.

오늘날 전 세계에는 7000만 명 이상의 실향민이 있다. 기후변화는 현재 지구상 거의 모든 곳에 영향을 미치므로, 이들 중 얼마나 많은 사람이 환경파괴나 기후변화 때문에 삶의 터전을 옮겼는지에 관한 믿을 만한 수치는 없다. 다만 우리가 살아 있는 동안 획기적인 변화가 없다면 실향민은 현재의 10배까지 증가할 수 있다.

기후에 관한 글을 쓰는 사람들은 종종 전쟁 은유를 사용한다. 하지만 기후변화는 전쟁이 아니다. 집단학살이다. 억압이다. 멸종이다. 강자들이 약자들을 강탈하고 그들을 귀찮은 존재로 여겨왔던 오랜 역사가 가장 최근의 형태로 드러난 것이다. 기후변화를 이런 식으로 이해하면 모든 것이 바뀔 수 있다.

우리가 역사 속에서 지금 이 시기에 대해 말하는 방식보다 더 최악인 것은, 기후 대재앙의 내러티브가 행동의 촉진제 역할을 못 한다는 것이다. 오히려 그 내러티브는 기존 관행을 고수하는 쪽에 힘을 실어준다. 어차피 바하마가 사라질 거라면 왜 애써 그 경로를 바꿔야 한단 말인가?

피난길에 오르기 위해 다시 배 위에 올라탄 바하마 노예의 후손들, 목축과 콩 플랜테이션 때문에 산림파괴를 겪었고 이제는 잦은 산불에 시달리는 아마존 원주민들, 수년간의 가뭄이 분쟁을 심화시키면서 난민이 된 시리아인들, 이들에게 기후 비상사태는 폭력처럼 보인다.

이제 모든 게 달라졌다는 것을 믿지 않을 바하마 사람은 없다. 바하마는 전 세계 온실가스 배출 중 겨우 0.01%에 책임이 있지만, 기후 비상사태로 인한 최악의 결과를 겪고 있다. 그런 나라의 사람들에게 불평등이 문제의 일부라는 사실을 납득시킬 필요는 없다.

또한 그들이 분명히 알고 있는 것은, 아바코섬과 그랜드바하마섬의 주민들이 잔해 위에 삶의 터전을 재건하려면 수년—어쩌면 수십 년—이 걸린다는 사실이다. 바하마 작가 버나드 퍼거슨(Bernard Ferguson)은 〈뉴요커The New Yorker〉에 기고한 글에서 이런 심정을 잘 포착했다. "집계된 사망자 숫자는 폭풍이 앗아간 목숨들을 결코 온전히 혹은 정확히 보여주지 못할 것이다."[3]

기후변화와 최전선에서 싸우는 전 세계 사람들에게 이처럼 비자연적이고 인위적인 폭력에 대한 물리적인 방어막은 없다. 퍼거슨은 "우리가 가진 가장 강력한 방어막은 현재의 경로를 바꾸기 위해 여러 나라가 집단적으로 전략을 짜고 조직을 꾸리는 것"이라고 했다.

기후 비상사태의 진짜 모습은 바로 이것이다—태양에너지 기술에 관한 이야기, 미온적이고 하나 마나 한 소리뿐인 협정에 서명하는 세계 정상들, 오래전에 확립된 물리학에 관한 뻔한 말들이 아니라.

이것은 단순히 존재할 권리를 주장하는 전 세계의 거의 모든 가정, 모든 동네에서 매분 매초 일어나고 있는 혁명이다. 이것은 단순히 폐허가 된 섬에 사는 가족이라는 현대의 이미지가 아니다. 기후 비상사태는 아메리카 대륙에서 펼쳐진 500년의 식민지배 역사처럼 보이기도 한다. 기후변화는 우리가 다른 사람, 자연과 맺는 관계의 위기이기 때문에 이러한 일은 오래전부터 있었다.

지금 이 순간 그 무엇보다 필요한 것은 스웨덴 10대 소녀와 전 세계의 수많은 젊은이들이 유엔에서 보여줬던 것과 같은 도덕적 명확성이다.

우리는 가장 도움을 필요로 하는 이웃을 더이상 내버려둘 수 없음을 절실히 깨달아야 한다. 우리는 상호의존 방식을 다시 배워야 한다. 우리는 종말로 끝맺음되지 않는 이야기를 처음부터 새로 쓰는 법을 배워야 한다.

* * *

내가 당장 해줄 수 있는 조언은 밖으로 나가서 오늘의 지구를 만끽하라는 것이다. 야외활동에는 육체적, 정신적 이점이 있다. 아래 열거된 내용 중에 많은 활동을(혹은 단 몇 개라도) 해보기를 바란다.

숲을 산책한다.

(야외에서) 예술활동을 한다.

스노클링을 한다.

관심사가 같은 사람을 만난다.

벌레를 관찰한다.

새를 관찰하러 간다.

별을 보러 가서 우주 속에서 자신의 위치에 대해 생각해본다.

카약에 도전한다.

섬을 하이킹한다.

과수원에서 잘 익은 과일을 딴다.

나무 위 오두막에 머무른다.

야구 경기를 보러 간다.

이런 일을 하다보면 영감을 받아 더 많은 일을 하고 싶어질 것이다.

(비영리) 사업을 시작한다: 예컨대, 당신은 친환경 세제만 이용하는 청소업체를 운영하면서 고객들과 기후변화에 관한 이야기를 나눌 기회를 얻을 수 있다.

공직에 출마한다: 지난 몇 년간 당신은 지역사회 구성원들이 변화를 요구하는 목소리를 직접 들어왔다. 이제 그 변화를 가져오는 일을 도울 수 있다.

교사가 된다: 미래를 바꾸는 최고의 방법은 미래의 사람들에게 지식을 통해 힘을 실어주는 것이다.

농부가 된다: 도시, 교외, 시골 공동체 중 어디에 살든 간에, 우리의 버팀목은 땅이다. 당신은 지구를 위해 그 땅의 훌륭한 관리인이 될 책임이 있다. 농사지을 땅을 찾고 자연의 너그러운 선물을 마음껏 즐기자.

지역사회에 요구한다: 자전거도로 추가 건설처럼 간단한 요구사항을 지역사회 위원회에 전달하는 것도 사람 중심의 미래 사회를 실현하는 데 도움이 된다. 자전거는 인류 역사상 에너지 효율이 높은 발명품 중 하나이므로, 환경 개선에 즉각적인 효과를 낼 수 있다.

무엇보다 중요한 것은 가까운 사람들과 기후변화에 관해 이야기를 나누는 것이다. 또한, 생각이 같은 사람들과 연대 및 네트워크를 구축하고 더 나은 미래에 대한 비전을 공유하는 것이다.

견해가 다른 사람과 기후변화에 관해 이야기하는 방법

나는 트럼프에게 43% 더 많은 표를 몰아준, 탄광업과 농업으로 먹고사는 마을에서 자랐다. 내 부모님에게 기후변화에 관한 이야기를 꺼내는 건 언제나 어려웠다.

하지만 기후변화를 부정하는 사람들에게 분노할 시간은 지났다. 이제는 공통점을 찾을 시간이다. 더이상 문제에 대해 논의하고 있을 시간이 없다.

더 나은 세상에 대한 거부할 수 없는 비전을 구축함으로써, 우리는 세계 역사상 가장 크고 강력한 인간 중심의 운동을 통해 화석연료 업계의 간교한 영향력을 극복할 것이다. 이러한 혁명은 우리에게 남은 시간 안에 우리가 가야 할 곳에 닿을 수 있는 유일한 길처럼 보인다.

이 문제와 관련하여 내가 신뢰하는 사람은 기후과학자 캐서린 헤이오(Katharine Hayhoe)다. 그녀는 우리가 생각보다 비슷하다는 것을 사람들에게 납득시키는 일을 개인적인 사명으로 삼는다. 그녀는 내게 말했다. "현실적으로 우리가 많은 부분에 관해 서로 동의하는 일은 없을 거예요. 하지만 함께 나아가기 위해 필요한 공통점은 충분하다고 생각하죠. 우리에겐 공통점이 너무 많고, 그 어떤 정책도 단지 한 가지 이유만으로 만들어져서는 안 돼요. 우리에겐 그런 사치를 누릴 여유가 없어요. 누군가가 다른 이유에서 우리와 한배를 탔다면, 그것도 괜찮아요! 지나치게 순수주의자처럼 구는 건 그만둬야 하죠."[4]

일례로, 헤이오는 석유 문제가 여러 집단을 하나로 묶을 수 있다고 말한다. "석탄은 사람을 죽이기 때문에 우리는 석탄 사용을 중단해야 해요. 매년 미국에서 20만 명, 전 세계에서 540만 명이 석탄과 휘발유

연소로 인해 사망하죠. 당신이 이 문제에 대해 걱정하면서도 석탄을 기후변화의 원인으로 보지 않는다 해도, 저는 우리가 문제없이 한 팀이 될 수 있다고 생각해요. 화석연료에 대한 탄소세 도입과 탄소 배출 규제 강화에 함께 힘쓸 수 있을 테니까요."

그녀의 말은 내가 세상을 전부 태워버리고 싶은 심정일 때 인내심을 가질 수 있게 해준다. 광부들은 적이 아니다. 항공기 비즈니스석을 이용하는 당신의 사촌은 적이 아니다. 육식을 하는 당신의 이웃은 적이 아니다. 적은 우리 모두가 속해 있는 시스템이다. 우리에게 주어진 유일한 행성에 대한 착취적이고 식민지적이고 학살적인 개발의 원동력이었던 바로 그 시스템이다.

이 책은 어떻게 다른 시스템이 만들어질 수 있을지, 그것이 어떤 모습일지에 관한 내용이지만, 솔직히 말하면 너무도 중요한 향후 30년 동안 어떤 일이 벌어질 것인지 나도 정확히 모른다. 좋은 소식은, 우리가 함께 이러한 미래를 상상하고 만들어가리라는 것이다. 나는 우리가 그 일을 해낼 거라고 확신한다, 우리에겐 다른 선택지가 없으므로.

당신의 세계는 어떤 모습일까?

역사상 지금 이 순간은 당신을 필요로 한다. 당신이 개인적으로 할 수 있는 일을 찾는 것은 생각보다 어렵지 않다. 당신은 자신이 열정을 가지고 있는 사안들을 이미 알고 있다. 자신이 잘하는 일들을 이미 알고 있다. 당신이 남은 생을 바칠 곳은 이 두 가지가 겹치는 영역이다.

당신의 삶은 당신이 써내려가야 할 이야기이다. 당신은 본인과 이 세상의 관계를 매일—하루도 빠짐없이—결정한다. 이 순간의 매력은 바로 그것이다. 당신에게는 정치 시스템보다 훨씬 기민하게 대응할 능력이 있다는 것. 지금 당장, 삶 속에서 비교적 큰 변화를 실천할 수도 있다! 이 책을 내려놓고 산책을 나가서 한번 생각해보자. 더 나은 세상을 상상하고 그 속에서 당신의 역할을 떠올려보자. 친구 몇 명을 초대해 그런 이야기를 나눠보자. 그런 다음, 그 상상을 현실로 만들 방법을 찾아보자. 당신은 할 수 있다. 나는 당신을 믿는다.

* * *

당신이 꿈꾸는 미래의 지구를 현실로 만들 방법을 찾는 과정에 도움을 주기 위해, 나는 몇몇 친구들과 함께 행동지침과 성찰 훈련을 준비했다. 이것은 당신의 상상력을 자극하여 온난화 시대에 여전히 가능한 일들을 떠올릴 수 있게 할 것이다.

애도 훈련[5]

애도(grief)는 상실로 인한 슬픔을 넘어선다. 그것은 육체적인 경험이다. 우리는 사랑하는 사람의 죽음이라는 맥락에서 애도를 떠올리지만, 애도는 다른 상실로 확장될 수 있다. 기후변화의 미디어 노출이 많아지고 생태적 상실의 이미지가 쏟아지는 가운데, 많은 사람들은 무의식적이고 가공되지 않은 애도를 경험하고 있을지도 모른다. 우리는 경청하는 훈련과 창의적인 애도식을 통해 우리가 지구에 대해 느끼는 고통을 처리하고 전환하는 일을 시작할 수 있다. 애도식은 이 주제를 둘러싼 무거운 기운을 걷어내고, 더 창의적이고 속깊은 대화를 나눌 수 있도록 돕는다.

경청과 돌봄은 언뜻 '아무것도 하지 않는' 것처럼 보일 수 있는 두 가지 활동이다. 하지만 이 활동에 참여하는 사람이라면, 우리가 과잉생산을 통해 얻은 문화적 교훈, 자연적 한계를 넘어선 무한성장을 향한 문화적 의무감을 원상태로 돌리는 것이 얼마나 힘든 일인지 잘 알 것이다.

이 모임의 목적이 기후변화를 '해결'하는 데 있지 않다고 선언하는 것은 도움이 된다. 내 경험상 사람들은 기후변화에 대해 토론할 때 지나치게 해결책에 집중하는 경향이 있다. 이것은 대화를 너무 무겁게 만들 뿐 아니라, 단일 해결책에 대한 과도한 집착으로 인해 대화가 방향을 잃게 한다. 이런 집착은 껄끄럽고 속상한 주제를 논의하는 데서 오는 불편함에서 벗어나려는 시도일 수 있다. 사람들이 기후변화에 관한 자신의 감정을 충분히 탐험하고 표현할 수 있게 하려면, 또한 개인적 애도를 집단적 행동으로 전환하는 어려운 작업을 시작할 수 있게 하려면, 진지한 경청과 돌봄 작업이 중요하다.

땅에 발 붙이기

사람들은 폭풍 속에서 피난처를 찾는 성향이 있다. 우리의 경험에 집중하고 내적 안정감을 키우고 우리가 의지할 수 있는 자원을 찾아냄으로써, 우리는 함께 생태적 위기로 인한 파열, 상실, 슬픔이라는 만만치 않은 요소들을 경험할 수 있는 공간을 만들어낼 수 있다.

때때로 그룹 훈련에 참여하면서 우리가 훈련 직전에 하던 일에서 많은 에너지를 가져오거나, 훈련이 끝나고 해야 할 일에 대해 떠올리기도 한다. '땅에 발 붙이기(grounding)' 훈련은 당신의 의식을 지금 당신이 속한 시공간으로 가져와서 중추신경계를 안정시키는 역할을 한다. 물론 때로는 우리의 경험으로 의식을 가져오면서 우리의 피로, 불안, 허기만 강하게 느껴지기도 한다. 당신이 무엇을 느끼든 다 괜찮다! 이 훈련의 핵심은 계속 전진하려는 힘을 약화시켜 우리가 모두 같은 공간에 함께 머물 수 있게 하는 것이다.

1단계. 수용적인 호기심의 태도를 가진다

이 훈련은 목표 지향적이라기보다는 탐험에 가깝다. 당신의 주관적 경험 및 그 경험과 신경계와의 관계를 잘 이해하는 방법은 그것이 어떤 느낌인지 그저 궁금해하는 것이다. 이것은 '제대로 해내야' 하는 일이 아니다. 이 과정을 거친 뒤 평온이 찾아오지 않는다고 해서 당신의 방식이 틀렸다는 뜻도 아니다. 당신은 당신의 경험에 대해 배우는 중이다. 어쩌면 당신은 어떤 생각을 떠올릴 때 몸의 일부가 무감각해지는 사람일지도 모른다. 혹은, 몸의 다른 일부가 더 활발하게 반응할지도 모른다. 우리가 이런 것들을 조금씩 알아차리기 시작하고 함부로 판단하지 않는다면, 우리의 경험이 가진 여러 측면에 약간의 연민을 갖게 되는 기회가 찾아올 것이다.

2단계. 그냥 앉아 있는 것부터 시작한다

자신에게 가만히 앉아 있을 시간을 주자. 어떤 일을 할 필요도 없고, 강력한 집중력을 발휘할 필요도 없다. 당신의 기본자세가 너무 무리하거나 애쓰는 것이라면 좀 쉬어가자. 구체적인 리스트를 작성할 때에도 (내가 항상 작성하는 건 식료품 쇼핑 리스트다!) 떠오르는 모든 아이디어나 생각에 대해 진지하게 고민할 필요는 없다. 그냥 가만히 앉아 그 생각들을 쳐다보자. 너무 진지하게 고민하지도 말고, 그렇다고 완전히 밀어내지도 말고.

3단계. 감각에 집중한다

우리 몸의 타고난 복원력을 활용한다는 것은, 분석적인 성향의 정신에서 벗어나 육체적 감각으로 의식을 집중하는 능력을 의미한다. 트라우마가 있는 일부 사람들에게 몸은 늘 안전한 장소가 아니므로, 이 훈련은 한 번에 1분씩만 해도 좋다. 억지로 애쓸 필요는 없다. 탐험하고, 배우고, 기회가 허락할 때마다 작은 발걸음을 떼면 된다.

훌륭한 출발점은 바닥에 닿은 발의 감각을 느껴보는 것이다. 발에 관한 생각이나 이야기가 머릿속에 떠오를 때, 그 의식의 방향을 다시 감각 쪽으로 돌려놓을 수 있는지 살펴보자. 중력을 느껴라. 압력을 느껴라. 흥미로운 부분은 무엇인가? 바닥이 딱딱하게 느껴지는가? 바닥이 당신을 단단히 받쳐주고 있고, 당신이 바닥과 연결되어 있다고 느끼는가? 그 연결된 부분을 계속해서 알아차려라. 쿠션이나 의자에 닿은 당신의 다리와 엉덩이를 느껴라. 호기심을 가져라. 호흡하라. 척추 아래쪽 끝부터 어깨까지 당신의 등을 살펴보라. 긍정적인 감각이 느껴지는가? 긴장된 부분은 없는가? 중립적인 감각에 대해서도 호기심이 생기는가? 기온은 어떠한가? 그저 인식하고 궁금해하라. 당신의 등이 의자 등받이에 닿아 있다면, 그곳이 닿는 느낌도 알아차려라. 그냥 앉아 있다는 일반적인 감각, 혹은 희미한 감각만 느껴진다고 해도 괜찮다. 억지로 집중하려고 애쓰지 말고 그냥 느껴라.

이 훈련을 통해 아주 잠시라도 당신의 몸을 느낄 수 있다면, 그것만으로 충분히 성공이다. 자신의 감각과 친숙해지는 일을 어렵게 느끼는 사람이 많다. 그건 트라우마 때문일 수도 있고, 우리가 온종일 온라인으로 업무를 보면서 우리에게 몸이 있다는 사실을 잊고 살기 때문일수도 있다. 잠시라도 아무 생각 없이 몸을 느낄 시간을 가지는 일에는 놀라운 치유 효과가 있다. 쉴새없이 앞만 보고 달리는 일상 속에서 잠깐 쉬어가는 것은 원기 회복에 도움이 된다.

4단계. 지면을 느낀다

'땅에 발 붙이기' 훈련의 목표 중 하나는 우리가 현재의 공간에 머무는 법을 배우는 것이다. 당신이 속한 지금 이 순간, 혹은 지금 이 장소를 특징적으로 잘 보여주는 무언가가 있는가? 소리, 기온, 혹은 전반적인 분위기인가? 단지 더 집중하기 위해 이런 것들을 우리의 경험 밖으로 밀어낼 필요는 없다. 오히려 우리가 속한 장소의 모든 특징을 잘 활용해야 한다. 때로는 생각이 아예 다른 곳에 가 있거나, 문득 미래나 과거의 자기 모습을 떠올리고 있을 수도 있다. 그런 것도 다 괜찮다. 우리는 그저 당신이 그 감각을 다시 현재의 순간으로 가져올 수 있는지 확인할 것이다. 호흡은 훌륭한 닻이 되어줄 수 있고, 지면과 닿은 감각도 마찬가지다. 에어컨에서 웅웅거리는 소리가 들려올 수도 있다. 그것 역시 의식이 머무는 장소 역할을 할 수 있다.

'땅에 발 붙이기' 훈련을 마친 뒤 기록해볼 만한 질문

- 가만히 앉아 감각에 집중할 때 흥미롭게 느낀 점은 무엇인가?
- 긍정적인 감각을 알아챌 수 있었는가? 그것은 무엇인가? 부정적인 감각이 느껴졌나? 중립적인 감각을 느낄 수 있었나? 이중에서 재밌었던 것은 무엇인가?
- 당신이 있던 방을 제대로 느낄 수 있었다면, 그 느낌의 특징은 무엇인가?
- 미래를 상상하거나 과거를 회상하는 자신을 발견했다면, 그건 어떤 느낌이었나?

피난처

우리는 모두 힘들고 버거울 때 기댈 수 있는 내적인 자원을 갖추고 있다. 이러한 도구 중 일부를 의식적으로 조합해놓으면 훌륭한 훈련 도구가 될 수 있다. 이 훈련에 도움이 될 만한 자원 함양 방법은 다음과 같다.

1. 기후변화에 대한 본인의 감정을 직면하는 과정에 당신에게 길잡이가 되어주고 영감을 줄 만한 사람들은 누구인가? 그들은 어려운 시대를 살았던 조상일 수도 있고, 역사적 인물, 멘토, 당신을 돌봐주는 사람일 수도 있다. 당신이 가지기를 원하는 회복력과 가치를 구현하는 소설 혹은 영화 속 인물일 수도 있다. 시간을 들여 그런 인물들을 찾아낸 다음 당신만의 회복팀(resilience team)을 만들어라.

2. 특별히 편안하게 느껴지고 안심이 되는 장소가 있는가? 그런 장소에서 느끼는 감각을 떠올려보자. 그곳의 냄새는 어떤가? 어떤 장면을 볼 수 있는가? 그곳과 관련된 육체적인 감각은 무엇인가? 소리는 어떤가? 시간을 두고 이런 감각들이 선명해질 수 있도록 하라. 그곳에 있을 때의 느낌을 떠올려보라. 당신의 몸이 편안함, 안정감, 혹은 그곳에 있을 때의 감각을 느끼도록 하라.

3. 만약 이 장소와 이 팀이 당신이 언제든 필요할 때 접근할 수 있도록 당신의 몸속 어딘가에 머무른다면, 그 위치는 어디일까? 머릿속에 떠오르는 것을 시간을 들여 지켜보라. 당신이 생각하는 안전한 장소와 회복팀을 떠올릴 때, 심장이나 가슴 한가운데에 한 손을 올려놓는 제스처를 취하는 것도 도움이 된다. 물론 다른 동작이 먼저 생각날 수도 있다. 몇몇 동작을 시도해보고 몸의 소리에 귀기울이며 이 안정감과 회복력이 머물 수 있는 곳을 찾아보자.

4. 훈련이나 대화중에 불안함, 불편함, 긴장감이 느껴진다면 이 편안

한 느낌을 떠올리자. 당신이 기후변화에 관해 북받치는 감정을 느끼지 않는 척하라는 소리가 아니다. 그보다는 내적, 외적 동요가 발생했을 때, 자기 자신과 타인에게 피난처를 제공하기 위해 현실로 돌아올 수 있어야 한다는 뜻이다.

참여를 이끄는 어리둥절함

당신에게 기준틀이 없다면 어떤 일이 벌어질까? 당신은 더 열린 자세로 더 많은 것을 알아차릴 수 있다. 일단 뭔가를 '알게(know)' 되어 당신의 의식이 현재의 경험과 이미 만들어져 있는 틀을 연결 짓게 되면, 당신은 본인이 선택한 틀에 맞춰 사물을 인식하게 된다.

의식은 늘 우리의 경험에 관한 이야기를 들려준다. 의식이 그런 일을 할 때 우리가 알아차린다면, 우리는 허무주의적이고 비관적인 방식이 아니라 개방적이고 창조적인 방식으로 이야기를 들려주는 법을 배울 수 있을지도 모른다.

'참여를 이끄는 어리둥절함(Engaging Bewilderment)' 훈련은 여러 방식으로 진행될 수 있다. 내가 사용한 방식 중 하나는 낯선 악기가 포함된 음악이나 다양한 소리가 섞인 현장 녹음을 트는 것이다. 참여자들은 자신들의 의식이 어떤 구체적인 소리를 내는 대상을 파악하려고 애쓰는 것을 눈치챌 때, 특정한 소리에 집중하는 대신 전체를 듣는 경험 쪽으로 의식을 옮겨올 수 있는지 살펴본다.

다른 훈련은 다양한 질감의 물건들이 담긴 큰 주머니를 이용한 것이다. 참여자들은 눈을 감고 주머니에 손을 넣어 물건을 하나 고른다. 찰나의 순간일 수도 있지만, 그 물건이 무엇인지 재빠르게 식별하지 않고 그저 그 물건을 느껴보는 것이 가능할까?

그런 다음, 참여자들은 이 훈련 과정에서 떠오른 생각이나 통찰에 대해 10분간 적어본다. 이후 이 경험에 관한 토론을 시작할 수 있다.

경청하기

우리 자신과 타인의 고통을 지켜보는 것은 연민 섞인 행동의 한 형태다. 2명씩 짝을 이루어 번갈아가며 상대방의 말을 들어본다. 한 사람당 5분씩 이야기한다. 말하는 사람은 자신이 느낀 감각을 언어로 전달하는 연습을 한다. 듣는 사람은 고개를 끄덕이거나 가로젓지 않고, 어떤 반응을 보일지 미리 계획하지 않으며 그저 듣는 연습을 한다. 상대의 말을 듣다가 주의가 산만해지는 자신을 발견하면, 자신의 의식을 부드럽게 다시 상대의 말 쪽으로 옮겨온다. 5분 뒤, 역할을 바꾼다. 각자 5분씩 발언한 뒤, 두 사람은 마지막 5분 동안 이 훈련이 어떤 느낌이었는지 서로 대화하는 시간을 가진다. 그런 다음, 그룹이 모두 모여 이 훈련 과정에 느낀 통찰에 대해 이야기 나눈다.

참여를 위한 프레임워크—애도의식 만들기

어리둥절함에 열린 자세, 기후변화에 대한 본인의 감정과 타인의 관점을 경청하고 수용하는 자세를 키우는 것과 더불어, 우리는 집단적 훈련을 거쳐 애도를 전환하는 방향으로 나아간다. 우리는 각자 파열, 상실, 변화를 어떻게 처리하는가? 변화와 상실의 스트레스는 심신에 영향을 끼치므로, 우리는 어린 시절 배운 방식에 따라 반응하게 될 수 있다. 우리가 삶에서의 파열을 어떻게 견디도록 배웠느냐에 따라(혹은 배우지 못했느냐에 따라) 기후 위기에 대한 대응 방식도 비슷하게 나타날 수 있다. 이러한 반응 중 일부는 우리가 젊은 날을 잘 버티도록 도왔을 수도 있고, 우리와 우리 주변인들의 고통을 덜어줬을 수도 있다. 이제 우리의 임무는 이러한 패턴들을 잘 분류하고 정리해, 생존 조건에 대한 무의식적인 반응보다는 대응과 참여를 향해 나아가는 것이다. 대응은 더 유연하고 의도적이고 자발적이고 호기심이 포함된다. 우리가 타인과 함께하는 것을 가로막는 방식으로 반응하기보다는, 다 함께 변화를 마주해야 한다. 우리의 문화에는 상실에 대해 제대로 곱씹어보지도 않은 채, '마음을 추스르거나(get it together)' 상실에서 '벗어나야(move on)' 한다는 상당한 압력이 존재한다. 기후 위기와 관련된 관계 회복을 위해 그룹 차원에서 실시할 수 있는 훈련은 다음과 같다.

상실을 인정하기

상실의 경험에 당의를 입혀야 한다는 부담감을 느끼지 않고 진실을 말하는 능력은 상실을 받아들이는 데 있어 중요한 측면이다. 우리의 경험에 먼저 이름표를 붙이지 않고서는 기후 위기 극복을 위한 일관성 있는 이야기를 만드는 작업에 착수할 수 없다. 2명씩 짝을 이루어, 혹은 여러 명이서, 토론이나 글쓰기를 통해 고민해볼 구체적인 주제는 다음과 같다.

- 기후변화로 인해 이미 잃었다고 느끼는 것은 무엇인가?
- 무엇을 잃게 될까봐 두려운가?
- 뭔가 달라진 것을 발견했을 때 느껴지는 감각이나 감정의 이름을 댈 수 있는가?

- 당신이—단기적으로는 이 훈련에서, 장기적으로는 일상생활에서—실천하고 싶다고 생각하지만 점점 상실해가고 있다고 느끼는 가치는 무엇인가?

기억의 공동체로 거듭나기

기억의 공동체로 거듭나기(re-membering), 다시 말해 상실과 변화의 파열 이후 우리의 이야기를 하나로 엮어나가는 일이란, 부재하거나 사라졌다고 느껴지는 것을 다시 우리의 현재 경험 속으로 불러오는 것이다. 이것을 타인과 함께 나누면서 그 그룹은 새로운 내러티브를 함께 만들어가는 기반을 마련하게 된다. 또한 해당 그룹은 새로운 시각으로 삶과 상호작용을 바라볼 수 있게 된다. 우리가 타인의 아픔과 괴로움에 제대로 공감해주지 않는다면, 뿌리가 단단한 이야기라는 결실 대신에 얄팍한 이야기가 튀어나올 위험이 있다. 고통, 분노, 좌절, 절망 같은 감정은 돌봄에 기초한 반응이다. 우리는 기후변화로 고통받거나 위협받는 사람, 장소, 상황을 돌보고자 한다. 우리가 이 돌봄을 삶, 사랑, 연대의 한 형태로 존중할 수 있을까?

- 당신이 이 세상, 다른 존재, 환경을 돌보고 사랑해왔던 방식을 떠오르게 하는 것은 무엇인가?
- 그것을 시, 그림, 소리, 몸동작으로 표현할 수 있는가?
- 미래의 당신 또는 상상 속의 미래 공동체가 현재의 당신에게 보내는 편지를 써보자. 당신은 어떤 조언이나 격려의 말을 들었을 때 감정적으로 충만하여 대화를 나누고 싶어질 것 같은가?

통합과 나눔

지금까지의 모든 작업을 바탕으로, 통합과 나눔은 여러 형태로 이루어질 수 있다. 참여자들이 시각예술과 그림을 활용해왔다면, 이제까지 작업했던 결과물을 이용해 즉석에서 두툼한 종이 위에 커다란 벽화를 만들어볼 수도 있다. 참여자들이 편지, 시, 혹은 일기를 써왔다면 그것도 함께 나눌 수 있다. 몸동작과 소리를 함께 나눌 수도 있고, 뜻이 맞으면 이 둘이 즉흥적으로 합쳐질 수도 있다. 조력자들은 이러한 집단적 표현을 통한 공동창조를 장려하고 지지하는 역할을 한다. 고민해볼 내용은 다음과 같다.

- 당신이나 당신의 그룹이 이 과정에서 발견한 주요한 깨달음이나 돌파구는 무엇인가?
- 이 과정에 떠올랐던 생각들 중에 당신의 삶 속으로 가져오고 싶은 것이 있는가? 실제로 실천해보고 싶은 작은 목표가 생겼는가? 혹은, 힘든 시기에 떠올려보고 싶은 감정을 찾았는가?
- 다른 사람이나 그룹과 함께 공유하고 싶은 것이 생겼는가?

최선의 훈련

조력자들은 조력 단체나 명상이나 돌봄 노동을 통해, 혹은 인간관계에서의 상실을 의식적으로 극복한 경험을 통해, 집단적 감정을 위한 공간을 마련해본 경험이 있어야 한다. 트라우마 감수성과 관련된 분야, 요가처럼 몸을 쓰는 분야의 경력도 도움이 된다. 이와 관련된 경력을 하나씩 갖춘 사람들이 모인다면, 그룹 내에서 서로 재능을 나눌 수도 있다. 나는 이런 그룹이, 변화와 같은 주제가 익숙지 않은 사람들이 불편한 감정을 느낄 때 그 감정을 해소할 공간을 마련해줄 수 있는 일종의 '회복팀'이라고 생각한다.

애도나 트라우마 감수성과 관련하여 어느 정도 경력을 가진 사람이 최고의 적임자다. 하지만 이 경험이 없다는 이유로 '뭔가 틀리게 할까 봐' 겁을 먹고 연민과 관심을 드러내는 일을 자제할 필요는 없다.

감정적 응급조치. 많은 사람들은 두려움과 고통을 안고 이 훈련을 시작한다. 심지어 조력자들도 이런 감정을 느낄 때가 있다. 이러한 고통에 관해 이야기할 공간을 마련하고 싶겠지만, 우선 사람들이 거부당하거나 외롭거나 겁먹었을 때 발생하는 심리·정신적 내상을 파악하는 것이 중요하다. 기후변화처럼 잠재적으로 불편할 수 있는 주제를 논의하는 공간을 마련할 때, 우리는 이러한 방아쇠들을 잘 인식해야 한다. 기후 위기에 대한 어떤 사람의 대응 방식을 비난하지 말고, 더 많은 호기심과 질문을 목표로 삼는 것이 좋다.

본인 관점에서 말하기. 어떤 말을 당신의 관점에서 시작하는 것은 단정과 편견을 배제하는 좋은 방법이다. 많은 사람이 공유하는 일반적 경험이 무엇인지 말하는 대신 자기 자신을 대변할 때, 당신은 본인 의견을 일반화하지 않으면서 타인의 공감을 얻을 수 있다. 본인의 관점을 말함으로써, 이것이 인식 개선이나 그룹과의 관계를 통해 바뀔 수 있다는 여지를 남겨두는 것이다. 좋은 출발점은 "우리는 늘 (…)"이라는 말 대신에 "내 경험에 따르면" 혹은 "내가 발견한 바로는"으로 말을 시작하는 것이다.

함부로 판단하지 말기. 우리는 어떤 감정은 좋은 것, 어떤 감정은 나쁜 것으로 분류하고, 부정적으로 여겨지는 감정을 부인하거나 회피하는 경향이 있다. 이 훈련을 통해 모든 감정이 우리와 환경의 관계에 관한 가치 있는 정보라는 견해를 수용하는 법을 배운다. 사람들이 이런 힘든 감정을 완전히 망각하게 해서도 안 되지만, 어떤 감정이라도 지나치게 매몰되는 것도 주의해야 한다. 우리의 목표는 이 과정을 의식적으로 함께 경험하면서 피난처를 제공하는 적극적인 목격자가 되는 것이고, 그리하여 균형을 잡는 것이다.

상상 훈련[6]

환영한다.

우리는 대재앙의 순간에 직면해 있다. 이전 세상으로 돌아갈 수는 없다. 그 세상은 이미 존재하지 않는다. 대신 새로운 세상을 만드는 데 일조할 수 있다. 전 세계 사람들은 늘 대재앙 이후의 세계를 상상해왔다. 당신의 핏속에는 멀거나 가까운 과거의 어느 날, 어디선가 이 일을 했던 조상의 흔적이 남아 있다. 우선 첫 단계는, 우리가 늘 이 일을 해왔으므로 당신도 충분히 할 수 있음을 기억하는 것이다.

아래 내용들은 당신의 미래 이야기를 상상하고 그려보기 위한 안내서이자 초대장이다. 세상이 어떻게 변할지 상상하는 것은 어렵고 감정 소모가 심한 작업이다. 하지만 꼭 필요한 작업이기도 하다. 친구들과 함께 이 작업에 참여하면 혼자일 때보다 더 쉽고 덜 외롭다.

나쁜 소식은, 현재의 무분별하고 착취적인 시스템을 성공적으로 극복한 세계를 상상하는 것보다는 세계의 종말을 상상하는 것이 더 쉽게 느껴질 때가 많다는 것이다. 다만 좋은 소식은, 그 현실을 바꿀 힘이 당신에게 내재한다는 사실이다. 그 능력을 끌어내는 열쇠는 애도 작업이다.

당신은 상실을 애도하기 시작함으로써 상상력과 창의력을 발휘하고, 미래를 위한 개인적 역량과 긍정적 행동을 키워나갈 수 있게 된다.

기억하자. 돌봄에 관한 일이 기후에 관한 일이라는 것을. 부당한 시스템의 가장자리를 땜질하는 방식으로는 우리가 목표한 지점에 닿지 못할 것이다. 이건 단지 자전거도로 건설과 태양광 패널 설치의 문제가 아니다. 새로운 사회 건설에 관한 문제다. 우리는 모든 사람이 하나같이 중요하다는 것, 서로 협력해 모든 사람을 돌보는 미래의 지구를 향해 나아갈 수 있다는 것을 이 시간을 통해 마음 깊이 깨닫게 된다.

아래 내용은 내가 미래의 지구를 상상하는 과정에 도움이 되었던 원칙들과 이러한 상상 훈련을 위한 샘플 진행 가이드이다. 이야기와 안건 초안은 www.ericholthaus.com/futureearthstories에서 확인할 수 있다.

미래의 지구를 상상하기 위한 원칙들

"작은 것이 좋다, 작은 것이 전부다." —창발적 전략(Emergent Strategy) 원칙

당신의 생각보다 작게 시작하라. 그룹 상상 훈련이 처음이라면 참여 인원은 본인을 포함해서 3명 정도가 적당하다.

목표를 염두에 두고 시작하기

이 상상 훈련을 왜 하는지 자신에게 물어보자. 당신이 사는 동네에서 희망을 만들어내고 싶은가? 친구와 가족들이 행동을 취할 수 있도록 본인이 촉매제가 되고 싶은가? 이러한 대화로 당신이 사는 도시를 일깨우고 싶은가? 무엇이 됐든 우선 목표를 명확히 하고 계획단계에 반영하자. 동네에서 희망을 만들어내고 싶다면, 그 목표에 따라 당신이 초대할 사람이라든지 그룹과 함께 만들어갈 이야기가 달라져야 한다. 이

것은 당신이 사는 도시 전체를 대상으로, 대규모 혁신과 비전을 창조하고 실천하고자 하는 목표를 가졌을 때와는 매우 다를 수밖에 없다.

경쟁보다는 협력

산업화된 서구 국가에서는 경쟁이 최선이라고 믿는 경향이 있다. 하지만 진화의 이야기는 대체로 협력의 이야기다. 비전을 세우고 협력하는 것은 필수적인 생존 전략이다(여전히 경쟁이 최선이라고 믿는 사람이 존재한다. 그런 사람을 주의하자. 하지만 사람은 누구나 바뀔 수 있다는 것도 기억하자).

반복, 반복, 반복

'올바른' 비전 같은 건 없다. 상상은 현실에 영향을 주고, 현실은 미래의 상상에 영향을 주고, 이 과정이 무한 반복된다. 당신의 비전을 세우고, 타인의 비전으로부터 배우고, 당신의 비전으로 타인에게 영향을 주고, 다시 비전을 세운다! 씻고, 헹구고, 반복한다.

나에서 우리로

당신은 중요하다. 당신의 개인적 비전과 상상력은 필요하다. 그리고 그 비전과 상상을 전파하고 확대하는 힘은 그것을 다른 사람과 함께 엮어나가고 쌓아나가는 데 있다. 당신이 중요하다는 것을 잊지 말자. 우리가 중요하다는 것을 잊지 말자. 당신이 없으면 우리는 그곳에 갈 수 없고, 당신 혼자 힘으로는 그곳에 갈 수 없다.

"문제가 있는 곳에는 이미 어떤 식으로든 그 문제와 관련해 행동하는 사람들이 있다." —연합미디어 프로젝트(Allied Media Project) 네트워크 원칙

그들을 찾아서 그들의 말을 들어라. 그들은 이웃에 살 수도 있고, 다른 지역에 살 수도 있고, 다른 대륙에 살 수도 있지만, 어쨌든 존재한다. 어쩌면 당신이 예전에 무시했던 사람들일 수도 있다. 미국 사회가 일반적으로 얕잡아보거나, 우리 사회 시스템이 적극적으로 소외시킨 사람들일 수도 있다. 어쨌거나 그들의 목소리를 들어보자! 때로는 문제해결을 위해 당신이 할 수 있는 가장 좋은 일은 마이크를 넘겨주는 것이다.

샘플 진행 가이드

0단계. 사람들을 모은다.

인원: 3~8명

시간: 2~3시간

장소: 거실, 편안한 방, 혹은 주방—방해받지 않고 느긋하게 대화 나눌 수 있는 공간이라면 어디든지.

1단계. 체크인.

각자 돌아가면서 오늘 하루가 어땠는지, 오늘 모임에서 가장 기대하는 부분이 무엇인지 이야기한다.

2단계. 상황을 설정한다.

상상해볼 시간과 장소를 정한다.

장소: 당신이 변화를 만들어낼 힘을 이미 가지고 있다고 생각하는 규모의 장소가 이상적이다. 가정, 건물, 혹은 동네 정도가 보통 안전하다. 도시 정도의 규모는 다소 거창하게 느껴질 수 있지만, 모임 참석자들이 누구인지에 따라 그렇지 않을 수도 있다. 이 단계에서는 주, 혹은 국가 규모는 너무 거창하다.

시간: 보통 5년 후 정도면 실질적인 변화가 만들어질 수 있을 만큼 먼 시간이자, 비현실적으로 느껴지지 않을 만큼 가까운 시간이다. 혹은, 친구와의 한 번의 대화에 집중하는 방식으로 작게 시작할 수도 있다. 그럴 때는 5일 후 정도가 적당하며, 대화 상대가 누구이냐에 따라 대화를 미리 한번 상상해보는 것은 큰 도움이 될 수 있다. 하지만 그 방식이 당신의 그룹 내에서 효과가 없다면, 더 나은 방식을 찾아보라.

브레인스토밍을 통해 당신이 설정한 범위 내에서 생길 수 있는 문제를 떠올려본다. 이 과정은 10~20분 정도가 적당하다. 그런 다음, 해당 그룹이 가장 관심을 가지고 고민해볼 만한 문제를 한두 개 고른다.

캐릭터를 정한다. 물론 당신 자신도 포함시켜야 한다. 당신이 생각하기에 이 문제와 관련있는 사람은 물론, 당신이 아끼는 사람도 포함시킨다. 모험심이 발동한다면 아직 당신을 불신하는 사람도 포함시킨다.

3단계. 상상한다.

당신의 그룹이 선정한 문제가 해결된 이후, 당신이 생각한 시간과 장소가 어떤 모습일지에 관한 이야기를 쓴다. 이것은 조용한 방에서 개별적으로 진행하는 것이 가장 좋다. 노트북도 좋고 종이와 연필도 좋다. 글자 수보다는 폭넓은 상상력이 더 중요하다. 이 작업에 최소 30분은 투자해야 하고, 그건 미래의 지구를 상상하기에 충분한 시간이 아님을 알아야 한다(두 시간을 써도 여전히 부족할 것이다). 이야기에 관한 아이디어를 주자면, 미래의 두 사람 간의 대화 형식도 좋고, 미래의 사람이 현재의 사람에게 보내는 편지 형식도 좋다(내 경우, 2060년의 내가 조카와 형제들에게 이야기를 들려주는 형식을 택했다).

4단계. 논의한다.

당신이 상상한 내용을 다른 사람과 나눈다. 글을 나눠서 읽을 수도 있고, 각자 이야기를 낭독할 수도 있고, 그냥 각자 쓴 내용을 논의할 수도 있다. 서로의 유사점과 차이점에 집중해보자. 어떤 패턴이 보이는가?

5단계. 다음 단계.

다음에 무엇을 하고 싶은지 정한다. 아래와 같은 것들이 가능하다.

- 당신의 이야기에 살을 붙이고, 그룹 내 다른 사람이 쓴 이야기의 요소들(캐릭터, 해결책, 설정)과 결합한다. 그 글을 함께 나누며 마법 같은 일이 펼쳐지는 것을 감상한다!
- 그룹 외부의 사람들과 이야기를 공유한다. 마감을 정해 이미 써둔 글을 다듬고, 그 글을 함께 나눌 방법을 고민한다. 다음과 같은 방법들이 있다.
—이야기들을 모아 잡지나 소책자로 만들어 함께 나눈다.
—블로그나 누군가의 웹사이트를 통해 온라인으로 공유한다.
—친구에게 이메일을 보내 공유하고 다음번 상상력 훈련 모임에 초대한다.

어떤 방법을 선택하든 간에, 당신의 비전을 당신이 선택한 지역사회의 주민들과 함께 나누는 것이 가장 중요하다. 당신이 가장 큰 힘과 영향력을 발휘할 수 있는 건 그곳이기 때문이다. 당신의 이야기를 www.ericholthaus.com/futureearthstories에서 함께 나눌 수도 있다.

- 새로운 구성원, 더욱 다양한 구성원, 혹은 더 많은 구성원과 함께 다른 모임을 가진다. 이 상상 훈련에 참여하는 자신의 이유를 업데이트하고, 기존의 이유가 바뀌지 않았는지 점검한다.
- 심장이 시키는 일을 한다.

고민해볼 만한 질문들

- 당신의 그룹에 속한 사람들의 정체성은 무엇인가? 성별, 인종, 계급은 어떻게 되는가? 그들은 동일한 언어를 비슷한 수준으로 구사하는가? 자녀와의 관계는 어떠한가? 시민권을 소유하고 있는가? 당신의 동네에 많이 살고 있지만 참석자 중에는 없는 부류의 사람들은 누구인가? 다음번에 그런 정체성을 가진 사람들을 초대할 방법은 없을까? 미래에 관한 이야기, 통찰, 아이디어를 교환하기에 앞서 다른 사람들의 상상활동을 도와줄 수 있는 방법은 없을까?
- 현재와 과거의 어떤 요소가 당신이 상상한 미래에 영향을 끼쳤는가? 당신의 그룹과 이 부분을 논의한다. 확실히 모르겠다면, 다음번 모임을 가지기 전에 이 문제를 조사해본다.
- 당신이 상상한 세계가 실현되는 것을 가로막는 것이 무엇인지 논의한다. 당신의 그룹이 해당 지역 내에서 그런 장벽의 제거를 도울 방법은 없을까? 당신이 이미 그 일을 하고 있다면, 비슷한 장벽을 제

거하려고 애쓰는 다른 지역의 다른 그룹과 소통할 수 있는 방법은 없을까?

무엇보다 이 과정에 즐겁게 임하고, 망설이지 않기를 바란다. 기억하자, 당신은 지금 거부할 수 없을 만큼 매력적인 세계를 만들어가고 있음을.

감사의 말

이 책은 우리의 미래에 관한 획기적인 비전을 내가 상상해서 쓴 것이다. 이것은 세상을 향한 나의 러브레터다. 모든 러브레터가 그렇듯, 이 편지를 띄우면서 벌거벗은 기분이 든다. 하지만 나는 준비가 되어 있다.

이 프로젝트와 관련된 작업은 대체로 미드와칸톤다코타족(Mde-wakanton Dakota)의 점령당한 고향에서 진행되었지만, 클랄람족(Klallam), 토호노오돔족(Tohono O'odham), 카와족(Kaw), 레나페족(Lenape), 호데노소니 연맹(Haudenosaunee Confederacy)의 땅에서도 이루어졌다. 수백 년 동안 미드와칸톤다코타족 사람들은 그들 주변의 자연, 특히 그들에게 생명을 준 미네소타강(Mnisota Wakpa)과 조화를 이루며 살았다. 유럽 정착민들이 도착한 뒤, 원주민들은 고향에서 강제로 쫓겨났고 그들의 가족들은 해체되었다. 그들의 역사를 말살하려는 시도였다. 하지만 그들은 여전히 여기 남아 있고, 우리는 그들에게서 배울 것이 많다.

이러한 역사를 인정하는 것만으로는 충분하지 않다. 원주민들의 역사적 피해를 통해 개인적으로 혜택을 받은 내가 피해복구에 앞장서야 한다는 것을 알고 있고, 정의로운 사회를 위해 노력해야 한다는 것도 알고 있다. 이러한 복구의 정신이 이 프로젝트 전체의 방향을 잡아주었다.

이 프로젝트의 일환으로 원주민들과, 특히 마셜제도 사람들과 이야기를 나누면서 나는 미래가 결코 정해진 운명이 아니란 것을 알게 되었다. 우리는 늘 자신을 재창조한다. 그렇기 때문에 우리가 인간인 것이다. 기후 비상사태는 우리가 하나의 종으로서 맞은 최초의 실존적 위협이 아니며, 우리는 그 경로를 획기적으로 바꿔놓을 수 있다. 하지만 그렇게 하려면 완전히 다른 경험과 견해를 가진 사람들의 말을 들어봐야 한다.

나는 이 프로젝트를 저탄소 보도 실험(low-carbon-reporting experiment)으로 진행하고자 했다. 내가 설명한 주요 장소에 직접 찾아가는 대신, 전화나 글을 통해 그곳 사람들의 이야기를 최대한 많이 수집했다. 처음에는 마셜제도 사람들의 이야기에 매료되어 이 프로젝트를 시작했고, 그들과 최대한 많은 이야기를 나누려고 했다. 그러다가 미크로네시아 사람들의 이야기를 알게 되었다. 그들의 삶이 먼 지역에서 발생한 환경오염뿐 아니라 핵실험과 식민주의의 경제적 압박에 의해 얼마나 달라졌는지에 대해서 말이다. 이 책을 엮는 5년 동안, 수십 개국 출신의 수백 명과 이야기를 나누었다. 성에 찰 만큼 많은 사람의 이야기를 듣지는 못했지만, 이것은 앞으로도 계속 진행해나갈 보도 철학(reporting philosophy)의 시작일 뿐이다.

이 프로젝트를 준비하면서 많은 실수를 했고 앞으로도 계속 실수를 할 것이다. 우리가 직면한 문제들을 나의 관점에서 서술하는 과정에 오해가 빚어져 피해가 발생한다면 사과하고 싶다. 이 책을 엮는 과정은 나의 특권을 돌아보는 계기가 되었다. 존중이 담긴 방식으로 이 일을 해내는 것은 내게 특히 중요하다. 나는 여전히 배울 게 많다는 걸 알게 되었다. 다만 희망적인 부분은, 아직도 가능성이 열려 있는 미래들이 내가 상상했던 것과 완전히 다를 수 있다는 것이다. 이 책은 나를 변화시켰다. 이 책이 당신 역시 변화시킬 수 있기를 바란다.

엄청난 인내심을 가진 나의 에이전트 브랜디 볼스(Brandi Bowles)와 편집자 마일스 도일(Miles Doyle)이 없었다면 이 책은 영영 빛을 보지 못했을 것이다. 내가 5년간 직장생활을 하면서 만난 편집자 엘리자 애니앵위(Eliza Anyangwe), 롭 위언버그(Rob Wijnberg), 니킬 스와미나탄(Nikhil Swaminathan), 다비 미노우 스미스(Darby Minow Smith), 토리 보슈(Torie Bosch)에게도 감사하다. 특히 토리는 내게 글쓰기의 기본을 가르친 사람이다. 애도와 상상 훈련 파트를 만들어낸 캐롤라인 콘틸로(Caroline Contillo)와 로렌스 배리너 2세(Lawrence Barriner II)에게도 특별한 감사의 말을 전한다. 나는 그들이 이 세상을 바꿔놓을 운동의 촉매가 될 수 있기를 바란다.

이 책에 포함된 일부 내용과 글은 내가 〈롤링스톤Rolling Stone〉, 〈그리스트Grist〉, 〈퍼시픽스탠더드Pacific Standard〉(폐간), 〈쿼츠Quartz〉, 〈씽크프로그레스ThinkProgress〉(폐간), 〈코레스폰던트The Correspondent〉에 앞서 발표한 것들이다. 지난 몇 년 동안 이런 매체를 통해 내 글을 알릴 기회가 있었던 것에 대해 감사하게 여긴다. 프리

랜서 기자들에게는 당신의 지지가 필요하다. 그들을 지지해주길 바란다.

나의 가족 레스 홀트하우스(Les Holthaus), 재닛 홀트하우스(Janet Holthaus), 제니퍼 애치슨(Jennifer Atchison)을 비롯해 캐런 에드퀴스트(Karen Edquist), 카린 에이버솔드(Karin Aebersold), 에밀리 샤프(Emily Sharp), 카티 배키스 코지매닐(Katy Backes Kozhimannil), 패트릭 슈미트(Patrick Schmitt)가 보여준 감정적인 지원에 특히 감사하다. 스트레스가 너무 심하다고, 이 책을 절대 못 마칠 것 같다고 내가 끝없는 불평불만을 늘어놓을 때 그들은 묵묵히 들어주었다. 이 책은 결국 끝났고, 그건 전부 이 사람들 덕분이다. 자녀가 그린 무당벌레나 아귀 그림을 내게 보내줘서 내 방을 장식할 수 있도록 해준 모든 이들에게 감사하다. 스포티파이(Spotify, 스웨덴의 음악 스트리밍 및 미디어 서비스 제공업체—옮긴이)에 '집중력(Deep Focus)' 플레이리스트를 올려준 사람들, 내가 침착함과 집중력을 유지하도록 도와준 모든 ASMR 및 EDM 아티스트들에게도 고맙다. 슈어드 카페(Seward Cafe)와 그라운드스웰(Groundswell)의 직원들에게도 감사하다. 이 책의 많은 부분은 그곳에서 집필되었다. 나의 연료나 다름없는 커피콩을 재배해준 모든 농부에게 감사하다. 우여곡절 많았던 이 프로젝트 기간 동안 우리 가족이 먹고살 수 있도록 도와준 패트리온(Patreon, 미국의 창작자 후원 서비스 제공업체—옮긴이)의 후원자들에게도 감사하다.

내가 작가로 진화한 건 필요에 의해서였다. 나는 기상학자로 훈련받았지만, 늘 날씨에 담긴 사회적 정의를 이해하고 싶었다. 도덕적 명확성과 정의의 언어를 찾기 위한 여정은 아직 끝나지 않았지만, 지금의 나를 만드는 데 큰 영향을 끼친 사람들이 너무도 많다. 젠틸 키지너(Jentil-Kijiner), 폴 로빈슨(Paul Robbins), 마크 츠미얼(Mark Chmiel), 캐서린 크로커(Katherine Crocker), 새라 마이어(Sarah Myhre), 시드니 가자리안(Sydney Ghazarian), 저스틴 칼마(Justine Calma), 케이틀린 커티스(Kaitlin Curtice), 윈스턴 헌(Winston Hearn), 탠모이 고스와미(Tanmoy Goswami), 아이린 카셀리(Irene Caselli), 올루티메힌 아덱베예(OluTimehin Adegbeye), 네스린 말릭(Nesrine Malik)에 이르기까지.

지난 몇 년간, 기후에 관한 명확한 스토리텔링과 수많은 대화를 나누었던 사람들에게도 감사하다. 제니 페라라(Jennie Ferrara), 제이미 마골린(Jamie Margolin), 줄리아 스타인버거(Julia Steinberger), 네이선 탠키(Nathan Thanki), 르네 러츠먼(Renee Lertzman), 페이스 컨즈(Faith Kearns), 알렉스 스테판(Alex Steffen), 메리 애너이스 헤글러(Mary Annaise Heglar), 재클린 길(Jacquelyn Gill), 케빈 앤더슨(Kevin Anderson), 글렌 피터스(Glen Peters), 카식 거너패시(Karthik Ganapathy), 파블로 수아레스(Pablo Suarez), 마저리 브랜스(Marjorie Brans), 멩게샤 게브레미켈(Mengesha Gebremichel), 마이클 노튼(Michael Norton), 존 폴리(Jon Foley), 디크 아른트(Deke Arndt), 다간 프라이어슨(Dargan Frierson), 브라이언 칸(Brian Kahn), 케이트 크누스(Kate Knuth), 마리아 랑홀츠(Maria Langholz) 등 수많은 사람을 온라인과 오프라인, 기후 트위터를 통해 만날 수 있었다.

"좋은 책을 쓰는 비결은 안 좋은 책을 쓴 다음에 고치는 것이다." 책을 쓰는 내내 나에게 가장 도움이 되었던 이 조언을 해준 사람이 누구인지 까먹었다. 이건 우리가 하는 모든 일에 매일매일 적용될 수 있는 말이다. 정말 중요한 건 우리가 함께 노력하고, 서로에게서 배우고, 우리의 노력이 정의를 향하도록 하는 것이다. 특히 내 아들 로스코와 지크에게 고맙다. 매일 내 손을 붙들고 자러 가기 싫다고 고집을 부려준 것에 대해서, 그리고 내게 더 좋은 세상을 상상할 수 있는 용기를 준 것에 대해서 말이다. 이건 너희들을 위한 책이란다.

에릭 홀트하우스
2019년 11월

지속적 비상사태

1 With no other options: Rachel Becker, "EPA Says Puerto Rico Residents Resorted to Contaminated Water at Dorado Superfund," *The Verge*, October 13, 2017, www.theverge.com/2017/10/13/16474428/puerto-rico-hurricane-maria-superfund-site-water-shortage-epa-recovery.

2 "[Today's] the first time I saw": 문자를 통한 개인 연락, September 26, 2017.

3 A 2019 study in the journal: David Keellings and Jose J. Hernandez Ayala, "Extreme Rainfall Associated with Hurricane Maria over Puerto Rico and Its Connections to Climate Variability and Change," *Geophysical Research Letters* 46, no. 5 (March 2019): 2964–73, https://agupubs.onlinelibrary.wiley.com/doi/10.1029/2019GL082077.

4 Lead author David Keellings told: American Geophysical Union, "Climate Change to Blame for Hurricane Maria's Extreme Rainfall," news release, April 16, 2019, https://phys.org/news/2019-04-climate-blame-hurricane-maria-extreme.html.

5 Hurricane Maria damaged or destroyed: Earth Institute at Columbia University, "Hurricane Maria Study Warns: Future Climate-Driven Storms

May Raze Many Tropical Forests," news release, March 25, 2019, www.
eurekalert.org/pub_releases/2019-03/eiac-hms032119.php.

6 "the largest psychosocial disaster in the United States": Justine Calma, "The
Storm Isn't Over," *Grist*, January 8, 2018, https://grist.org/briefly/hurricane-
survivors-are-still-dealing-with-the-emotional-toll-of-2017s-horrific-
storms/.

7 A 2018 study found: Blaine Friedlander, "Severe Caribbean Droughts May
Magnify Food Insecurity," Cornell Chronicle, November 5, 2018, news.
cornell.edu/stories/2018/11/severe-caribbean-droughts-may-magnify-
food-insecurity.

8 Fijian president Jioji Konrote vowed: Kate Wheeling, "After a Record-
Breaking Atlantic Hurricane Season, Here's What to Expect in the South
Pacific," *Pacific Standard*, November 3, 2017, https://psmag.com/
environment/cop23-what-to-expect-from-cyclone-season-in-south-
pacific.

9 the UN called it: "Cyclone Idai: Emergency Getting 'Bigger by the Hour,'
Warns UN Food Agency," UN News, March 19, 2019, https://news.un.org/en/
story/2019/03/1034951.

10 The permafrost—frozen soil: Louise M. Farquharson, Vladimir E.
Romanovsky, William L. Cable, Donald A. Walker, Steven V. Kokelj, and
Dmitry Nicolsky, "Climate Change Drives Widespread and Rapid
Thermokarst Development in Very Cold Permafrost in the Canadian High
Arctic," *Geophysical Research Letters* 46, no. 12 (June 2019): 6681–89,
https://agupubs.onlinelibrary.wiley.com/doi/full/10.1029/2019GL082187.

11 first time in tens of thousands of years: Samson Reiny, "Arctic Shifts to a
Carbon Source due to Winter Soil Emissions," NASA, November 8, 2019,
https://www.nasa.gov/feature/goddard/2019/arctic-shifts-to-a-carbon-

source-due-to-winter-soil-emissions.

12 July 2019 was the hottest month: Mario Picazo, "July 2019 Officially Hottest Month Ever Measured on Earth," The Weather Network, August 6, 2019, https://www.theweathernetwork.com/ca/news/article/july-2019-officially-hottest-month-ever-measured-on-earth.

13 "Every morning, you wake up": Jacqueline Charles, "Why Some Hurricane Dorian Survivors Are Staying on Abaco: 'We Believe in Bouncing Back,'" *Miami Herald*, September 14, 2019, https://www.miamiherald.com/news/weather/hurricane/article235043772.html.

14 rapidly advancing flames on all sides: "Bushfires Crisis: Thousands Stranded in New Year's Eve Fury," *The Australian*, n.d., https://www.theaustralian.com.au/nation/bushfires-crisis-thousands-stranded-in-new-years-eve-fury/news-story/b65fc8b80c92fa31c79cfbd91c12aa44.

15 480 million mammals, birds, and reptiles were killed: "A Statement About the 480 Million Animals Killed in NSW Bushfires Since September," University of Sydney, January 3, 2020, https://sydney.edu.au/news-opinion/news/2020/01/03/a-statement-about-the-480-million-animals-killed-in-nsw-bushfire.html.

16 Alaska and Greenland: Alan J. Parkinson et al., "Climate Change and Infectious Diseases in the Arctic: Establishment of a Circumpolar Working Group," *International Journal of Circumpolar Health*, September 30, 2014, https://www.ncbi.nlm.nih.gov/pmc/articles/PMC4185088/.

17 Heat waves have become: Ethan D. Coffel, Radley M. Horton, and Alex de Sherbinin, "Temperature and Humidity Based Projections of a Rapid Rise in Global Heat Stress Exposure During the 21st Century," *Environmental Research Letters* 13, no. 1 (December 2017): 014001, https://iopscience.iop.org/article/10.1088/1748-9326/aaa00e/meta.

18 Young people growing up today: Sophie Bethune, "Gen Z More Likely to Report Mental Health Concerns," *American Psychological Association* 50, no. 1 (January 2019), https://www.apa.org/monitor/2019/01/gen-z.

19 In recent years, about a quarter: Bruce C. Forbes, Timo Kumpula, Nina Meschtyb, Roza Laptander, Marc Macias-Fauria, Pentii Zetterberg, Mariana Verdonen, et al., "Sea Ice, Rain-on-Snow and Tundra Reindeer Nomadism in Arctic Russia," *Biology Letters* 12, no. 11 (November 2016): 20160466, https://royalsocietypublishing.org/doi/full/10.1098/rsbl.2016.0466.

20 "Postcards from the Anthropocene": Brian Kahn, Twitter post, June 6, 2018, https://twitter.com/blkahn/status/1004404764766023680.

21 By the 2040s: Union of Concerned Scientists, *Underwater: Rising Seas, Chronic Floods, and the Implications for US Coastal Real Estate*, report, June 18, 2018, https://www.ucsusa.org/resources/underwater.

22 "the loss of all coastal cities": James Hansen, "Ice Melt, Sea Level Rise and Superstorms: The Threat of Irreparable Harm," March 22, 2016, http://www.columbia.edu/~jeh1/mailings/2016/20160322_IrreparableHarm.pdf.

23 "Imagine a world where": "Jellyfish Are Taking Over!" *Living on Earth*, December 2, 2016, https://loe.org/shows/segments.html?programID=16-P13-00049&segmentID=5.

24 Using records of everything: Cynthia Rosenzweig, David Karoly, Marta Vicarelli, Peter Neofotis, Qigang Wu, Gino Casassa, Annette Menzel, et al., "Attributing Physical and Biological Impacts to Anthropogenic Climate Change," *Nature* 453 (May 2008): 353–57, accessed at Climate Signals website, https://www.climatesignals.org/scientific-reports/attributing-physical-and-biological-impacts-anthropogenic-climate-change.

25 "If we don't take urgent action": 이메일을 통한 개인 연락, February 19, 2019.

26 can lapse into solastalgia: Glenn Albrecht, "The Age of Solastalgia," The Conversation, August 7, 2012, https://theconversation.com/the-age-of-solastalgia-8337.

27 two- to eight-year record: Frances C. Moore, Nick Obradovich, Flavio Lehner, and Patrick Baylis, "Rapidly Declining Remarkability of Temperature Anomalies May Obscure Public Perception of Climate Change," *Proceedings of the National Academy of Sciences of the United States of America* 116, no. 11 (March 12, 2019), https://www.pnas.org/content/116/11/4905.

28 may have already started: Sarah Fecht, "Current Megadrought in the West Could Be One of the Worst in History," *State of the Planet*, Earth Institute, Columbia University, December 13, 2018, https://blogs.ei.columbia.edu/2018/12/13/megadrought-west-climate-change/.

29 about love: Sarah Myhre, Twitter post, https://twitter.com/SarahEMyhre/status/1164211181013196801?s=03).

30 "If we don't demand radical change": Naomi Klein, "Let Them Drown: The Violence of Othering in a Warming World," *London Review of Books* 38, no. 11 (June 2, 2016), https://www.lrb.co.uk/v38/n11/naomi-klein/let-them-drown.

31 In the waning days of 2018: Intergovernmental Panel on Climate Change (IPCC), *Special Report: Global Warming of 1.5°C*, 2018, https://www.ipcc.ch/sr15/.

32 "If action is not taken": IPCC 기자회견 당시 제기된 질문, October 8, 2018, 웹링크의 47:58 지점에서 시작됨, https://www.youtube.com/watch?v=12S3dKrxj7c.

33 A team of scientists: Intergovernmental Science-Policy Platform on Biodiversity and Ecosystem Services (IPBES), "Nature's Dangerous Decline

'Unprecedented'; Species Extinction Rates 'Accelerating,'" news release, May 4, 2019, https://ipbes.net/news/Media-Release-Global-Assessment.

34 "Human Society Under Urgent Threat": Jonathan Watts, "Human Society Under Urgent Threat from Loss of Earth's Natural Life," *The Guardian*, May 6, 2019, https://www.theguardian.com/environment/2019/may/06/human-society-under-urgent-threat-loss-earth-natural-life-un-report.

35 What we're doing to the planet's climate: Melissa Davey, "Humans Causing Climate to Change 170 Times Faster than Natural Forces," *The Guardian*, February 12, 2017, https://www.theguardian.com/environment/2017/feb/12/humans-causing-climate-to-change-170-times-faster-than-natural-forces.

36 "the human magnitude of climate change": Melissa Davey, "Humans Are Changing Climate Faster Than Natural Forces," Climate Central, February 19, 2017, https://www.climatecentral.org/news/humans-changing-climate-faster-than-natural-forces-21175.

37 "The old ways of conservation": 전화를 통한 개인 연락, January 16, 2019.

38 "This is a huge": Michael Innis, "Climate-Related Death of Coral Around World Alarms Scientists," *New York Times*, April 9, 2016, https://www.nytimes.com/2016/04/10/world/asia/climate-related-death-of-coral-around-world-alarms-scientists.html.

39 "It's a wake-up call": 전화를 통한 개인 연락, April 9, 2016.

40 "This is a story that the rest": Eric Holthaus, "The Largest Coral Atoll in the World Lost 80 Percent of Its Coral to Bleaching," *ThinkProgress*, April 12, 2016, https://thinkprogress.org/the-largest-coral-atoll-in-the-world-lost-80-percent-of-its-coral-to-bleaching-168ba23b0562/.

41 "The World Has Just over": Chris Mooney and Brady Dennis, "The World

Has Just over a Decade to Get Climate Change Under Control, U.N. Scientists Say," *Washington Post*, October 7, 2018, https://www.washingtonpost.com/energy-environment/2018/10/08/world-has-only-years-get-climate-change-under-control-un-scientists-say/.

42 "rapid, far-reaching": Special Report: Global Warming of 1.5°C, Intergovernmental Panel on Climate Change, 2018, https://www.ipcc.ch/sr15/chapter/spm/.

43 "All options need to be exercised": IPCC press conference, October 8, 2018, https://www.youtube.com/watch?v=12S3dKrxj7c.

44 "Sometimes, when I get out of bed": 전화를 통한 개인 연락, May 9, 2019.

45 "One of the very few benefits": 전화를 통한 개인 연락, May 9, 2019.

46 "We're at that time where": 전화를 통한 개인 연락, February 26, 2019.

47 "The major problem with society": 전화를 통한 개인 연락, February 26, 2019.

48 "Liminal space is a time of radical uncertainty": 전화를 통한 개인 연락, February 26, 2019.

49 "Climate change is first and foremost": 전화를 통한 개인 연락, November 29, 2016.

50 A recent study mapped out: Stockholm Resilience Centre, "Curbing Emissions with a New 'Carbon Law,'" Stockholm University, March 23, 2017, https://www.stockholmresilience.org/research/research-news/2017-03-23-curbing-emissions-with-a-new-carbon-law.html.

51 "It's way more than adding": Brad Plumer, "Scientists Made a Detailed 'Roadmap' for Meeting the Paris Goals. It's Eye-Opening," *Vox*, March 24,

2017, https://www.vox.com/energy-and-environment/2017/3/23/15028480/roadmap-paris-climate-goals.

52 A recent survey revealed: Elena Berton, "Flight Shaming Hits Air Travel as 'Greta Effect' Takes Off," Reuters, October 2, 2019, https://www.reuters.com/article/us-travel-flying-climate/flight-shaming-hits-air-travel-as-greta-effect-takes-off-idUSKBN1WH23G.

53 "Our civilization is being sacrificed": "Greta Thunberg Full Speech at UN Climate Change COP24 Conference," December 15, 2018, https://www.youtube.com/watch?v=VFkQSGyeCWg.

54 "I am not saying anything new": Greta Thunberg, Facebook post, February 11, 2019, https://www.facebook.com/gretathunbergsweden/photos/a.733630957004727/773673599667129/?type=1&theater.

55 "dangerous anthropogenic interference": United Nations, *Report of the Intergovernmental Negotiating Committee for a Framework Convention on Climate Change on the Work of the Second Part of Its Fifth Session, Held at New York from 30 April to 9 May 1992*, https://unfccc.int/sites/default/files/resource/docs/a/18p2a01.pdf.

56 there is no "we" that is causing climate change: Genevieve Guenther, "Who Is the We in 'We Are Causing Climate Change'?," *Slate*, October 10, 2018, https://slate.com/technology/2018/10/who-is-we-causing-climate-change.html.

57 fill you with rage: Amy Westervelt, "The Case for Climate Rage," Popula, August 19, 2019, https://popula.com/2019/08/19/the-case-for-climate-rage/.

58 In a 2018 essay for On Being: Kate Marvel, "We Need Courage, Not Hope, to Face Climate Change," On Being blog, March 1, 2018, https://onbeing.org/blog/kate-marvel-we-need-courage-not-hope-to-face-climate-change/.

59 "There has been more openness": 전화를 통한 개인 연락, February 15, 2019.

60 "The decisions we make now": Matt McGrath, "'Reasons to Be Hopeful' on 1.5C Global Temperature Target," BBC News, October 3, 2018, https://www.bbc.com/news/science-environment-45720740.

61 "We're talking about the kind of crisis": Marlow Hood, "UN Report on 'Mission Impossible' Climate Target: Key Points," Phys.org, October 1, 2018, https://phys.org/news/2018-10-mission-impossible-climate-key.html.

62 "From my point of view": 전화를 통한 개인 연락, February 26, 2019.

63 Indigenous peoples in the Americas: Julian Brave Noisecat, "We Need Indigenous Wisdom to Survive the Apocalypse," *The Walrus*, October 18, 2019, https://thewalrus.ca/we-need-indigenous-wisdom-to-survive-the-apocalypse/.

64 "Look at what colonialism": 전화를 통한 개인 연락, February 20, 2019.

65 "I don't think that we're ever": 전화를 통한 개인 연락, February 20, 2019.

66 is rooted in international law: "In Shadow of #MeToo: The Coming Reckoning on Consent and Climate Change," Fawn Sharp and Matthew Randazzo V, Crosscut, April 30, 2019, https://crosscut.com/2019/04/shadow-metoo-coming-reckoning-consent-and-climate-change.

67 "Indigenous people are already": 전화를 통한 개인 연락, February 20, 2019.

68 "Improving people's behavior": 전화를 통한 개인 연락, February 20, 2019.

69 "When we finally have people": 전화를 통한 개인 연락, February 26, 2019.

70 "As for climate change": 전화를 통한 개인 연락, February 26, 2019.

71 "the very ability to begin bringing": 전화를 통한 개인 연락, January 9, 2019.

72 "Our extractive, wasteful": Alexandria Ocasio-Cortez, Twitter post, May 6, 2019, https://twitter.com/AOC/status/1125432683448950784.

73 "We're not just": 전화를 통한 개인 연락, January 18, 2019.

74 "civilization could crumble in our lifetime": 매캘러스터대학에서의 선라이즈무브먼트 타운홀미팅, April 25, 2019, https://www.facebook.com/sunriseminnesota/posts/this-is-a-live-stream-of-macalesters-sunrise-town-hall-meeting-for-a-green-new-d/2223756721049255/.

75 "We will destroy out of love": 매캘러스터대학에서의 선라이즈무브먼트 타운홀미팅 당시 개인 기록, April 25, 2019, https://www.facebook.com/sunriseminnesota/posts/this-is-a-live-stream-of-macalesters-sunrise-town-hall-meeting-for-a-green-new-d/2223756721049255/.

76 "Your story can change the debate": 매캘러스터대학에서의 선라이즈무브먼트 타운홀미팅, April 25, 2019.

77 "There are people calling for": 전화를 통한 개인 연락, January 18, 2019.

78 "a new national, social": 116대 의회, "H.Res.109 Recognizing the Duty of the Federal Government to Create a Green New Deal," 출범일 February 7, 2019, https://www.congress.gov/bill/116th-congress/house-resolution/109/text.

79 "I think that this is a very special": Danielle Kurtzleben, "Rep. Alexandria Ocasio-Cortez Releases Green New Deal Outline," February 7, 2019, NPR, https://www.npr.org/2019/02/07/691997301/rep-alexandria-ocasio-cortez-releases-green-new-deal-outline.

80 In September 2019: "Thousands in New Zealand Kick-Start New Wave of Climate Protests," *Aljazeera*, September 26, 2019, https://www.aljazeera.com/news/2019/09/thousands-zealand-kickstart-wave-climate-protests-190927033920880.html.

81 the country's prime minister signed: Zoe Tidman, "New Zealand Passes 'Zero Carbon' Law in Fight Against Climate Change," *Independent*, November 7, 2019, https://www.independent.co.uk/news/world/australasia/new-zealand-zero-carbon-law-emissions-jacinda-ardern-climate-change-a9189341.html.

82 IPCC's "best-case" scenario: "Impacts of 1.5°C of Global Warming on Natural and Human Systems," chap. 3, http://iacweb.ethz.ch/staff/sonia/download/etc/IPCC_SR15_Storylines/IPCC_SR15_Storylines.pdf.

83 "is no longer recognizable": "Impacts of 1.5°C of Global Warming on Natural and Human Systems," chap. 3, http://iacweb.ethz.ch/staff/sonia/download/etc/IPCC_SR15_Storylines/IPCC_SR15_Storylines.pdf.

84 "Droughts and stress": "Impacts of 1.5°C of Global Warming on Natural and Human Systems," chap. 3, http://iacweb.ethz.ch/staff/sonia/download/etc/IPCC_SR15_Storylines/IPCC_SR15_Storylines.pdf.

2020~2030년: 극적인 성공

1 "I took a video": Junior, "Yangdidi: Stories from Super Typhoon Maysak Survivors," December 24, 2015, http://blogs.ubc.ca/yangdidi/2015/12/24/junior/.

2 Reporting for the Solutions Journalism Network: "Typhoon Haiyan Forces an Entire Island Community to Relocate," PRI, November 22, 2013, https://www.pri.org/stories/2013-11-22/typhoon-haiyan-forces-entire-islandcommunity-relocate.

3 "a wasteland of mud and debris": "Typhoon Haiyan: Philippines Battles to Bring Storm Aid," BBC News, November 10, 2013, https://www.bbc.com/news/world-asia-24887746.

4 "We may have ratified our own doom": "Typhoon Haiyan," https://www.bbc.com/news/world-asia-24887746.

5 "I kept thinking the whole world": 전화를 통한 개인 연락, November 29, 2016.

6 "high ambition coalition": Ed King, "Tony de Brum: The Emerging Climate Champion at COP21," Climate Home News, October 12, 2015, https://www.climatechangenews.com/2015/12/10/tony-de-brum-the-emerging-climate-champion-at-cop21/.

7 "small island girl with big dreams": Selina Leem, "Marshall Islands 18-Year-Old Thanks UN for Climate Pact," Climate Change News, December 14, 2015, https://www.climatechangenews.com/2015/12/14/marshall-islands-18-year-old-thanks-un-for-climate-pact/.

8 "If we do have to lose our islands": 전화를 통한 개인 연락, November 29, 2016.

9 "we just can't afford it": 전화를 통한 개인 연락, November 29, 2016.

10 "It just hit me": 전화를 통한 개인 연락, November 29, 2016.

11 "This agreement is for": Leem, "Marshall Islands 18-Year-Old Thanks UN for Climate Pact," https://www.climatechangenews.com/2015/12/14/marshall-islands-18-year-old-thanks-un-for-climate-pact/.

12 Multiple studies have now shown: Guy J. Abel, Michael Brottrager, Jesus Crespo Cuaresma, and Raya Muttarak, "Climate, Conflict, and Forced Migration," *Global Environmental Change* 54 (January 2019): 239–49, https://www.sciencedirect.com/science/article/pii/S0959378018301596?via%3Dihub.

13 The Pentagon has warned: Caitlin Werrell and Francesco Femia, "Climate Change and National Security in the 2014 Quadrennial Defense Review," Center for Climate and Security, March 4, 2014, https://climateandsecurity.org/2014/03/04/climate-change-and-national-security-in-the-2014-quadrennial-defense-review/.

14 "Displacement of populations": "Marshalls Likens Climate Change Migration to Cultural Genocide," RNZ, October 6, 2015, https://www.rnz.co.nz/international/pacific-news/286139/marshalls-likens-climate-change-migration-to-cultural-genocide.

15 "In 10 years we drown": Ted Scheinman, "COP22 in Review: We'll Work Until We Drown," *Pacific Standard*, November 18, 2016, https://psmag.com/news/cop22-in-review-well-work-until-we-drown.

16 "shall determine the existence": "Charter of the United Nations, Chapter VII: Action with Respect to Threats to the Peace, Breaches of the Peace, and Acts of Aggression," United Nations, https://www.un.org/en/sections/un-charter/chapter-vii/.

17 "This effort could also spark": 전화를 통한 개인 연락, February 1, 2017.

18 "a wicked problem": 전화를 통한 개인 연락, February 1, 2017.

19 "I think the countries of the world": 전화를 통한 개인 연락, February 1, 2017.

20 "International law recognizes": Michael B. Gerrard, "America Is the Worst

Polluter in the History of the World. We Should Let Climate Change Refugees Resettle Here," *Washington Post*, June 25, 2015, https://www. washingtonpost.com/opinions/america-is-the-worst-polluter-in-the-history-of-the-world-we-should-let-climate-change-refugees-resettle-here/2015/06/25/28a55238-1a9c-11e5-ab92-c75ae6ab94b5_story.html.

21 "is radical, rapid reductions": 전화를 통한 개인 연락, February 1, 2017.

22 "I get a lot of people": 전화를 통한 개인 연락, December 1, 2016.

23 "goodbye": Deke Arndt, Twitter post, June 5, 2019, https://twitter.com/ DekeArndt/status/1136259382151245825.

24 "eco-fascism": Jason Wilson, "Eco-fascism Is Undergoing a Revival in the Fetid Culture of the Extreme Right, *The Guardian*, March 19, 2019, https:// www.theguardian.com/world/commentisfree/2019/mar/20/eco-fascism-is-undergoing-a-revival-in-the-fetid-culture-of-the-extreme-right.

25 A group of scientists in Hawaii: Camilo Mora, Daniele Spirandelli, Erik C. Franklin, John Lynham, Michael B. Kantar, Wendy Miles, Charlotte Z. Smith, et al., "Broad Threat to Humanity from Cumulative Climate Hazards Intensified by Greenhouse Gas Emissions," *Nature Climate Change* 8 (December 2018): 1062–71, https://doi.org/10.1038/s41558-018-0315-6.

26 "None of this happens in a vacuum": Eric Holthaus, " 'Climate Change War' Is Not a Metaphor," *Slate*, April 18, 2014, https://slate.com/ technology/2014/04/david-titley-climate-change-war-an-interview-with-the-retired-rear-admiral-of-the-navy.html.

27 divestment movement began to snowball: Rachel Koning Beals, "Goldman Sachs Becomes First Major U.S. Bank to Stop Funding Arctic Drilling, Pulls Back on Coal," MarketWatch, December 21, 2019, https://www.marketwatch. com/story/goldman-sachs-becomes-first-major-us-bank-to-stop-fundingarctic-drilling-pulls-back-on-coal-2019-12-16?link=sfmw_tw.

28 "We lost our home": 트위터 메시지를 통한 개인 연락, October 18, 2018.

29 "You [started] to wonder how long": 전화를 통한 개인 연락, January 12, 2019.

30 "Prepare for catastrophic success": Holthaus, "'Climate Change War' Is Not a Metaphor," https://slate.com/technology/2014/04/david-titley-climate-change-war-an-interview-with-the-retired-rear-admiral-of-the-navy.html.

31 "Because we built such": 전화를 통한 개인 연락, January 18, 2019.

32 Bernie Sanders's Green New Deal: "The Green New Deal," BernieSanders.com, accessed January 15, 2020, https://berniesanders.com/en/issues/green-new-deal/.

33 by 2030: "The Global Price Tag for 100 Percent Renewable Energy: $73 Trillion," Yale Environment 360, December 20, 2019, https://e360.yale.edu/digest/the-global-price-tag-for-100-percent-renewable-energy-73-trillion.

34 "The principles of right to self-determination": 전화를 통한 개인 연락, February 19, 2019.

35 "The issue throughout the Caribbean": 전화를 통한 개인 연락, February 15, 2019.

36 Netherlands Supreme Court ruled: Jelmer Mommers, "Thanks to This Landmark Court Ruling, Climate Action Is Now Inseparable from Human Rights," *The Correspondent*, December 2019, https://thecorrespondent.com/194/thanks-to-this-landmark-court-ruling-climate-action-is-nowinseparable-from-human-rights/25683007966-93bb1751.

37 pathways to ambitious climate action: Jelmer Mommers, "Lawyers Are Going to Court to Stop Climate Change. And It Might Just Work," *The Correspondent*, December 2019, https://thecorrespondent.com/185/ lawyers-are-going-to-court-to-stop-climate-change-and-it-might-just-work/24491528215-2ac4e218.

38 filed a lawsuit in 2015: Eric Holthaus, "Children Sue Over Climate Change," *Slate*, November 16, 2015, https://slate.com/news-and-politics/2015/11/ children-sue-the-obama-administration-over-climate-change.html.

39 "In these proceedings": *Juliana v. United States*, United States Court of Appeals for Ninth Circuit, http://blogs2.law.columbia.edu/climate-change-litigation/wp-content/uploads/sites/16/case-documents/2020/20200117_docket-18-36082_opinion.pdf.

40 "The idea that the International Criminal Court": 전화를 통한 개인 연락, February 8, 2019.

41 legal personhood status: Ananya Bhattacharya, "Birds to Holy Rivers: A List of Everything India Considers 'Legal Persons,'" Quartz India, June 7, 2019, https://qz.com/india/1636326/who-apart-from-human-beings-are-legal-persons-in-india/amp/?__twitter_impression=true.

42 In the Cook Islands: Celeste Coughlin, "Rights of the Pacific Ocean Initiative," Earth Law Center, April 23, 2019, https://www.earthlawcenter. org/blog-entries/2019/4/rights-of-the-pacific-ocean-initiative.

1 "In a circular, or cyclical, economy": 전화를 통한 개인 연락, March 1, 2019.

2 repair and maintenance: Shannon Mattern, "Maintenance and Care," *Places Journal*, November 2018, https://placesjournal.org/article/maintenance-and-care/?cn-reloaded=1&cn-reloaded=1.

3 "Today's linear and degenerative": 전화를 통한 개인 연락, March 1, 2019.

4 "let's just rethink thriving": 전화를 통한 개인 연락, March 1, 2019.

5 "By 2040, we started to move back": 전화를 통한 개인 연락, March 1, 2019.

6 "There's an unprecedented opportunity": 전화를 통한 개인 연락, March 1, 2019.

7 "In the aftermath of the storm": 전화를 통한 개인 연락, February 15, 2019.

8 "We're afraid equity means": Peter Callaghan, "In First Speech as Mayor, Melvin Carter Celebrates—and Challenges—Residents of St. Paul," *MinnPost*, January 3, 2018, https://www.minnpost.com/politics-policy/2018/01/first-speech-mayor-melvin-carter-celebrates-and-challenges-residents-st-paul/.

9 "We all exist in a long line": Callaghan, "In First Speech as Mayor, Melvin Carter Celebrates—and Challenges—Residents of St. Paul," https://www.minnpost.com/politics-policy/2018/01/first-speech-mayor-melvin-carter-celebrates-and-challenges-residents-st-paul/.

10 "Building in a forest": 전화를 통한 개인 연락, January 12, 2019.

11 One study found that using wood: Andrius Bialyj, "The Future of

Architecture: CLT Wooden Skyscrapers," AGA CAD website blog, July 5, 2019, www.aga-cad.com/blog/the-future-of-architecture-clt-wooden-skyscrapers.

12 "We would see changes in land use": 전화를 통한 개인 연락, March 1, 2019.

13 water from the Ems: "In Face of Rising Sea Levels the Netherlands 'Must Consider Controlled Withdrawal," Vrij Nederland, February 9, 2019, https://www.vn.nl/rising-sea-levels-netherlands/.

14 Instead of a three-foot increase: Robert M. DeConto and David Pollard, "Contribution of Antarctica to Past and Future Sea-Level Rise," *Nature* 531 (March 2016): 591–97, https://www.nature.com/articles/nature17145.

15 in line with predictions: Jeff Tollefson, "Antarctic Model Raises Prospect of Unstoppable Ice Collapse," *Nature*, March 30, 2016, https://www.nature.com/news/antarctic-model-raises-prospect-of-unstoppable-ice-collapse-1.19638.

16 "Every revision to our understanding": 전화를 통한 개인 연락, November 2, 2017.

17 "We didn't predict that Pine Island": Eric Holthaus, "Ice Apocalypse," Grist, November 21, 2017, https://grist.org/article/antarctica-doomsday-glaciers-could-flood-coastal-cities/.

2040~2050년: 새로운 기술과 새로운 영성

1 "Geoengineering holds forth": Newt Gingrich, "Stop the Green Pig: Defeat the Boxer-Warner-Lieberman Green Pork Bill Capping American Jobs and Trading America's Future, *Human Events*, June 3, 2008, https://humanevents.com/2008/06/03/stop-the-green-pig-defeat-theboxerwarnerlieberman-green-pork-bill-capping-american-jobs-and-trading-americas-future/.

2   Take them away: Chelsea Harvey, "Cleaning Up Air Pollution May Strengthen Global Warming," *Scientific American*, January 22, 2018, https://www.scientificamerican.com/article/cleaning-up-air-pollution-may-strengthen-global-warming/.

3   "Thunderstorms in China": Zin Yang et al., "Distinct Weekly Cycles of Thunderstorms and Potential Connection with Aerosol Type in China," *Geophysical Research Letters* 43, no. 16 (August 28, 2016), https://agupubs.onlinelibrary.wiley.com/doi/full/10.1002/2016GL070375.

4   Research in 2019 showed: Drew Shindell and Christopher J. Smith, "Climate and Air-Quality Benefits of a Realistic Phase-Out of Fossil Fuels," *Nature* 573 (September 19, 2019), https://doi.org/10.1038/s41586-019-1554-z.

5   "This is known territory": Eric Holthaus, "Devil's Bargain," Grist, February 8, 2018, https://grist.org/article/geoengineering-climate-change-air-pollution-save-planet/.

6   One recent study estimated: Kevin Loria, "A Last-Resort 'Planet-Hacking' Plan Could Make Earth Habitable for Longer—But Scientists Warn It Could Have Dramatic Consequences," *Business Insider*, July 20, 2017, https://www.businessinsider.com/geoengineering-technology-could-cool-the-planet-2017-7.

7   "It's very plausible that": Holthaus, "Devil's Bargain," https://grist.org/article/geoengineering-climate-change-air-pollution-save-planet/.

8   "Geoengineering is like taking painkillers": Leah Burrows, "Mitigating the Risk of Geoengineering," *The Harvard Gazette*, December 12, 2016,

https://news.harvard.edu/gazette/story/2016/12/mitigating-the-risk-of-geoengineering/.

9 One of the biggest risks: Christopher H. Trisos et al., "Potentially Dangerous Consequences for Biodiversity of Solar Geoengineering Implementation and Termination," *Nature Ecology and Evolution* 2 (2018): 475–82, https://www.nature.com/articles/s41559-017-0431-0.

10 "I could imagine global conflicts": Holthaus, "Devil's Bargain," https://grist.org/article/geoengineering-climate-change-air-pollution-save-planet/.

11 A study from researchers: Solomon M. Hsiang et al., "Quantifying the Influence of Climate on Human Conflict," *Science* 341, no. 6151 (September 13, 2013), https://science.sciencemag.org/content/341/6151/1235367.

12 "The future I see": 개인 연락, February 15, 2019.

13 "Post–World War II": 개인 연락, February 8, 2019.

14 "I'm probably wrong": 개인 연락, February 8, 2019.

15 "stubbornly optimistic": 개인 연락, October 15, 2019.

16 "a radically utopian way": Holly Jean Buck, "The Need for Carbon Renewal," *Jacobin*, July 24, 2018, https://jacobinmag.com/2018/07/carbon-removal-geoengineering-global-warming.

17 "potentially delusional assumptions": Pablo Suarez, "Geoengineering: A Humanitarian Concern," *Earth's Future* 5, no. 2 (December 23, 2016): 183–95, https://agupubs.onlinelibrary.wiley.com/doi/10.1002/2016EF000464.

18 "If a hundred countries": "Climate Futures—The Rise of Geoengineering and Its Potential Impacts for the Humanitarian Sector," IFRC, February 20, 2017, https://www.youtube.com/watch?v=2oVnasx6hAo.

19 "The best-case scenario": 개인 연락, February 8, 2019.

20 "Instead of trying to force climate change": 개인 연락, February 20, 2019.

21 "Climate change isn't something": 개인 연락, February 15, 2019.

22 "We should really start": 개인 연락, February 19, 2019.

에필로그

1 "one of the greatest national crises": "Hurricane Dorian Wipes Out Parts of Bahamas," CNN Newsroom, transcript, September 4, 2019, http://us.cnn.com/TRANSCRIPTS/1909/04/cnr.18.html.

2 "not because they are easy": John F. Kennedy's Inspirational Speech: "We Choose to Go to the Moon," September 12, 1962, video posted July 26, 2010, YouTube, stissi101, https://www.youtube.com/watch?v=Ateh7hnEnik.

3 "The death toll": Bernard Ferguson, "Hurricane Dorian Was a Climate Injustice," *The New Yorker*, September 12, 2019, https://www.newyorker.com/news/news-desk/hurricane-dorian-was-a-climate-injustice.

4 "The reality is": 개인 연락, May 19, 2016.

5 A Grief Exercise: Caroline Contillo 제공.

6 An Imagination Exercise: Lawrence Barriner II 제공.

지은이 에릭 홀트하우스Eric Holthaus
날씨 및 기후변화와 관련된 여러 주제로 글을 쓰는 기자이다. 〈월스트리트저널The Wall Street
Journal〉〈슬레이트Slate〉〈그리스트Grist〉〈코레스폰던트The Correspondent〉에 기후와의 상
호연결성에 관한 글을 정기적으로 기고하며, 현재 미네소타주 세인트폴에 거주한다.

옮긴이 신봉아
이화여대 통번역대학원에서 한영번역으로 석사학위를 받았다. 옮긴책으로 『미래의 지구』『임팩트
세대』『레오나르도 다빈치』『인생 사용자 사전』『왜 나는 사람들과 어울리지 못하는 걸까』가 있으
며 〈마스터스 오브 로마〉 시리즈를 공역했다.

미래의 지구

온난화 시대에 대응하는 획기적 비전

초판 1쇄 발행 2021년 11월 5일
초판 2쇄 발행 2022년 7월 4일

지은이 에릭 홀트하우스 | 옮긴이 신봉아

편집 정소리 김승주 이희연 | 디자인 윤종윤 이주영
마케팅 김선진 배희주 | 저작권 박지영 형소진 이영은 김하림
브랜딩 함유지 함근아 김희숙 안나연 박민재 박진희 정승민
제작 강신은 김동욱 임현식 | 제작처 영신사

펴낸곳 (주)교유당 | 펴낸이 신정민
출판등록 2019년 5월 24일 제406-2019-000052호

주소 10881 경기도 파주시 회동길 210
전화 031) 955-8891(마케팅) | 031) 955-2680(편집) | 031) 955-8855(팩스)
전자우편 gyoyudang@munhak.com

인스타그램 @gyoyu_books | 트위터 @gyoyu_books | 페이스북 @gyoyubooks

ISBN 979-11-91278-69-9 03300